1　杉山城虎口Ｉ　埼玉県比企郡嵐山町

右側の土塁の開口部（虎口）に向けて、左手から大きく土橋がまわりこむ。奥から迫ってきた進入者は、空堀を隔てた手前側に配置された城兵から隠れる余地がなく、土橋を渡りきるまで、虎口を守る城兵と二方面から迎撃を受ける。典型的な横矢がかりの構えである。（第Ⅴ章参照）

2　杉山城虎口ｊ　埼玉県比企郡嵐山町

主郭北側の虎口。手前方向から主郭へ殺到しようとする進入者は、空堀を隔てた左手の主郭内からの迎撃を避けられない。（第Ⅴ章参照）

3　杉山城Ⅱ郭の土塁　埼玉県比企郡嵐山町

手前の主郭南端の土塁から、空堀を隔てて張り出したⅡ郭の土塁を見下ろす。主郭からは土塁の向こうが死角になってしまう。（第Ⅴ章参照）

4　杉山城虎口 e（馬出）　埼玉県比企郡嵐山町

左手に見える曲輪とは木橋、手前の曲輪とは土橋でつなぐ。空堀を隔てて外側に突出した橋頭堡の役割を果たす。（第Ⅴ章参照）

5　杉山城虎口 i　埼玉県比企郡嵐山町

いわゆる大手を城内から見る。右手の空堀対岸から左に折れ、堀際の道を進んで城内に入る。手前の突出部が迎撃の拠点となる。（第Ⅴ章参照）

6　比熊山城畝状空堀群　広島県三次市

左右に２条、さらに左右両端に１条ずつ、斜面を掘り下ろした竪堀が見える。同様の竪堀はこの斜面に連続しており、こうした防御施設を畝状空堀群と呼ぶ。（第Ⅳ章参照）

7　玄蕃尾城馬出　滋賀県長浜市・福井県敦賀市

正面をコの字形に土塁が取り囲んでいる。手前の主郭から出撃した城兵は、これを防壁として、外に迫った進入者を迎撃する。主郭との間は土橋でつなぐ。（第Ⅴ章参照）

城を極める

松岡 進

中世城郭の縄張と空間

土の城が語るもの

吉川弘文館

目　次

＊プロローグとエピローグに掲載したルソー『告白』（桑原武夫訳）、カント『実践理性批判』（波多野精一・宮本和吉・篠田英雄訳）は、ともに岩波文庫版による。

プロローグ

土の城の世界へ

城跡を歩いて平面図を作る、という作業は、江戸時代すでに始まっていた。しかし、歴史研究の手段として平面図が作成されるようになったのは、比較的最近のことといってよい。そして、その圧倒的多数は、厳密な実測図ではなく、簡易な測量による縄張図《なわばりず》であった。おもに第二次世界大戦後、民間の愛好家によって取り組まれてきたその成果を、歴史学の分野で受け継ぎ、史料としての可能性を広く学界に認識させたのが、一九七九年(昭和五四)、日本史研究会における村田修三《むらたしゅうぞう》氏の大会報告である(「城跡調査と戦国史研究」『日本史研究』二一一、一九八〇年)。

「城跡が好きだ」という人は世に少なくない。建物はおろか、石垣も水堀もない中世の土の城にまめに足を運び、写真を撮って景色を眺める人の姿を、私もしばしば目にする。しかし、このような方々の多くは、縄張図を描いてはいないように見える。私自身も、かつては同じように城跡を訪ね、まったく我流の見取り図を手帳にスケッチしたりしていたが、書物で見るような平面図を描くとなると、容易に越えられない壁があるように感じられていた。

村田氏の大会報告のあった年、私は東京の大学二年生だった(京都で開かれる日本史研究会のことは不勉強でまったく知らないままだった）。その年の秋から、『日本城郭大系』（全二〇巻、新人物往来社）が刊行され始め、初回の静岡県の項に載せられたすばらしい縄張図の数々に見とれながら、どうしたらこんな図が描けるんだろう、とただ思いあぐねていた。今にして思えば、縄張研究は、まさにその年、村田報告と『日本城郭大系』によって、一つの新しいステップに入っていたことになる。

それから三年後の一九八二年、現在、江戸東京博物館で活躍されている齋藤慎一《さいとうしんいち》氏の紹介で中世城郭研究会に入り、見よう見まねで図を描き始めたのが、私の出発点である。村田氏は、「私の図程度なら、地図の読める人は誰でも書けるようになる」と、謙遜をこめて書かれている（「私の城跡探検法」『日本城郭大系』一〇、一九八〇年）。確かに、ハードな技術面でのハードルは予想外に低い。踏み出してみれば、描くのは意外にやさしい（具体的には後述）。しかし、よい縄張図を描き上げるのはむずかしい。そして、できあがった図をどう使うかは、さらにむずかしい。

本書は、研究史の節目から三〇年あまり、その中で多くの刺激を受けながら、私が中世城郭跡に見出し、考えたことを総体として見つめなおそうとするものである。縄張研究、さらにはほかの方法での成果を合わせた城郭研究は、この間に急速に進展した。データの数量だけでも、まったくけた違いである。だから、三〇年前の常識や通念は、そのままではほとんど通用しなくなっているともいえる。そこで今や、縄張研究が描いてきたものは、ことごとく迷妄だったかのような裁断すら、耳にしないではない。しかし、それは根本的な見直しの好機が訪れているという意味に解しておこう。

私が、あるいは私たち縄張研究者が見てきたものは何か。本書では、研究史と私自身の歩みとを重ねながら、中世城郭の群像が語るものをできる限り誠実に聞き取り、それを通じて、その理解の横軸となる歴史的な空間、さらには縦軸としての編年という問題について、これまでの認識をあらためて問い直したいと考えている。長い旅への出発にあたって、私自身が、かつていだいたあれこれの考えを、あるいは思い込みではなかったか、と一つ一つ疑ってみたい思いに駆られていることだけは、あらかじめ打ちあけておきたい。ともあれ、まずは歩き出すことである。

わたしがひとり徒歩で旅したときほど、わたしがゆたかに考え、ゆたかに存在し、ゆたかに生き、あえていうならば、ゆたかにわたし自身であったことはない。歩くことはわたしの思想を活気づけ、生き生きさせる何ものかをもっている。じっとひとところに止まっていると、ほとんどものが考えられない。わたしの精神を動かすには、わたしの肉体は動いていなければならないのだ。

（ルソー『告白』）

I　山形県最上地域へ

一九八三年（昭和五八）の晩秋の朝、私は山形県新庄《しんじょう》市の宿を発って、宮城県鳴子《なるご》や古川へ通じる陸羽《りくう》東線に乗っていた。ローカル線の車窓の外は一面の霧で、何も見えない。このまま雨になるのかもしれない、と不安が胸にきざした。盆地の秋の朝特有の現象であるとは、東京で生まれ育った者にとって、知る由もなかった。

谷あいを過ぎ、少し地形が開けてきたころ、霧はようやく晴れ始めた。北側の田園風景の向こうに、青い山並みが見える。あのどこかが志茂《しも》の手館《てだて》であるはずだ。私は何かの手がかりが見つけられるかのように、夢中で山並みに目をこらしていた。

山形県の中世城郭の研究は、平地の城では歴史地理学を中心とした豊富な蓄積があったが、山城については低調であった。そこへ初めて本格的に切り込んだのが、『日本城郭大系』三である。その一項、最上郡《もがみぐん》最上町の「志茂の手館」（奥羽では、山城も平城も「タテ」と呼び、「館」または「楯」の漢字をあてる）の項に、次の文章がある。

志茂集落を見おろすように、幾重にも壇を造り、郭《くるわ》があって土塁や空堀が残っている。特に北側には、この地方にはあまり類例のない空堀と土塁がみられる。頂上部は平坦地になっており、緩斜面に十四条の空堀が造られ、土塁で押さえられ、郭状になっている。頂上部の周りの空堀から続き、深いために迷路のようである。

筆者は長澤《ながさわ》正機《まさき》氏。のちに知遇を得た同氏は、小学校教員として働きながら、地域の考古学に取り組んでいる誠実そのものの方であった。氏の執筆された発掘調査報告書の文体は、記録本位のドライなものではなく、対象を前にして生真面目に考え込む筆者の姿を浮かび上がらせる。『大系』は、その氏にとって、中世山城という新たな対象への挑戦であった。先行業績のわずかな中で、まず所在を確かめ、聞き取りをし、そして山に登って遺構を見届ける。平面図はないが、右の文章は、そのようにして初めて明らかにしえた貴重な成果だった。

「この地方にはあまり類例のない空堀と土塁」とは何か。後段の文に、「緩斜面に十四条の空堀」とあるのは、畝状《うねじょう》空堀群《からぼりぐん》のことなのではないか？

当時、新潟県の山城に、斜面を竪に掘り下ろした竪堀《たてぼり》を、びっしりと密集させた遺構が多数存在する事実が知られていた。伊藤《いとう》正一《しょういち》氏がこれを「畝形《うねがた》阻塞《そさい》」と名づけ、論文に書かれたのは一九七七年にさかのぼる（「戦国期山城跡の畝形施設について」『かみくひむし』二七。なお「畝状空堀群」の呼称が一般化したのは、一九八六年の全国城郭研究者セミナーでの村田修三氏の提言による）。ところが、八〇年代に入って、同じような遺構があちこちにあるのが紹介され始めた。中でも驚きだったのは、一九八一年刊行の『秋田県の中世城館』（秋田県教育委員会）で、秋田県最南部の雄勝郡《おがちぐん》に多数の事例が集中するのが明らかになったことである。山形県はいうまでもなく新潟県と秋田県の間に位置する。とりわけ、最上郡は、北へ山一つ越えると秋田県雄勝郡である。志茂の手館にあるのもそれではないのか。

よい縄張図を描くにはまったく未熟だった私だが、前年の春、中世城郭研究会の合宿で実見した雄勝郡の畝状空堀群の圧倒的な迫力が忘れられなかった。いちおうの図は描けるという思いと、好奇心が、こうして初めての山形へといざなった。

1 志茂の手館

二つの縄張図

私が公表した志茂の手館の図は二種類ある。図1－1がこの一九八三年の調査で描いたもの、図1－2はその後、山形県城郭研究会に参加した際に、現地見学で訪ねたおりに描き足したものである。二種類の図の間には十年の歳月が流れている。

この間に山形県では文化庁の指導による中世城館跡悉皆《しっかい》調査が始まっていて、志茂の手館についても五十嵐《いがらし》隆一《りゅういち》氏の図ができあがっていた。氏の図には主郭から山裾まで、びっしりと多数の段が描かれていた。これらは登り道に沿っているので、その存在には、私も最初の調査時にもちろん気づいていたが、当時の自分の調査ペースでは時間が足りなかったし、恥をしのんで正直に書けば、「無理して描くほどの意味がない」とも感じていたのだった。だから、研究会で五十嵐氏の図を見せられた私は、顔から火が出る思いがした。それが、図1－2を作成した直接の動機である。そして、半日かけて段を一つ一つ描

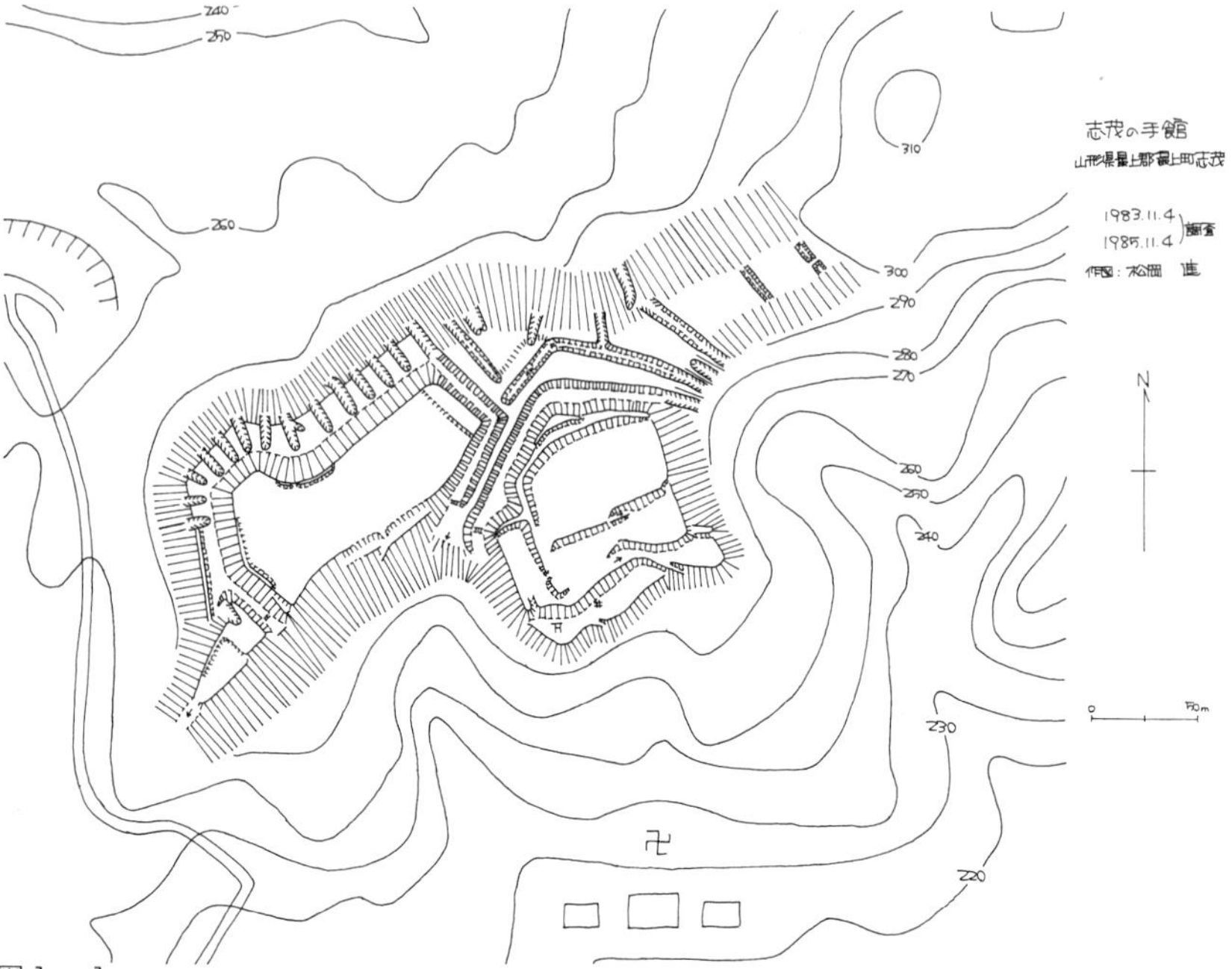

図1－1

図1－2

図1－1　志茂の手館（山形県最上郡最上町志茂、1983年11月・1985年11月調査）

図1－2　志茂の手館（同上、1993年5月追加調査）

いているうちに、初めに直感的に受け取っていた城の性格が、いっそう明確になってきたのを感じた。

自分の恥ずかしい経験談を持ち出したのは、ここに縄張図の一つの特性があらわれていると思うからである。縄張図は、経験の蓄積に基づく技術的な修練によって変わるし、それ以上に、細部に意味を見出す調査者の視点の変化によって変わっていく。こうした縄張図の特性を「客観性に欠ける」として批判される方もいるが、私は、研究の深まりを目に見える形であらわせるすぐれた特徴であると考えている。図1－2にしても、その意味で十全なものではない。今もう一度、この城跡に立ったら、私は必ず描き直さずにはいられなくなって、藪に分け入っていくだろう。それが縄張研究を深化させる道である、と私は確信する。

プランの特徴

さて、具体的に遺構を見ていこう（図1－2参照）。一見して明らかなように、志茂の手館にはⅠとⅡ、二つの大きな曲輪《くるわ》がある（近世城郭の「本丸」や「二の丸」のようなまとまった平面を「曲輪」という。「郭」とも書く）。しかも、この二つは、高さに差のない山頂に並んで造られているのに、互いに向けて深い空堀《からぼり》と土塁・土壇を設け、直接の連絡を拒むかのようだ。私は初め、これを「一城別郭《いちじょうべっかく》」のプランを示すもの、と受け取った。これは近世兵学の用語で、城内を複数の戦闘単位に分け、攻撃者の勢力を分散させたり挟撃をはかったりするねらいである、と解説される。しかし、よく見ると、ⅠとⅡは単純に同格とはいえない特徴がある。

まず、Iは東西方向に続く主尾根から南に飛び出したピークに占地していて、単独でも城として成り立つ立地になっていること。これに対し、主尾根上にあるIIを単独で城とした場合、城外に残るIの部分が、山麓から背後にたやすく迫るルートを提供する結果となりかねない。

図1－3

図1－4

図1－3　志茂の手館遠望　左奥が神室山

図1－4　志茂の手館I郭堀切
（山形県最上郡最上町志茂）

次に、Ⅰの北側だけ空堀が二重になっていて、外側のそれは深いけれども異様なほど狭く、主尾根上の余った平坦面をつぶすように造られていること。そこで、最初の点と合わせると、この城にはもともとⅠだけがあって、あとから主尾根上にⅡが付け加えられたため、残りの主尾根の処理が必要になって、さらに空堀が掘られた、という仮説が浮かび上がってくる。

図1－5

図1－6

図1－5　志茂の手館Ⅰ郭外側の堀（同前）
堀切より狭く、Ｖ字形の断面が明確

図1－6　志茂の手館Ⅰ郭北側の竪堀（同前）

そこで重要になってくるのが、先にふれたⅠの下にたくさん造られた段である。同じものはⅡの裾まわりにはまったく存在しない。そして、Ⅱの北に一段だけ帯状に続くゆるい傾斜面に、間隔をあけて続けざまに掘られた竪堀群こそ、長澤氏が「北側には、この地方にはあまり類例のない空堀と土塁がみられる」と書かれたものだった。これは確かに畝状空堀群である。Ⅱはふつうの腰曲輪《こしぐるわ》（上段の曲輪の裾まわりに設けた細長い曲輪）をいっさい必要とせず、切岸《きりぎし》の下にできた平坦面を、もっぱら軍事的な配慮によって切り刻んでしまったのである。

つまり、ⅠとⅡとでは、曲輪の切岸の下をどう処理するかの考え方がまったく違う。Ⅱの性格を軍事性のあらわな表現とするなら、Ⅰの方には、山麓の集落へとつながっていく日常性もまた強くにじんでいる、といえる。Ⅰだけが先にあって、Ⅱがある軍事的な必要から付け加えられた、という仮説は、これでさらに補強できたことになる。しかし、そうとすれば、「ある軍事的な必要」とは何か。そもそも、この地域に畝状空堀群の例はほかにまったくないのか。周囲の城に足を伸ばして、その答えをたずねてみなくてはならない。

2　空間その1―最上盆地

畝状空堀群を手がかりに

志茂の手館のある山形県最上町は、周囲を山に囲まれた小さな盆地をなしている。戦国期にはここに細川氏という領主がいて、志茂の手館と小国《おぐに》城を兄弟で居城にしていたと伝える。ローカルな伝説の世界、と感じられそうだが、細川氏は『蜷川家《にながわけ》文書』で実在が確認できる。伝承によれば、天正八年（一五八〇）、最上義光《もがみよしあき》によって滅ぼされたという。ならば、まず調べるべきは小国城である。それ以前の細川氏の居城という富沢館も見てみたい。それから、町内にほかにいくつもある城跡も。

畝状空堀群の事例は、結局一つだけ発見できた。志茂の手館から白川を隔てた対岸、東南へ一・八キロほどの距離にある太郎田《たろうだ》館である（図1－7）。低いなだらかな丘で、遠くから見ると城跡があるようには見えないが、そこに四重から五重の空堀をめぐらし、まさに力ずくで要塞化したプラン。丘の裾まで及ぶその横堀の流れが、地形の作用で段ごとに少し変化するため、緩斜面に空いた地点ができてしまう。そこに五本の竪堀を立て続けに掘り込んでいる。守備者側の想定したルート以外からはいっさいの進入を許さない、という強烈な意志を感じさせる。屈強の地形でもないのに、これだけ強引に城にしたてたのは、互いに見通せる位置にある志茂の手館の防衛に必要だったからなのだろう。

とはいえ、二つの城は似ているかといえば、それほどでもない。何より、志茂の手館では畝状空堀群がかなり大きな存在だったのに、太郎田館ではごく付加的なものにすぎない。城内が二つに分けられて、まとまった曲輪が並立しているわけでもない。逆に、太郎田館で防御施設のメインになっている横堀（等高線と平行に掘られた堀）は、志茂の手館では影がうすい。ところが、虎口《こぐち》（曲輪や城内への出入り口）には共通点がある。太郎田館には東側の中段に登ってくるルートが設定されていて、その上がりきった地点に土塁が飛び出し、上段に登る坂土橋《さかどばし》との間にちょうど正方形の区画ができている（図1－7中のa）。これは近世城郭でしばしば見られる枡形虎口《ますがたこぐち》に通じる工夫である。ところが、志茂の手館にも、Ⅱと堀切を隔てた小さい曲輪に方形に掘り込んだ虎口（図1－2中のa）が存在する。共通する防御上のアイテムを地形に合わせてそれぞれに使いこなしながら、全体として腰曲輪を必要とせず、遮断線をとにかく厳重に造り上げることに主眼を置いている、というように抽象化してみると、見た目は違っても、両者を同じ水準のプランであると見ることはできるのではないか。

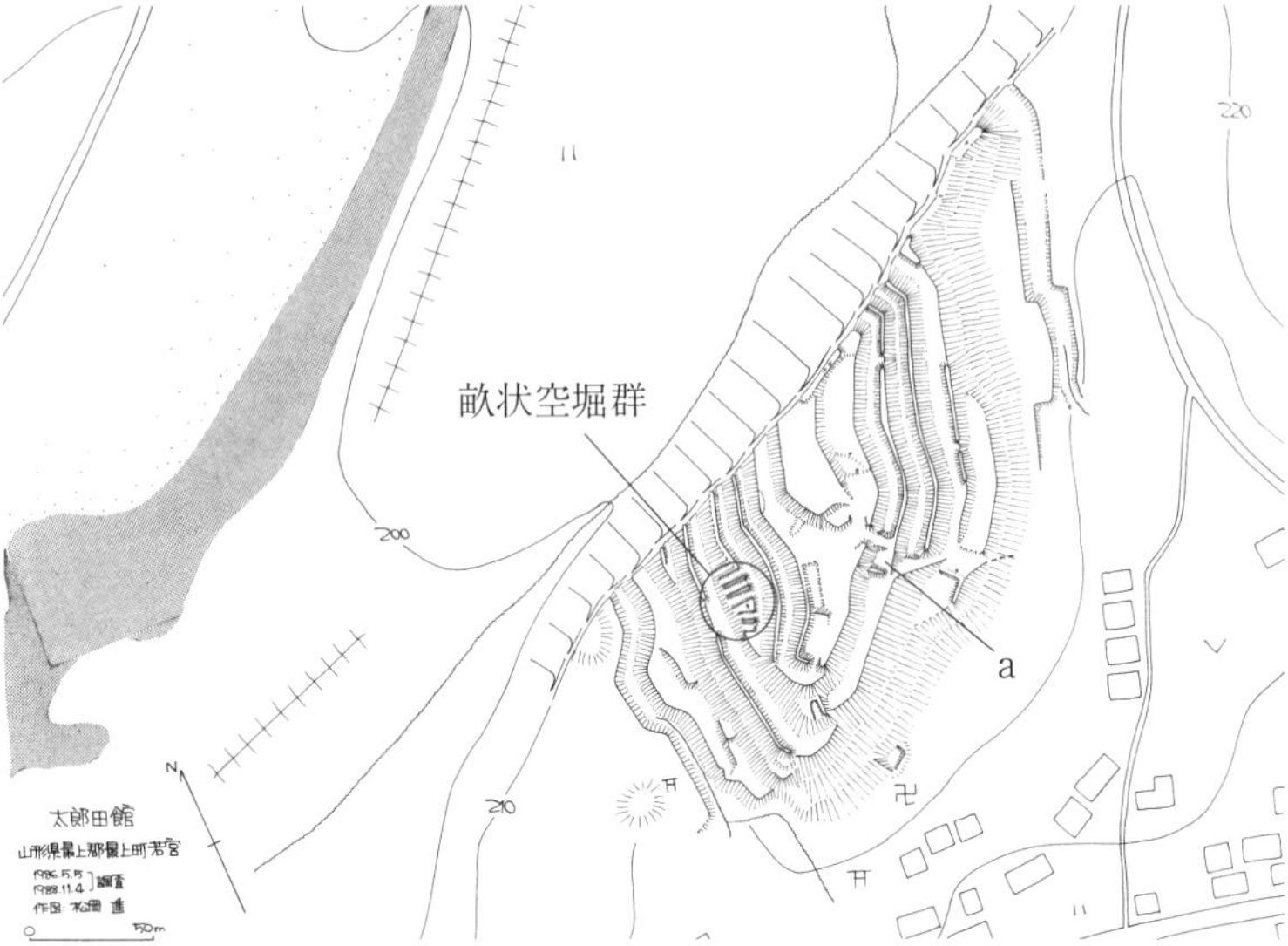

図1－7

築城者はだれか

そう考えると、ほかにも同じ範疇に入りそうな城はいくつかあった。ただ、伝承上の城主（館主）にはどれも結び付きがない。太郎田館の場合には、集落の草分けとなった太郎

図1－7　太郎田館（山形県最上郡最上町若宮、1986年5月・1988年11月調査）

という人とか、奈良時代という田沢三郎の名が伝えられるだけだった。細川氏、あるいはそれを滅ぼしたのち、この地域を統治した最上氏との直接の関係は浮かび上がってこない。もちろん、それは伝承が消滅しただけかもしれないが。

当時の縄張《なわばり》研究では、軍事的に発達した城を造れる勢力は限られていて、だから一定の範囲にそうした城が散在する場合には、その範囲全体を支配した大名、あるいは領主の連合を築城者に想定できる、という考え方がふつうに行われていた。小国城や富沢館を調査してみると、驚くような厳重な遮断線というほどのものはなくて、プランそのものは比較的あっさりしていたので、細川氏を軸にした関係はまず見つけられそうもない、と判断できた。ここでは、念のため富沢館を見ておこう。小国城の方が本城と伝えられているのだが、細川氏滅亡後に最上氏に従う小国氏が入り、ローカルセンターとして機能し続けているため、細川氏のオリジナルを考えるには、富沢館の方が好都合だからである。

遺構（図1-8）は、東から平地に向かって突き出した細長い山の上にある。尾根続きを堀切で切断し、内側には低い土塁を盛っているが、何本も堀切を続けたり、裾に畝状空堀群を造ったりはしていない。ただ、北側の谷に堀底が開口した地点から、少し城内側にずらして竪土塁《たてどるい》aを造っている。遮断するラインを設定するのなら、堀とそろえて一直線にした方がいいような気がするが、谷の地形を活かすことを優先したのだろうか。当時は意図をつかみかねたが、とにかく遮断線のしくみが、志茂の手館や太郎田館と違って淡白なのは確かだ。中心部も地形に合わせて細長く段を造っているだけで、工夫というほどのものは少ないが、一つだけ目を引いたのは、山上の西端にある土壇bである。今は上に

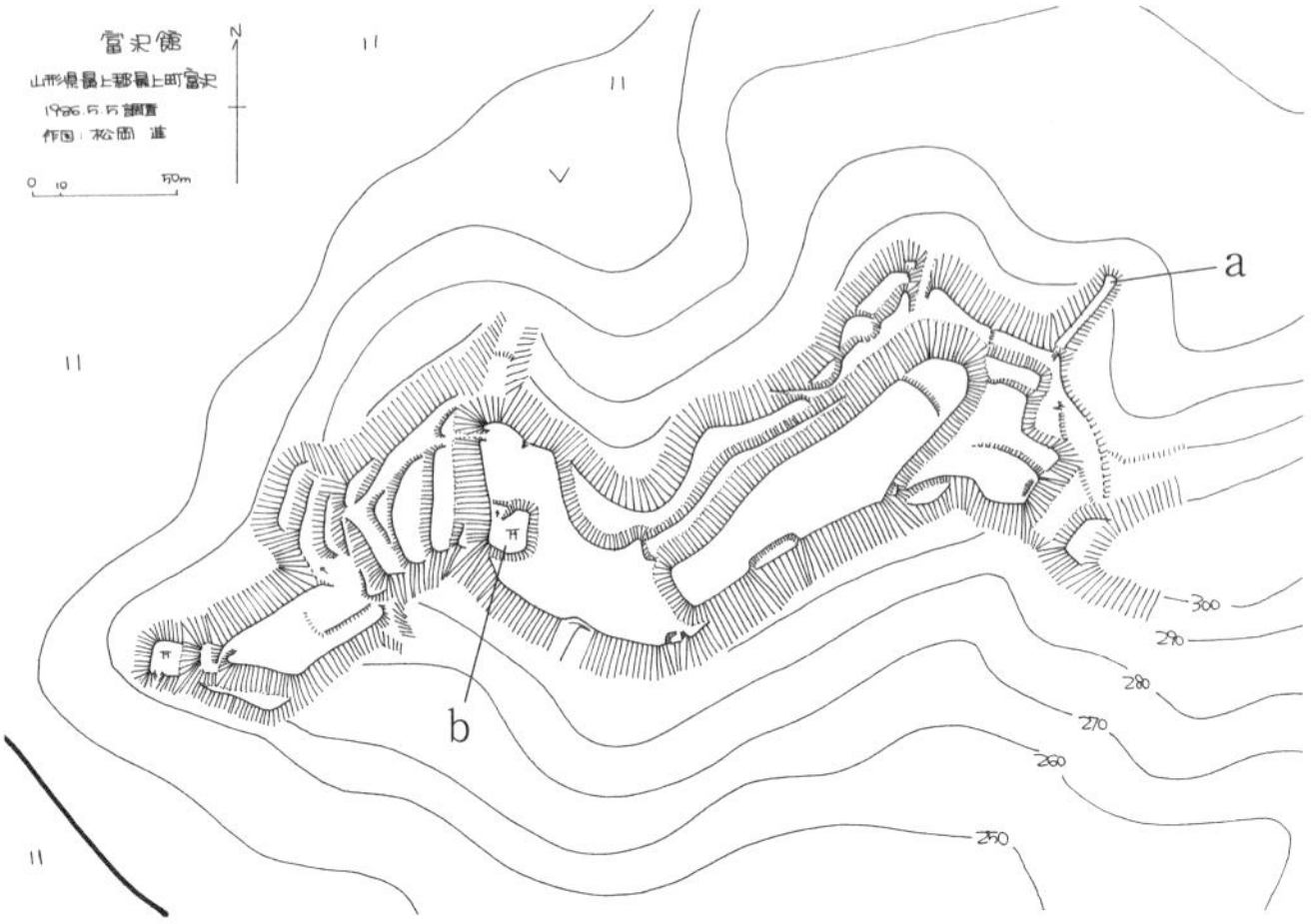

図1－8

祠《ほこら》がまつられているが、もちろん祠のための土盛りではない。ここから西を見下ろし、登ってくる相手を有効に迎撃するための櫓台《やぐらだい》なのである。

　中世城郭の櫓台についての研究は、驚くほど少ない。私がこの城を調査していたよりだいぶあと、京都の福島克彦《ふくしまかつひこ》氏が書いたものがほとんど唯一ではないかと思う（「中世城館における櫓台の成立と展開」『城館史料学』一、二〇〇三年）。福島氏はそこで近畿地方の事例を中心に、現存する櫓台の多くは、背後の尾根続きに備えるために、本来の地形の高まりを利用して築かれていると指摘されている。つまり、背後に向かって尾根筋が自然に高まっていくので、そこに堀切を掘り、内側を成形して櫓台にするのである。少ない量の土木作業で、有効な防御施設ができる、これはなかなかの卓見だと思う。ところが、富沢館の櫓台は、それとはまったく違う場所にできているではないか。同様にまったく人工で土を盛ったとしか思えない箇所にある櫓台は、この地域ではほかに猿羽根《さばね》館（舟形町）にも見られる。これらは、自然地形を活用して最小限の人工を加えるというレヴェルを越えている。ただ、富沢館に投入された技術体系は、どう抽象化しても、志茂の手館や

図1－8　富沢館（山形県最上郡最上町富沢、1986年5月調査）

太郎田館とは似たものにならないと思える。櫓台の存否一つ取っても、そのことははっきりしているだろう。

それなら、最上氏と関係するのだろうか。最上盆地を含むかつての最上郡域は、伝承によれば天正九年ころ、いちおう全体が最上氏の支配下に入っている。この地域には、似たような城がいくつかはあるのだろうか。それら全体をつないで、何らかの一貫した戦略をとらえることができるなら、最上氏との関係を推定することは確かに可能だろう。

こうして、調査は最上地域全体に広がっていくことになった。

3 空間その2—最上地域

分布図から見えるもの

まず、調査成果を地図に落としたものを見ていただこう。地図1－1は最上地域での畝状空堀群の分布、地図1－2は技巧的な虎口の分布である。先にふれたように、山形県全体の中世城館跡の悉皆調査が始まり、一九九七年（平成九）には最上地域の報告書も刊行されたので（山形県教育委員会『山形県中世城館遺跡調査報告書』第三集）、私が歩いていない城跡も含めてプロットしてある。この二枚の地図から、次のようなことが読み取れるのではないだろうか。

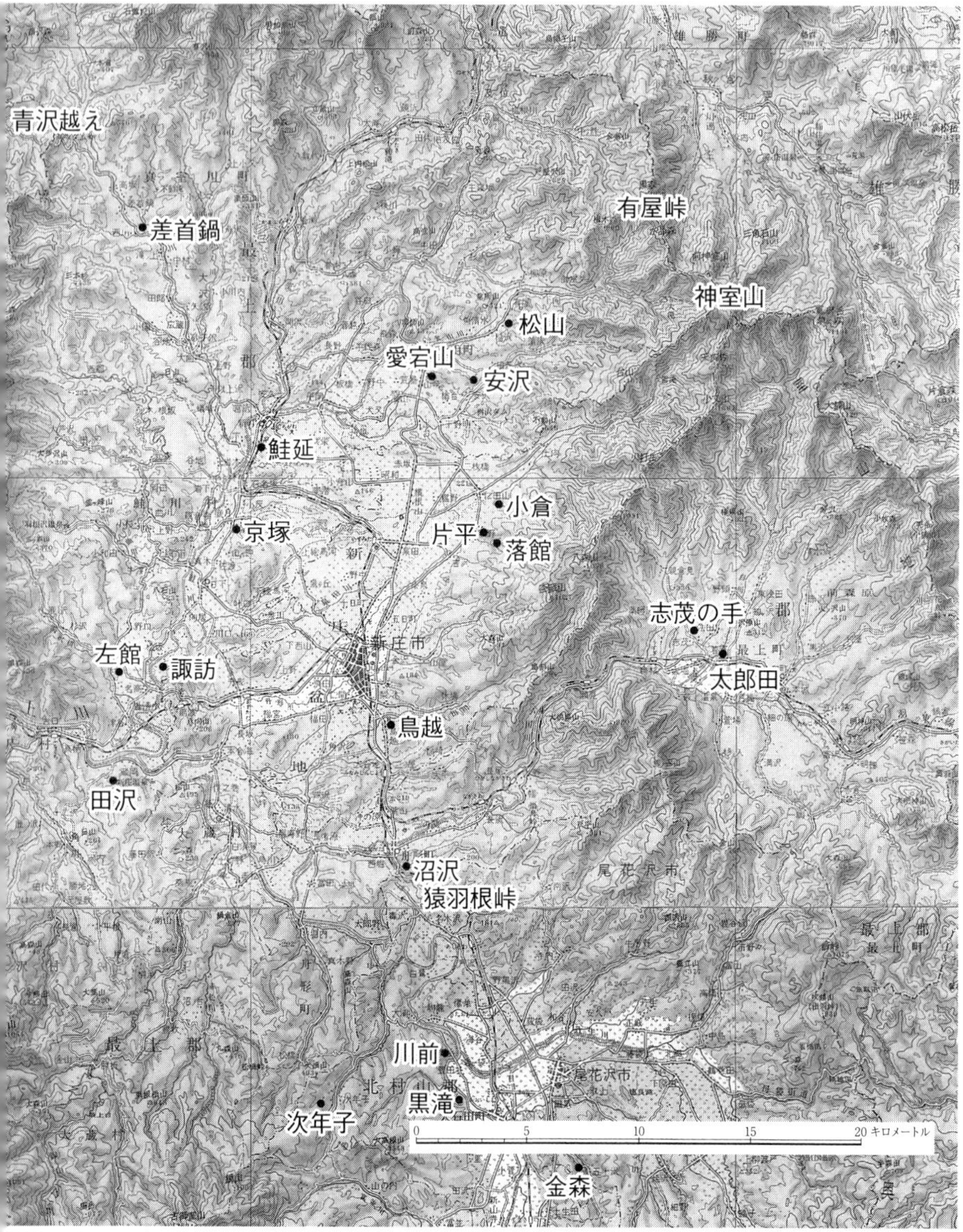

図1－1

地図1－1　最上地域の畝状空堀群の分布状況（国土地理院 20 万分の1「新庄」「仙台」に加筆）

地図１－２

地図１－２　最上地域の技巧的な虎口の分布状況（同前）

まず、畝状空堀群が、最上地域全体にいくつかのグループを作って点在すること。志茂の手館・太郎田館のグループのほか、新庄市の北部にかたまった小倉《おぐら》館・落《おち》館・片平館のグループ、そのさらに北の金山町にある愛宕山《あたごやま》館・安沢《やすざわ》館・松山館のグループの三つははっきりしている。最上川の支流・鮭川に沿って田沢館・左《さ》館・諏訪《すわ》館・京塚《きょうづか》館・鮭延《さけのぶ》城と続くのも、一つのグループとしてよさそうである。これらのほかには事例はわずかで、最上地域全体で先の報告書では九三の城がリストアップされていることを考え合わせると、畝状空堀群がふつうでない遺構であることがうかがえる。

技巧的な虎口を持った城は、さらに数が少ない。しかもその多くは、志茂の手館と太郎田館で見たような、定型的とはいえないものである。現場での工夫で造り出された形態、といったらよいかもしれない。これに対し、ほんの少数ながら、はっきりした定型の意識を持って虎口を整えている事例がある。注目したいのは、これらそれぞれの事例のいくつかが畝状空堀群を備えていることだ。具体的に見てみよう。

非定型的な虎口を持つ城

事例として、落館をあげる（図1-9）。曲輪は地形に合わせてとりとめなく広く、西側の尾根が下がっていく部分に一段下げて虎口曲輪を造っている。城内ではっきりした土塁があるのはここだけである。虎口を入った中に浅い竪堀が切ってあって、直進を阻む。定型的とはとうていいえないが、防御上有効なのは想像できる。虎口曲輪の前面に二重堀切、一方の主郭の背後（東側）はだんだん高まっていく細尾根にじつに六重の堀切を構え、そして周囲のゆるい斜面にぎっしりと短い竪堀や横堀を掘りめぐらしている。調査していて、ハリネズミを連想した。軍事的な機能の突出した城なのは間違いない。少し北の山が、もう一つの畝状空堀群の全面配備例である小倉館である。結局、この地域全体でこういう面的な配備例は、志茂の手館を入れて、以上の三つしかなかった。

ついでに書いておけば、最上領国の全体でも同様の事例は少ない。前述した県の悉皆調査では、領国中枢の村山地域には三三三もの城がリストアップされているが（『山形県中世城館遺跡調査報告書』第二集）、そのうち畝状空堀群を持つものは、その後の保角里志《ほずみさとし》氏の調査成果（「山形県における畝状空堀をもつ城館跡について」『さあべい』一八、二〇〇一年）を含めてもわずかに一三例にすぎず、しかもうち六つは、最上地域に接する尾花沢市・大石田町に集中している。竪堀が三本連続している程度ではなく、落館や志茂の手館のような面的なものとなると、宇津野館《うつの》（朝日町）・要害森館（西川町）・次年子館《じねご》（大石田町）が散在するだけで、最上地域のようなグループはまったく形成されていない。この三つの城は規模がいずれも小さく、志茂の手館や小倉館のような曲輪の複数ある大きな城とは異なる。

定型的な虎口を持つ城

こちらの例として、まず差首鍋館《さすなべ》をあげる（図1－10、真室川町）。台地の先端を取った主郭と腰曲輪、台地続きの広大な副郭から成る。二つの部分は土木工事の度合いにもはっきりした差がある。その両者をつなぐ部分に、カギ形の土塁が二つ、さらにその外に一文

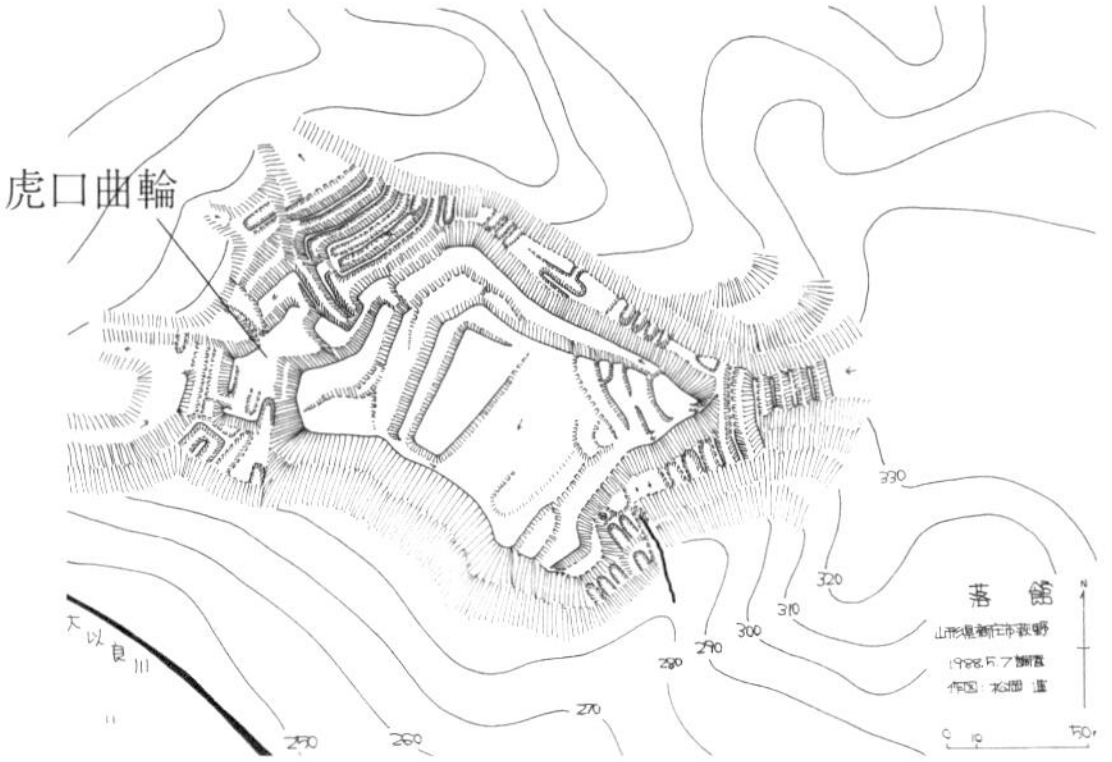

図1－9

字の土塁を組み合わせた複雑な虎口が造られている。副郭から入っていくと、短い距離で四回次々と曲がってようやく主郭の直下に出られるしくみで、しかもここから上がると、そこは長方形に掘り窪められた枡形虎口になっている。落館と比べると、それぞれはシンプルなパターン化した要素を、要領よくコンパクトに組み合わせて堅固な虎口を形成しているのがわかる。そして、この虎口部分の側面を三本連続した竪堀で固めている。定型的な虎口と、ポイントに限定した畝状空堀群が並存する好例である。

　第二の例、沼沢館（図1－11、舟形町）。細長く突出した舌状台地を堀切で断ち切り、そのすぐ内側に主郭Iを構えている。虎口はしっかり方形に掘り窪められた枡形虎口。その外（西側）は、一段下がった副郭Ⅱで、前面に二重堀切が切ってあるが、ルートはこれを迂回して南側の裾を進むらしい。対岸の曲輪Ⅲは、前面を土塁で固め、その下に浅い堀の痕跡がある。尾根の先端から登ってきた進入者に対して、本格的な迎撃を行おうとする拠点である。こういう曲輪を、ただ主郭から段々に削ってきた途中の施設ととらえるのはあやまりで、曲輪のつらなりの中にアクセントを付ける施設、堡塁《ほるい》として積極的に評価するべきだ

図1－9　落館（山形県新庄市萩野、1988年5月調査）

と思う。最上地域での類例には、嘉門館《かもん》（図1‐12、戸沢村）がある。主郭と、尾根前面の堡塁というパターンは、この城ではいっそうはっきりしている。もっとも、多重の堀切を駆使しているが、斜面が総じてきびしいので、畝状空堀群はない。沼沢館では、背後の四重堀切に続けて、主郭の北側の裾のゆるい斜面に五本の畝状空堀群が設けられている。

二つの防御方式と年代

事例をふまえてあらためて畝状空堀群を見ると、全面配備の例は少なく、特に定型的な虎口と併存する例では、限定した配置になっているのがわかる。志茂の手館や太郎田館では、定型化していない虎口とひたすら厳重な遮断線とがセットになっていた。差首鍋館や沼沢館、嘉門館では、定型化した導入パターンを使って、城内に進入した相手を有効に迎え撃つしくみに重点が置かれ、逆に人工的な遮断線は過剰にならない程度にとどめられているといってよい。私は、以上二つの防御方式の間には時期差があると考えた。

畝状空堀群が集中する四つのグループの中には、定型的な虎口の例はない。四つのグループのうち、志茂の手館を含むものと、落館を含むもの、さらに愛宕山館などからなるものは、いずれも信仰の山であった神室《かむろ》山の登り口につながり、その山系を縫って北の雄勝郡と連絡する要衝を占めていた（保角里志氏は、志茂の手館の西側に道を断ち切るように長大な竪堀があるのを発見されている。『南出羽の城』高志書院、二〇〇六年）。一方、鮭延城を含むグループは、西の庄内地域との主要ルートであった青沢越えに通じ、差首鍋館とつながる（地図1‐1参照）。それなら、最上地域の全体が、雄勝郡の勢力とも、庄内地域の勢力とも、同時にきびしい緊張関係に置かれたときがあれば、これらの城の機能したと見られる最も有力な時期を絞り込めるし、その場合の築城主体として、この地域全域に支配

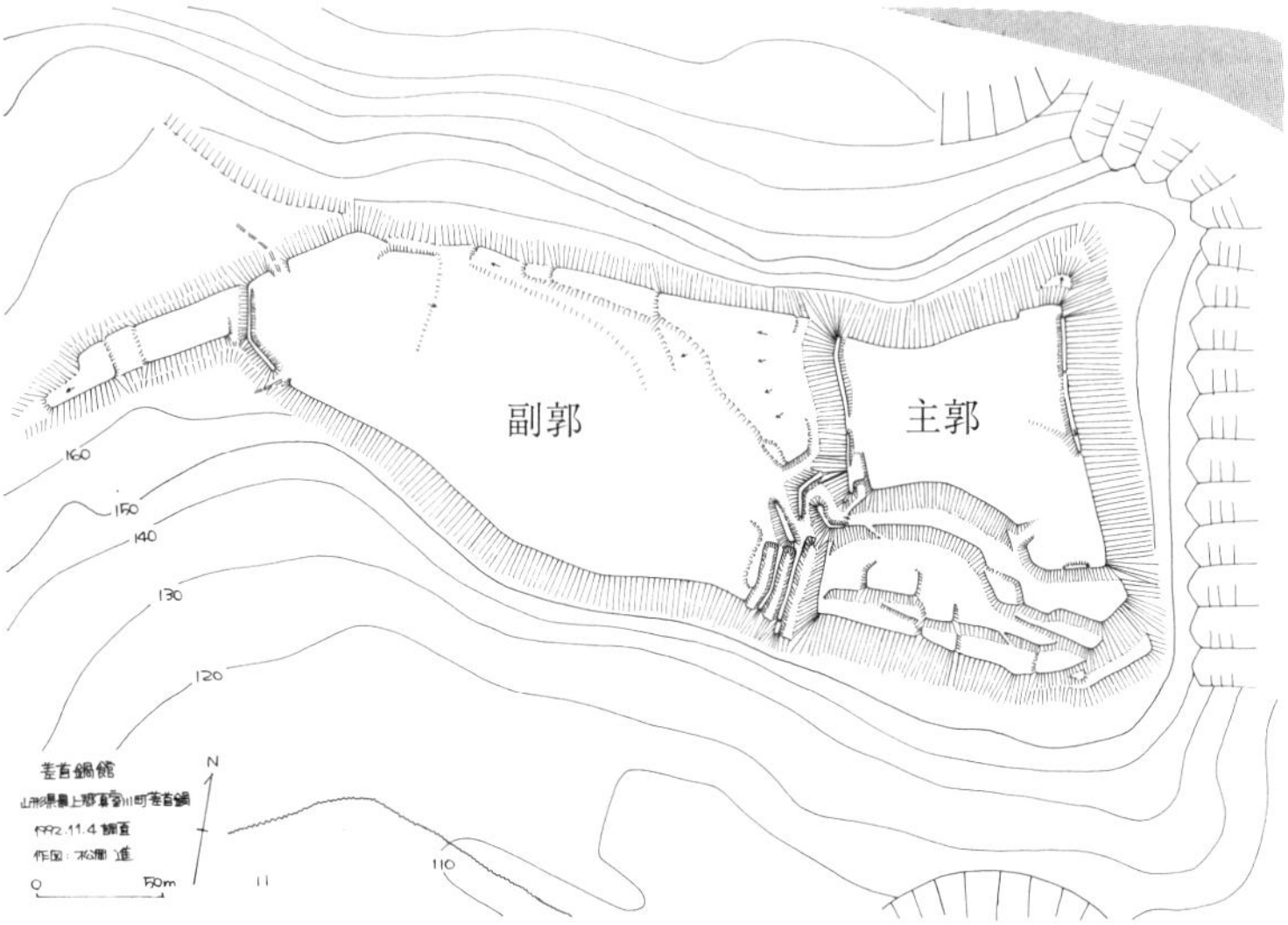

図１－10

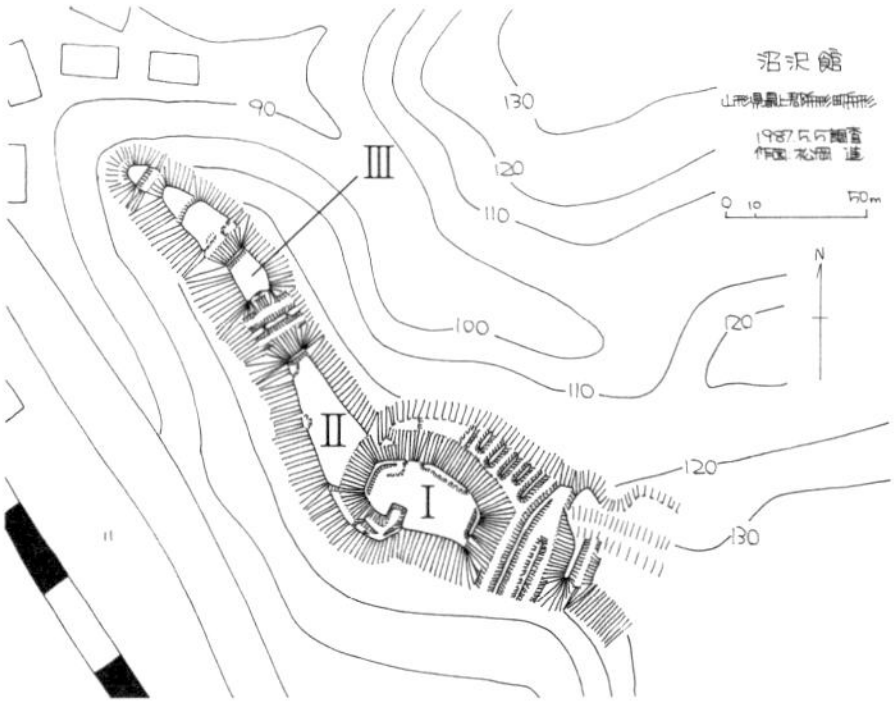

図１－11

図１－10　差首鍋館（山形県最上郡真室川町差首鍋、1992年11月調査）

図１－11　沼沢館（山形県最上郡舟形町舟形、1987年5月調査）

を及ぼした唯一の存在である最上義光の関与を考えられることになる。

そして、まさにそのような状況を示す古文書があった。『楓軒文書纂《ふうけんもんじょさん》』という近世の古文書集におさめられた写しで、天正一六年と推定される二月六日付けの最上義光書状である（『山形県史』古代中世史料1）。大意は次のようである。

伊達政宗が大崎氏の内紛に介入して近日中に派兵するという。そうなったら、隣の最上領国にも軍事行動をしかけてくるだろう。庄内地域に進攻した上杉方の本庄氏、仙《せん》

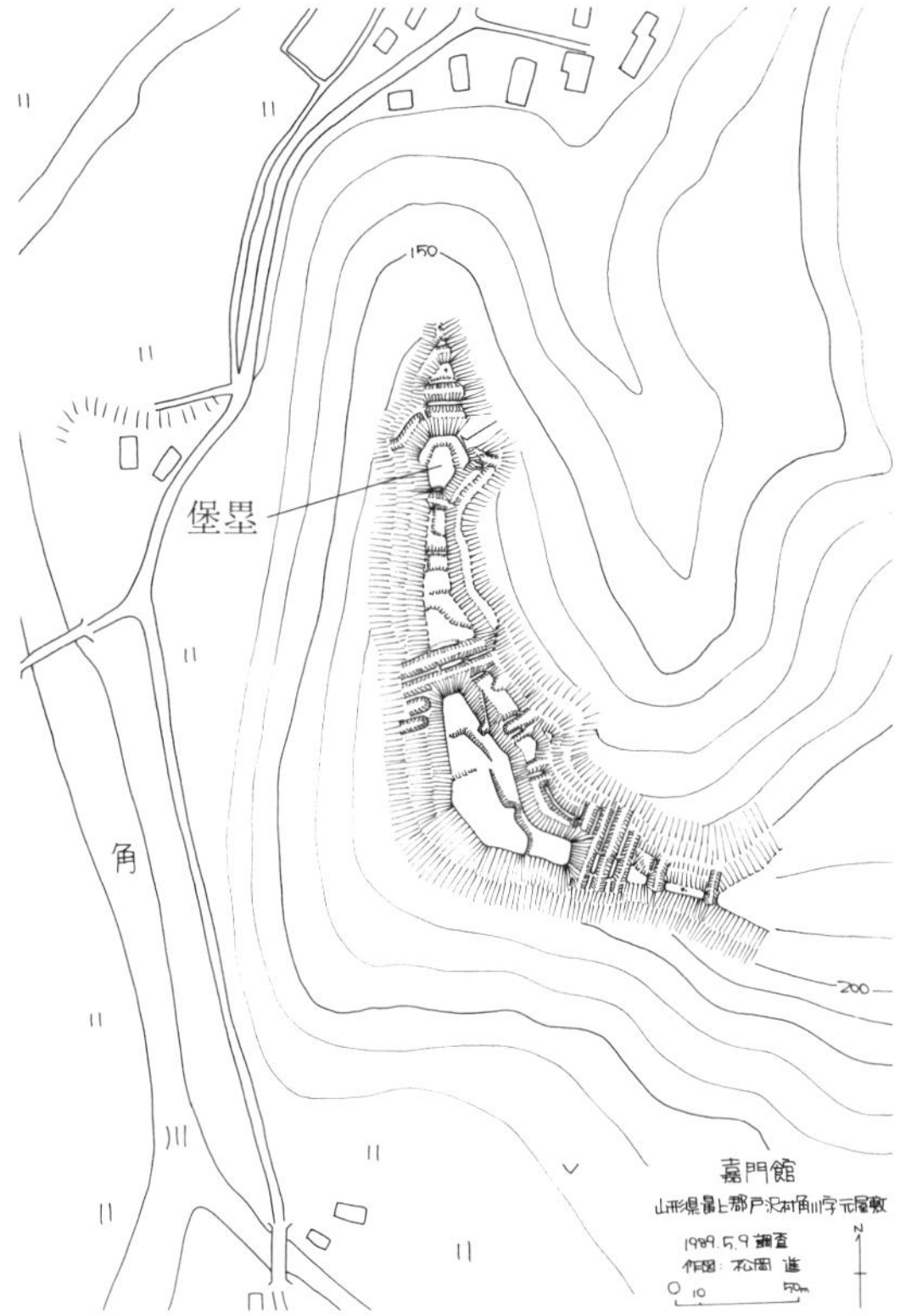

図1－12

図1－12　嘉門館（山形県最上郡戸沢村角川字元屋敷、1989年5月調査）

北《ぼく》（雄勝郡）の小野寺氏も呼応して、最上地域に攻撃をかけてくる事態が懸念される。そこで、「真室之地《まむろ》」、つまり鮭延城を「根城」とし、鮭延典膳《てんぜん》・安食《あじき》七兵衛・丹《たん》与三を中心に「一味中」でよくよく談合して「庄内・仙北之防《ふせぎ》」にあたってもらいたい。

鮭延城は、中核的な城とされただけあって、規模が大きく、近世に戸沢氏がこの地域に領地を与えられた際には、新庄城ができるまで居城にしていたという。しかし、その縄張は、定型化した虎口どころか、虎口そのものがどこなのか、はっきりしない。厳重な遮断線の構築を主眼としたプランであった。

他方、ほかの領主たちの居城とされる、この地域では規模の大きい城跡を歩いてみると、主郭と同等、あるいはそれ以上に広い副郭が、しばしば存在するのに気づく。志茂の手館がそうだし、時期差は考えられるが、差首鍋館も同じ例といえる。前者の「一城別郭」とも見えるプランや、後者の副郭と主郭をきびしく分ける虎口は、副郭に「一味中」の別の領主たちが加勢に入ってくる場合に備えたため、と考えると納得できるのではなかろうか。

さて、天正一六年が最上地域に共通の防御方式が広がった最初の画期だとすると、定型的な虎口パターンを用いた城が広まった次の画期はいつだろう。先の地図1－2を見ると、その事例が差首鍋館以外、最上地域の南辺にかたよっているのに気づく。防御線は最上領国の中枢の村山盆地の周辺まで引き締められているのである。しかも、差首鍋館の存在は、依然として庄内地域の脅威が大きいことを示している。この配置に適合し、しかも城の防御方式から見て、先の画期より新しい時期に生じた緊張関係とは、慶長五年（一六〇〇）の上杉景勝《かげかつ》との対立しかない。このとき、直江兼続《なおえかねつぐ》が置賜《おきたま》地域から最上義光の本拠・山形城に迫ったのはよく知られているとおりである。庄内地域もまた当時は上杉領国であり、差首鍋館はそこからの進攻に対する最前線の砦であったと考えられる。

多核構造の空間

さてそれでは、最上地域で多数の城を築いた直接の主体は、結局、大名・最上氏ということになるのだろうか。ここで、先の天正一六年の義光の書状をもう一度よく見てみよう。義光は最上地域にいるわけではない。彼の代理人となっているのは、もともとこの地域にいた鮭延以下の直臣たちで、防御の主体となる存在は、彼らを含む「一味中」、つまり領主連合なのである。そして、そうであればこそ、その後の新しい築城の画期でも、定型的な虎口パターンと合わせて、畝状空堀群が採用されるというユニークな展開が実現したのではないか。最上氏本体は、先に見たとおり、この遺構をほとんど残していない。しかも、全国的に見ても、虎口が発達してくると畝状空堀群は淘汰《とうた》されてしまうようなのだから。

もう一つ、この地域の城を特徴づける遺構である多重堀切にも注意しておきたい。たとえば、ここまでに何度か名前を出した小倉館（図1-13）は、おもな曲輪が山頂にa・bの二つあって、双方が中心として機能できる「一城別郭」の典型的なプランだが、そのうちの南側のbは、北側に向けて二重堀切を構え、主郭の性格を示している。aの東西に延びる尾根に対しても、それぞれ間隔をあけた二重堀切、中間部から東に下っていく支尾根cには、土塁を設けた堡塁をはさんで前後にやはり二本の堀切、bから西南に下っていく尾根にも間隔をあけた二本の堀切。遮断する様式を二本の堀切のセットとしているのがよくわかる。畝状空堀群の全面的といってよい配置に加え、規模も大きく、この地域を代表する戦闘的な大規模城郭である。

一方、京塚館（図1－14）は、低く集落の背後に突出した丘を利用し、領主の居所になりそうな小規模な城だが、やはり背後の尾根続きを多重の堀切で遮断している。崩されているためにわかりにくいが、三重堀と見られ、北側に掘り下ろした竪堀は、はっきり三本連続している。このように、規模や城の性格に関係なく、この地域に多重堀切の事例が多数分布しているのは、領主連合が共通の水準をもった築城技術を備えて、各所に城を築い

図1－13

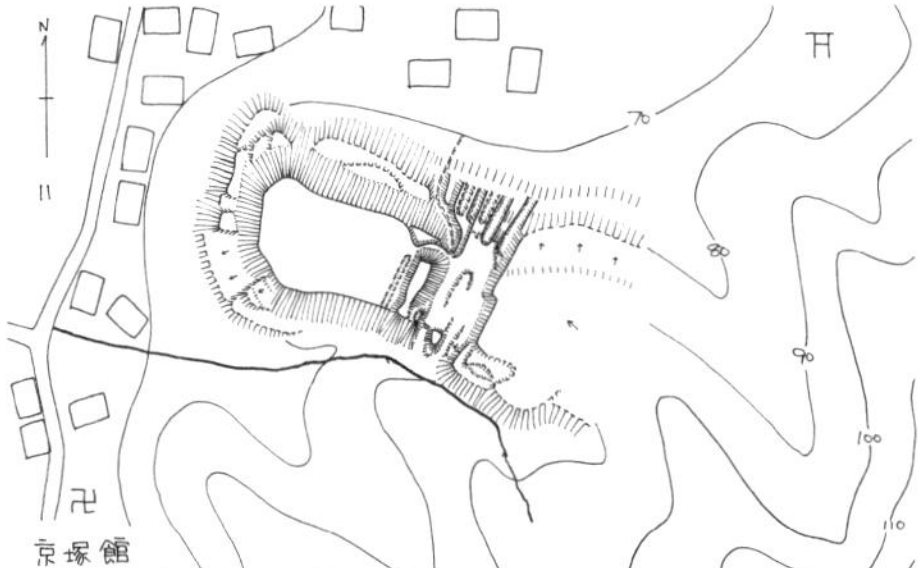

図1－14

図1－13　小倉館（山形県新庄市萩野、1988年5月調査）

図1－14　京塚館（山形県最上郡鮭川村京塚、1988年11月調査）

ていったため、と考えるのが一番自然だろう。

このほか、ここまででふれてきたように、登り口をおさえて迎撃の拠点となる堡塁や、人工的に土を盛って築いた櫓台も、単発ではなく、それぞれ複数の事例がある。広く採用されているわけではないが、全国的に普通とはいえない遺構がいくつもあるところにも、この地域の特徴が見出せそうである。

こうして、最上地域の城跡を群像としてたどっていくと、大名領国の下でしぶとく生き続け、独自の城造りを進めながら、一つの地域を軍事的な共同防衛の単位にまとめあげていった領主連合の存在が浮かび上がってくる。地図1－1・2で見た特徴的な城の分布をふまえて、この地域の軍事的な空間構造をキャッチフレーズ的に表現するなら、複数のグループが並立し、単独の中心的な城郭に収斂《しゅうれん》しない「多核構造」をなしている、といえる。領主連合が実質的な主体であったことが反映されていると考えるべきであろう。築城の契機を与えたのは大名・最上氏であったにしても、実際の築城には「一味中」の自律的な地域形成が反映されていたのではないか。

この時期、各地に林立した大勢力のはざまで、このような領主連合はあるいは脆弱に見えるかもしれない。しかし、当時の大勢力同士は錯綜した対立関係にあったから、主力軍を特定の方面にすべて投入するような戦略は、背面を衝かれかねない危険な賭けであり、実行するとなれば、機を逃さない決断と行動力を必要とした。たとえば、伊達政宗《だてまさむね》が蘆名《あしな》氏を破り、会津から追った天正一七年の磨上原《すりあげはら》の戦いのとき、伊達軍の主力全体が会津にいたのはせいぜい六日間にすぎない。この短い集中期間を作り出すため、現在の福島県の中央部では、大平城《おおだいら》（郡山市）が佐竹氏の、門沢館《かどさわ》（三春町）が岩城《いわき》氏の攻囲を受け、ともに援軍を得られずに落城した。しかし、これを裏返すと、一週間程度の籠城に耐え抜ける城があれば、ほかの方面で味方の兵力集中が可能になり、それによって局面が転換しさえすれば救援もできる、といえる。大規模な城郭や統一的な大軍団でなくても、大勢力の旗下に従う地域的な小勢力が、全体的な戦略のうえで重要な働きができる条件は、常に存在していたのである。

もっとも、以上の推論は確定的なものとはいえない。この地域には一六世紀前半の文献史料が非常に少ないため、非定型の虎口と厳重な遮断線が特徴をなす城郭群が、天正一六年の危機と対応する分布を示すように見えるにしても、それより古い軍事情勢には類似の状況がなかったという証明はできないからである。「一味中」にしても、何の前提もなく突如できあがったものではないだろう。ただ、年代の問題をおいても、全体として畝状空堀群や多重堀切を多用する築城スタイルと、そうした技法を取り入れ、ある程度の規模を備えた城がいくつも分散する空間構造は、この地域の特徴として残る。それは城郭群の共通性を生み出す母体が、広い意味の戦国時代においてこの地域に形成され、土地に独自の歴史を刻み付けてきたことにほかならない。

信仰の世界と山城

違う視点からもう一つ、中世城郭が群として土地に刻み付けたものをあげよう。

奥羽は山に対する信仰がさかんな土地である。長澤正機氏は、この地域の山の中に前方後円墳をぐっと小さくしたような塚が多数分布し、中世の修験道《しゅげんどう》との関係が考えられることを明らかにされた（「鮭川流域の塚群について」柏倉亮吉先生を偲ぶ会編『草ぶえの考古学』一九九七年）。氏のご案内で、私も先の京塚館の尾根続きにあるそれを、実見させていただいたことがある。驚いたのは、塚の前後の尾根を城のそれと見まがうような空堀で断ち切り、結界《けっかい》を表示していることだった。視点を変えると、そこにはもともと里と奥山とをつなぐ道があったからこそ、結界が必要になったはずである。城は、修験者などの宗教者こそが最もよく通じた山の世界の一角にあとから割りこみ、世俗の軍事的な論理に従って活用しようとした、一種の開発行為の所産でもあった。地域形成という次元でとらえれば、空間構造の世俗化、という逆転することのない大きな流れをそこに読み取ることができる。

研究者の中には、こうした信仰の対象を城に取り込むことで民心の支配を容易にしようとした、と考える向きもあるが、私はそこに近代的すぎる軽快な合理化を感じ、納得できないでいる。城になって木が切られ、地形が変わり、兵たちの日常で聖地の聖性が侵されても、信仰は変わらずにあるものなのだろうか。神聖さを守る行為を伴わずに、信仰は存続しうるものか？

ただ、いずれにせよ、築城行為は自然と人間の関係に作用していて、個々にはごく短い時間継続したにすぎない数々の試みが、聖性を帯びた自然に対する一つの運動を織り成しているように見ることは可能である。先にふれたように、畝状空堀群を持つ城が形成するグループは、信仰の山・神室山への道筋に集中していた。その代表例の一つである小倉館には、古く寺院が存在したと伝え、山麓の仁田山《にたやま》集落で今も続く鹿子《しし》踊りは、この山に現れた鹿の群れが豊作の前兆となったことにちなむという。小倉館そのものは、すでに見たとおり、とうてい長く居城として使われるような山城ではない。民心の支配をめざすような拠点的城郭とは違う。しかし、世俗的な歴史の痕跡がそのような山にとどめられ、伝承されてきたこと、それ自体の生み出す意味がある。地域の記憶の中に生き続けてきた城跡の群像は、そうした長い射程を持つ歴史の証人でもあるのだ。

最上地域に、私は多く五月の連休の時期に旅した。雪がようやく融けて、さわやかな淡い色の新緑が萌え、暗い緑のままの針葉樹に交じって山桜の花が咲き誇る。山城に登れば、いつも澄んだ春の大気を感じた。何度も泊ってなじみになった新庄市の旅館のご主人は、山菜を採るのにちょうどいい季節だから、とわざわざ車を出してくださり、身勝手な私が山を歩きまわっている間中、山菜採りをしては、また車に乗せてくれた。長澤氏には一度ご自宅で歓待していただき、ふんだんな山菜のてんぷらとたくさんの励ましの言葉をたまわった。東京生まれの私にとって、この地域はさながら故郷のように、今も懐かしい。

この宿で、私は一つの論文を書き始めた。まだ日本語ワープロも、もちろんパソコンも普及していなかったから、東京から持ち込んだ原稿用紙を広げ、ボールペンで書いた。そのときの高揚感もまた、鮮やかに思い起こすことができる。村田氏の研究の歩みをたどり、それを批判的に継承すべきとして、もう一度、縄張研究が地域の現場に立ち戻るべきことを書いた「戦国期城館跡遺構の史料的利用をめぐって」と題する、長い論文である（『中世城郭研究』二、一九八八年）。よくも悪くも、この論文こそが私の縄張研究者としての原点であった。橋口定志《はしぐちさだし》氏ら考古学研究者からの批判に応えて、いかに縄張研究を再構築していくか。村田氏という権威に頼って、批判にはただ首をすくめてやりすごすのではなく、縄張研究者が一人一人で立とうとしなくてはならない。未熟であっても、それだけはいわないといけない、と思っていた。

コラム1　縄張図の描き方

プロローグで書いたように、縄張図《なわばりず》は意外に簡単に描ける。もちろんうまくなるのは大変だが、描いてみようという方のご参考までに、私が使っている道具と、作成手順・考え方を整理しておきたい。なお、私の方法の基本は中世城郭研究会で、八巻孝夫《やまきたかお》氏や三島正之《みしままさゆき》氏らに鍛えられながら身に付けたもので、おおもとは早世された本田昇《ほんだのぼる》氏である。お教えくださった方々からすれば本意でないくらいアレンジされた、私流のかなりイージーなものなので、特に本田氏は天国で苦笑、もしかすると激怒されるかもしれない。なお、本田氏の図面作法は、「中世城郭の調査と図面表現」(『中世城郭研究』一、一九八七年)にまとめられているので、篤志の方はぜひ参照されたい。

①　一センチ方眼のクロッキーノートを使う(このノートは画材店でもあまり置かなくなったので、なければ注文して購入する)。ほかはシャープペンシル・消しゴム・コンパス(方位磁石)。左手には軍手(右手はシャープペンシルを持っているので素手)。コンパスはオイル式がよい。あまりきめ細かく針が振れると、使いづらい。クロッキーノートは、ふちと背中を布ガムテープで補強しておく。そのままで山に持って入ると、すぐに傷んでしまう。調査中はダブルクリップで上下をとめ、ページがめくれないようにしておく。

服はじょうぶで汚れが目立たないもの。リュックサックは山で目に付くように、なるべく人工的な色を選ぶ。靴はトレッキングシューズ、なければ底の厚い運動靴。最近思い知ったことを一つ書いておこう。トレッキングシューズは紐をフックにかけて編み上げて結ぶ。このフックの紐をかける箇所が細くすぼまっていると、藪を突破した際に折れてしまうことがある。

靴の寿命は五年といわれたが、一年ほどで三つもフックが折れ、使いものにならなくなってしまった……。ふつうの山登りではないので、独自の注意が必要である。

② 主郭まで行ってから、多少ともはっきりした角を探して原点にする。ここから土塁や切岸《きりぎし》が伸びていく向きを描きこんでから、ノートの上にコンパスを置き、北の方向を示す直線を引く。畏友・西股総生《にしまたふさお》氏の教えで、このときノートの上が北向きになるようにする（斜め上が北なら大丈夫）。氏いわく、「南を上にして描く人は地図の鉄則に反している」。そういわれては、反論の余地がない。

③ 原点から曲輪《くるわ》の縁《ふち》に沿って歩く。歩測で二〇歩を一センチとする。少し曲がる感じがしたら、立ちどまってコンパスで北を探し、クロッキーノートの向きを合わせてから、その先の方向を見定めて線を引き、また歩測する。曲輪の縁が人工の切岸かどうかはっきりしないくらいゆるいときは、点線で描く。明らかに自然の斜面なら、ケバだけで描く。西股氏が力説されるように（「縄張図の技法」『中世城郭研究』二四、二〇一〇年）、切岸かそうでないかを意識して図を作成すると、できあがりはまったく違ったものになる。

④ 主郭を一回りして、原点に戻ったのに線がつながらないことがある。別に珍しいことではないので、あわてずにもう一回りする。主郭をはじめ尾根の上にある曲輪の形がきちんと取れていないと、虎口《こぐち》につながるルートやそれに対応する突出部（横矢《よこや》がかり）、腰曲輪《こしぐるわ》や竪堀とのかみ合い、などなどが全部狂ってしまうので、納得のいくまで描き直す。

⑤ 斜面、つまり切岸や土塁の側面などを表わすケバの基本は、高いところは長く、低いところは短く。堀を隔てて向かい合う切岸の高さの差や、土塁の内外の差がしっかり出ていれば、長さは目分量でよい。あからさまに目分量といわれると抵抗があるかもしれないが、縄張図の精度はそういうものである。

高さがあってもゆるい斜面や尾根は、短いケバを縦・横ともに間隔をあけて描く。こういうところを全部直線の長いケバで描いている図を見かけるが、これでは急斜面にしか見えない。ちなみに本田氏の図は、この短いケバの使い方が飛びぬけてうまい。本田氏の図を見ながら、自分が描いた原図を清書してみると、どう違うかがよくわかって、きっと勉強になると思う。

⑥　竪堀らしいものがあったら、可能な限り下りてみる。長短のアクセントがある場合や、下で収斂《しゅうれん》している場合もあるし、逆に道や崩れだと判断できる場合もある。方位はコンパスで確認する。長さは歩測したまま描く（⑤もそうだが、斜面だから直角三角形の斜辺を歩いていると考えて、垂直の高さを計算している方もいる。しかし、繰り返しになるが、そこまでしなくても、縄張図としての精度はじゅうぶん保てる）。傾斜しているのがわかるように、ケバは斜め下向きにつける。

⑦　城全体は、高いところからだんだん低い方へ向かうように描く。腰曲輪を先に描いて主郭をその中に収めるようなことはできない。たいがいの場合、ゆがんでしまう。だから、斜面の畝状空堀群《うねじょうからぼりぐん》が描きたくても、がまんしてまず上の曲輪から描く。

⑧　上下のかみあいや曲輪の幅に気を付ける。外周の形を取ることばかりに気を取られていてはいけない。畝状空堀群の端や虎口の場所が、上の曲輪のどこに当たるかは大事なので、下から見通せないときは斜面を登って確かめる。本田氏はかつて、上から遺構らしきものが見えたらあらかじめ薄く描いておくとよい、と教えてくださった。曲輪の幅も、外周を歩きながら見通した感じが図と違うように思えたら、目印を作って（たとえば、始点に当たる木を決め、枝に軍手をくくりつける）歩測するとよい。

⑨　でも何だかうまく描けてない、と感じるときがある。私の場合、細かい情報の描き込みすぎが多い。わずかな角度の変化にこだわったり、あるかなしかの段を描いてつながりが見えなくなったり。消しゴムでズバッと消して見直すと、こんなにシンプルだったのかと驚くことがある。初めに描いた線にとらわれると、よくない結果になりがちである。最初とは反対側から見直すのもよい。それでもしっくりこないときは、……当たらずといえども遠からず、と自分に言い聞かせる。描き進めるうちに正解が見えてくることもある。

⑩　城跡にはどうしても藪（ブッシュ）がある。先が見えない、足が地に着かない、それでもとにかく方位を測って歩測する。精度に差が出る、といわれそうだが、この程度の誤差は縄張図では問題にならないから、気にしない。

⑪　細かい技巧的な部分に注意して、自分なりに納得して描く。たとえば、虎口が掘り込んだ枡形《ますがた》になっていたら、そこからどう曲輪内に入るのか、外からの動線はどうつながっているかをよく見る。横矢がかりの張り出しは非常に小さいものがあり、曲輪の外周をつなげることに気を取られると見逃しやすいので、特に注意が必要。

⑫　城域の端と思える堀切や切岸まで来たら、その先の尾根を余分に歩く。平坦なら一五〇歩が目安。それで何もなければまず大丈夫。

⑬　清書には、一二五〇〇分の一の地図を使う。市町村で作っている二五〇〇分の一が手に入ればその拡大コピー、なければ国土地理院の地形図（ネットでどこでも見られる）を拡大。私の場合、原図をそのままこれに重ねると縮尺がだいたい合う。尾根の方向がずれるのはよくあることなので、めげずに地図で補正する。

ケバ図と等高線図を一つにするのは原理的にはおかしい。これは岐阜の内堀信雄《うちぼりのぶお》氏に指摘されたが、縄張図でケバの部分は見て確かめたところ、つまり直接経験の範囲であり、等高線部分は範囲外と考えておこう。等高線は調査者の直接経験を他者と共有するための補正手段である。

⑭　清書用紙はトレーシングペーパー。曲輪の縁を〇・三ミリのロトリング、ケバは日本字用のペン、等高線や道・家その他はサインペンで描く。人工の壁面の裾には点線を付ける。村田氏が書いているとおり、一〇〇城見るより一〇城清書した方が、早くレヴェルアップできる（前掲「私の城跡探検法」）。最も工夫を要するのは、自然なケバの付け方である。それから等高線を滑らかに描くこと。私の本業は高校教員だが、初めに描いた志茂の手館の図（図1－1）を美術科の同僚が見て、「松岡さん、自然というものはね、そんなにカクッと曲がったりしないものだよ」と諭してく

れたのが忘れられない。

……しかし、いろいろ注意して、今度こそ会心の作にしよう、と意気込んで清書を始めても、ケバがかすれて、なぞったらズンドウのように太くなってしまったり、一気に描けない長い等高線に継ぎ目ができてしまったり、果てはインクをこぼしたり、何かの失敗は必ず起こる。一度くらい、ノーミスの会心作を描きたいものだが。

緻密な実測図を想像されていた方、現にそうした図を描かれる方にはあきれられるかもしれない。しかし、縄張図は、個人作業で早くできるのがとりえである。本文にも書いたが、それだからこそ、描く人の研究の深まりとともに図の仕上がりも違ってくる。他人の図を持って城跡に入って、細かくメモを取る方をときおり見かけるが、自分で縄張図を描けば、文字やスケッチ・写真では表現しにくい微妙な情報まで盛り込むことができる。いいかえると、文字やカメラのような媒体を経由せずに、「自分にはこう見えた」「これに気づいた」という、ときには言葉にしにくい直接経験を集成して、全体のつながりを示したものが縄張図である。機械的な正確さではなくて、よく見ると確かにこの部分はこうなっている、という遺構の状態を再現し、全体の中での位置を的確に示すことこそ、縄張図の特長だと思う。

II　宮城県伊具地域へ

村田修三《むらたしゅうぞう》氏が考古学研究者らから批判されたのはなぜか。最も手きびしい批判者であった橋口定志《はしぐちさだし》氏の意見は、大きく三点に整理できる（「考古学から見た居館」第二回全国城郭研究者セミナー、一九八五年。「絵巻物に見る居館」『生活と文化』一九八六年。「一九八五年の動向　中・近世（東日本）」『考古学ジャーナル』二六三、一九八六年。「中世居館の再検討」『東京考古』五、一九八七年）。第一は、縄張図《なわばりず》には主観性がつきまとい、資料としての限界があること。第二に、遺構編年論の前提になっている「単純から複雑へ」という考えは、土塁・堀を持った単純なプランの館が中世後期にようやく一般化したという考古学的認識から見て、検証が必要なこと。第三に、研究のめざすところが軍事一辺倒にしだいに傾き、「戦前の要塞研究の枠組み」から脱け出られなくなってしまっていること。

当時の村田氏は、編年論に縄張研究の未来がかかっていると繰り返し指摘され、その高弟である千田嘉博《せんだよしひろ》氏によって、織豊系城郭の著名な編年論も発表されていた（のち『織豊系城郭の形成』東京大学出版会、二〇〇〇年）。しかし、私は危惧を感じていた。編年論の対象になるのは、結局、軍事的に尖鋭な城ばかりだ。橋口氏の批判のとおりではないか。

第二と第三の論点は、合わせてみれば、単純なプランの城でも戦国期に機能した事実をどう位置づけるのか、という問題になる。村田氏は、研究の出発点ではむしろ、そうした城を大和の事例でたくさん取り上げてきたが、この時期には関心の中心がほかへ移っていた。同じころ、さらに藤木久志《ふじきひさし》氏が、横山勝栄《よこやまかつえい》氏や井上哲朗《いのうえてつろう》氏の縄張研究の成果にも依拠して、村が戦国社会を生きぬくために自らの城を築いていた、という「村の城」論を発表され、領主権力の範囲だけに目をうばわれていた縄張研究、いや城郭研究の全体に根底的な批判を浴びせた（のち『村と領主の戦国世界』東京大学出版会、一九九七年）。軍事的に発達しているといえない城をどう問題にしていくのか、そして村と城の関わりを探るためにも、もう一度、地域に戻るべきだ、と私は考えた。

宮城県は、奥羽六県で唯一、現在まで県レヴェルの公的な中世城館跡の悉皆《しっかい》調査が行われていない。しかし、個人で県内の城跡をすべて踏査してしまった破天荒な人物がいた。紫桃正隆《しとうまさたか》氏である。その著書『史料　仙台領内古城・館』全四巻（宝文堂、一九七二〜七四年）をひもとくと、調査成果に限界が少なくないのもすぐ目に付くが、文化財行政ができなかったことを独力でやりぬいたすさまじい行動力はまざまざと感じ取れる。

私は、この本をめくっていて、一つの記述が気になった。伊具《いぐ》郡丸森《まるもり》町の「前田館」の項である。

「風土記」に、当村並びに耕野村、大蔵村、三ヶ村、馬上十一騎の者ども往古取出、又は出張に仕り、籠城或は防戦仕り候―云々―とある。

三つの村の衆が集団で守備した城、そのとおりならまさしく「村の城」ではないか。しかも、同じ記述が、ごく近くの遠倉館《とおのくらたて》・小屋下館にもある。「村の城」が群在しているのかもしれない。一方、同じ町内には、伊達氏の石垣の城として観光写真などで見かける金《かね》山《やま》城があり、伊達氏と相馬氏が互いに陣を取ってぶつかりあったという冥《みょう》護《ご》山《やま》館・陣林《じんばやし》館もある。すでに最上地域の調査を進める中で、戦国期に大名どうしが戦う可能性のあった「境目」と呼ばれる地域には、特別な城がいくつも造られている、という感触を得ていたから、その点でも、このフィールドは魅力的であった。

そのころ齋藤慎一《さいとうしんいち》氏が、「境目」に築かれる城には、大名どうしの戦争に備えたものと、日常の交通管理のためのものと、二種類があることを指摘されていた（のち『中世東国の領域と城館』吉川弘文館、二〇〇二年）。私は軍事一辺倒を越えようとする氏の視点に感銘を受けたが、最上地域の例で見る限り、「境目」という性格は、境界線の付近だけでなく、一郡程度の広い空間に及び、多様な類型の城を成り立たせる、と考えた方が適切ではないかと感じていた。しかし、その論証には、もっと事例を増やさなくてはならない。

最上地域は、雪の降り始めは一一月で、雪どけは五月の連休前ころになる。縄張の調査は、夏草の茂った時期はもちろんむりだし、雪が積もっていてもできない。最上地域では、調査に向いている期間が短いのが悩みだった。その点、太平洋側の宮城県なら、少々山の中でも三月の後半なら十分歩けるはずだ。こうして、福島駅から阿武隈《あぶくま》急行というローカル私鉄に乗って、初めて丸森町をめざしたのは、一九九〇年（平成二）の早春のことである。車窓の丘や田園にはまだ葉の落ちた木や枯れ草の色ばかりが目立ったが、光のまぶしさはすでに春のものだった。

1　冥護山館・陣林館

伊達政宗の「陣城」

初めに行ったのは、伊達政宗《だてまさむね》の陣城《じんじろ》という冥護山館であった。このころ、伊達氏の城造りを問題にした研究者はまったくおらず、伝承から想像されるような有力大名じきじきの本陣にふさわしい城がほんとうにあるのかどうか、まず確かめたかったのである。

城跡は、低く細長い丘だった。南側から道に沿って登っていく。右手に見えた空堀《からぼり》を越え、城内に入ると、周囲に土塁を盛った狭い曲輪《くるわ》の中に導かれる。虎口《こぐち》曲輪である。

こんなものを造っているのか、と初めは半信半疑だったが、降り出した小雨の中で泥まみれになりながら、とにかく調査を終えてみれば、きわめて技巧的で、しかも当時私たちが持っていた陣城のイメージにうまく当てはまるプランなのがよくわかった。図2－1は、そのときコンディションが悪くて確認のむずかしかった箇所を、もう一度見直したうえで描いたものである。

主郭Ⅰは、丘の北端の一番高いところにあり、中を土塁で仕切って二つの部分に分けている。周囲はだいたい土塁がめぐる。以下、尾根の流れに合わせて、土塁のない曲輪Ⅱ、最初に見た土塁囲みの虎口曲輪Ⅲが造られ、この全体を包むように掘られた空堀が断続的に残っている。注意したいのはⅢの虎口で、土塁の切れ目は西に開いているが、そのすぐ手前で切岸の切れ目が南に、さらにその下では西に開き、登ってくる相手を短い距離でたびたび鋭く方向転換させるように造られていることである。やけに厳重なルート設定だと感じたが、当時はまだ重要性には気づいていなかった。

一方、主郭Ⅰの背後から東西に続く尾根にも遺構がある。東側は自然地形の広がった部分を堀切で囲い込んだⅣ、西側は南に派生していく尾根の全体を城に仕立てた西山館と呼ばれる部分になっている。こういう自然地形の平坦地を含めて、城域が拡散し、主郭への集中性がぼやけていく城は、いかにも戦争に際して大軍が駐屯した場所、という印象を与

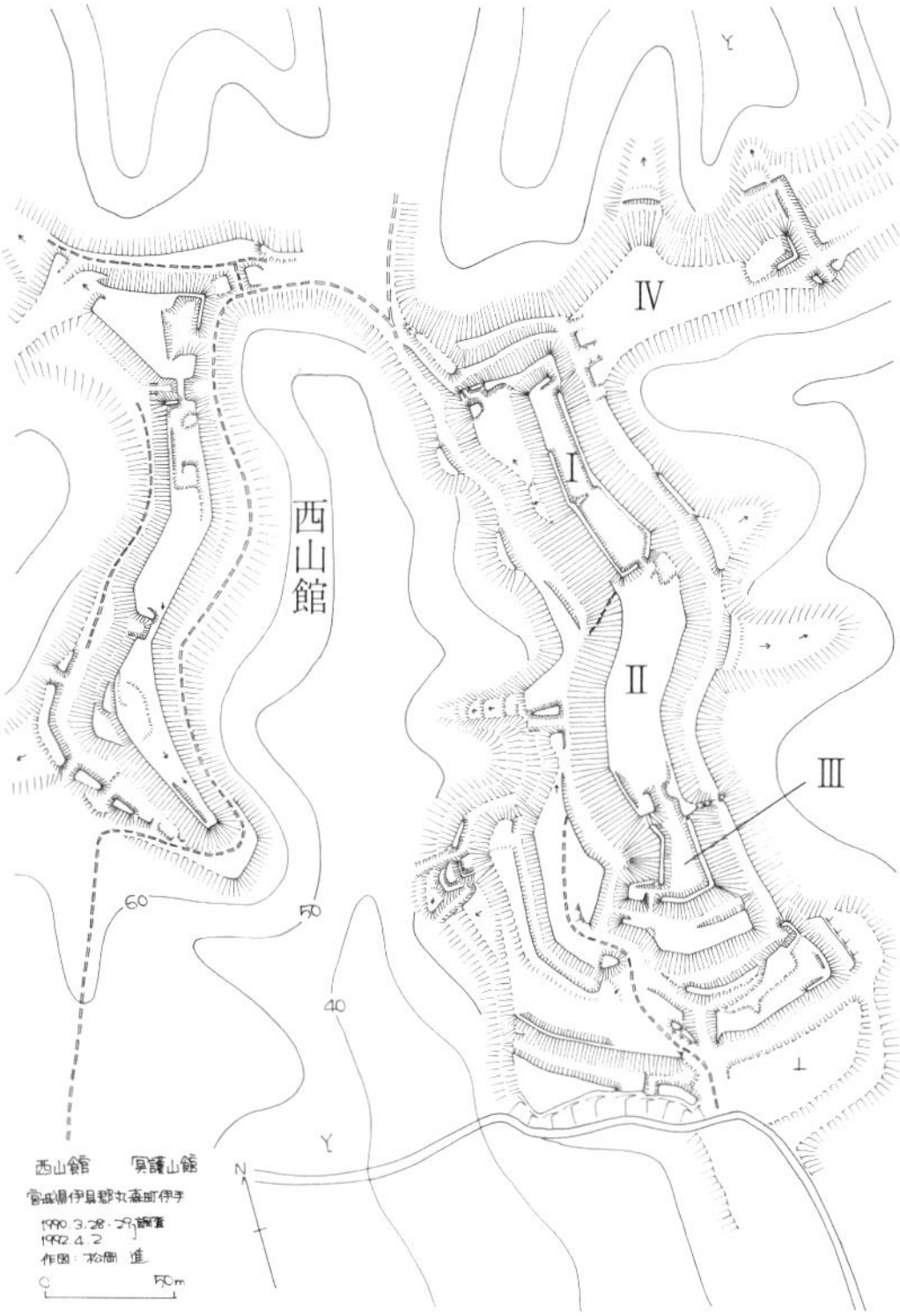

図2－1

図2－1　西山館・冥護山館（宮城県伊具郡丸森町伊手、1990年3月・1992年4月調査）

える。西山館の部分は、細長い尾根の先端の曲輪の削平が粗いし、尾根の付け根の大きな掘り込みは枡形虎口《ますがた》の役割は果たすが、城のサイズからすると不相応に大きく、尾根続きには堀切もない。全体を見たとき、散漫な印象は否定できない。陣城のイメージにうまく当てはまるプラン、と書いたのはこのことである。

なお、この城には江戸時代、貞享元年（一六八四）の調査図も残されている（引地昭夫《ひきちあきお》氏によるリライトが『丸森町の文化財（縮刷版）』一九八九年、に載せられている）。仙台藩の藩祖・伊達政宗がいた城だから、近世にも格別な研究対象となったのである。ラフな模式図ではあるが、照合すると、主郭Ⅰを「人溜」、曲輪Ⅱを「本陣」、虎口曲輪Ⅲを「扇形舛形」、その下段の曲輪と西山館につながる虎口曲輪を「小溜」と呼んだことがわかる。

相馬氏との「境目」

この伊達勢と対立して相馬義胤《そうまよしたね》が陣取ったといわれる城が、その南三キロほどにある陣林館である（図２－２）。丸森町の中心部から冥護山館の付近を経たバス道路が、すぐ西側を通って、そのまま大沢峠にいたるが、その先は、相馬氏の本拠・宇多《うだ》郡になる。大きな主郭Ⅰの北側、この道筋に向かうように、地形の窪みを利用して片面に土塁を設けた大きな枡形虎口ａが造られている。南側の尾根続きにある曲輪Ⅱへの虎口は、土塁と空堀を別々に食い違いにしたユニークなものである。私は、これと似たものを、ほかのどこでも見た記憶がない。

さらに東側に曲輪Ⅲがあるが、曲輪Ⅱに対して土橋でつないだ堡塁（馬出《うまだし》）ｂを構えているので、Ⅱよりも上位の曲輪という位置づけになる。つまり、この城でも主郭への集中とはうらはらな分散的要素が認められる。さらに、これら主要部分が展開する尾根の西側の中腹部にも、断片的に土塁や浅い堀の痕跡らしいものがあり、全体としてやはり大軍の駐屯場所にふさわしいといえる。

二つの（あるいは、西山館を入れて三つの）城を調査して、伊達氏と相馬氏が本格的に陣城を設けて対陣したという伝承は信用してよい、と実感した。丸森町の中心部にある丸山城に、伊達政宗の曽祖父・稙宗《たねむね》が隠居したのは、天文一七年（一五四八）とされる。それ以後の相馬氏との境界紛争は、天正一七年、政宗が大沢峠の先の宇多郡まで攻め込み、駒《こま》ケ《が》嶺《みね》城・蓑首《みのくび》館（ともに福島県新地町）を落としたことによってピリオドが打たれるまで続いた。丸森町周辺は、四〇年に及ぶ大名と大名の衝突の戦場であった。それなら、「村の城」らしきものは、その地域でどういう位置づけになるのか。

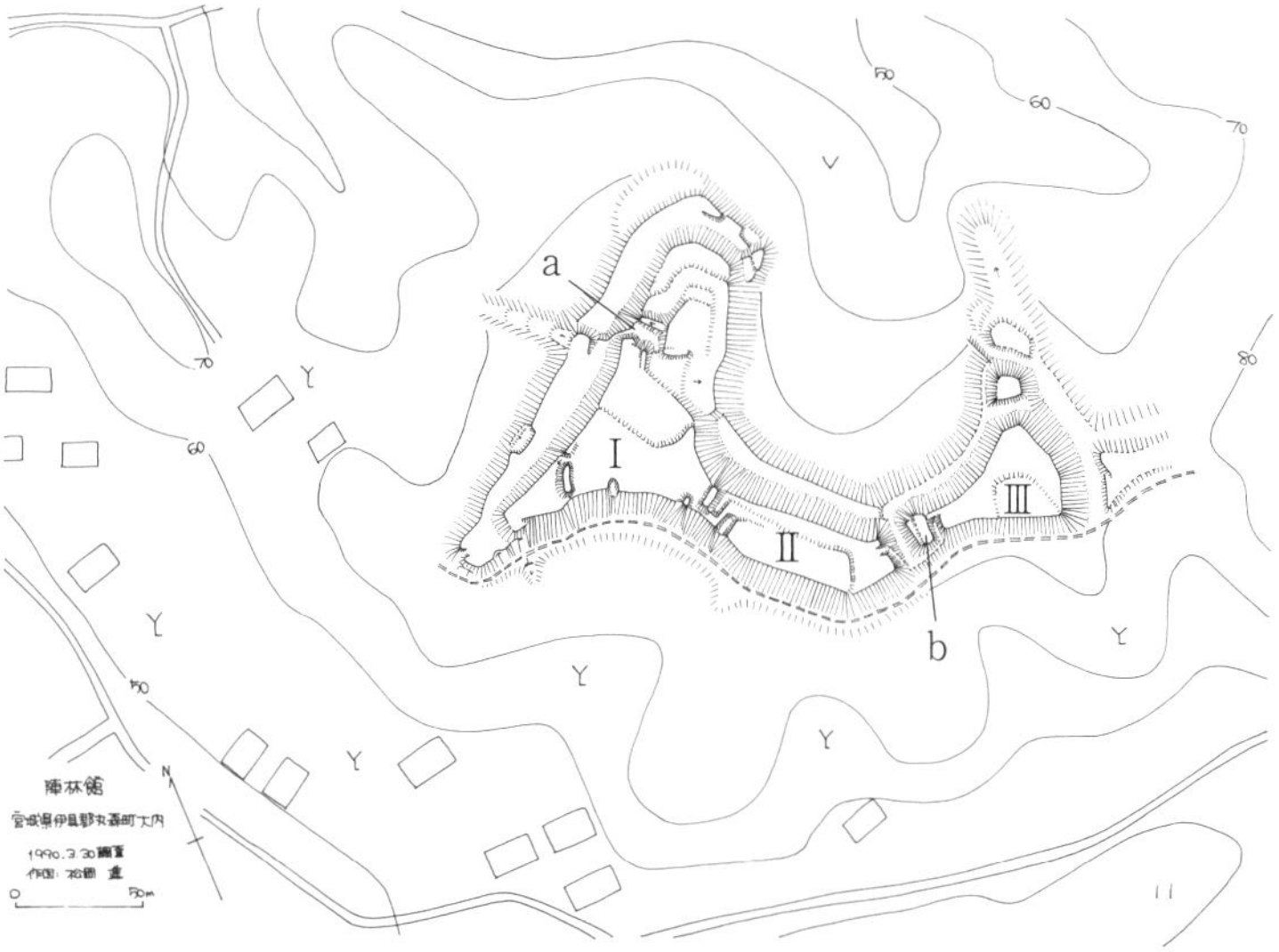

図2－2

図2－2　陣林館（宮城県伊具郡丸森町大内、1990年3月調査）

2　遠倉館・前田館──「村の城」

対照的なプラン

遠倉館と前田館、この二つの城は、川張《かわばり》という山あいの集落に、ほとんど隣りどうしで造られている。実際の調査は、山が高い遠倉館の方を先にした（図2－3）。紫桃氏の本によると、山頂の周囲を堀がめぐっているはずだったが、……ない。山頂のすぐ下の高いところに電波塔が、その裾に神社があるが、尾根筋はあるかないかの段だけだ。それでも、頼りない段をたどって、登って行ったのと反対の北側に降りていくと、少しずつ切岸がしっかりしてきて、ついにズバリと尾根が掘り切られている箇所に出た。やはり城だと安心したが、しかし、じつに簡素である。堀切の向こう側はもう尾根の両側がゆるくなって、自然の地形に見える。

これに対して、前田館はゆるい丘の上にあり、登って行く途中では、やはり低い段がめぐっているだけに見えたが、背後の北側から西側にかけて、空堀が長く掘り込まれていた（図2－4）。東側にも、その残りらしいものがあるし、南側にまわっていくと、一段高い場所に堀切があった。立地が違うから、とはいうものの、近世の地誌『安永風土記《あんえいふどき》御用書出』（先の紫桃氏の著書からの引用では、「風土記」と略されていた書物）には、二つの城に同じ伝承が載っていたのに、まず土木量に大きな差がある。もっとも、切岸や平坦面の造りは粗雑で、長い期間にわたって使われたとは見えない。

さらに意外だったのは、登り道のすぐ横に虎口ａがしっかり造られていたことである。

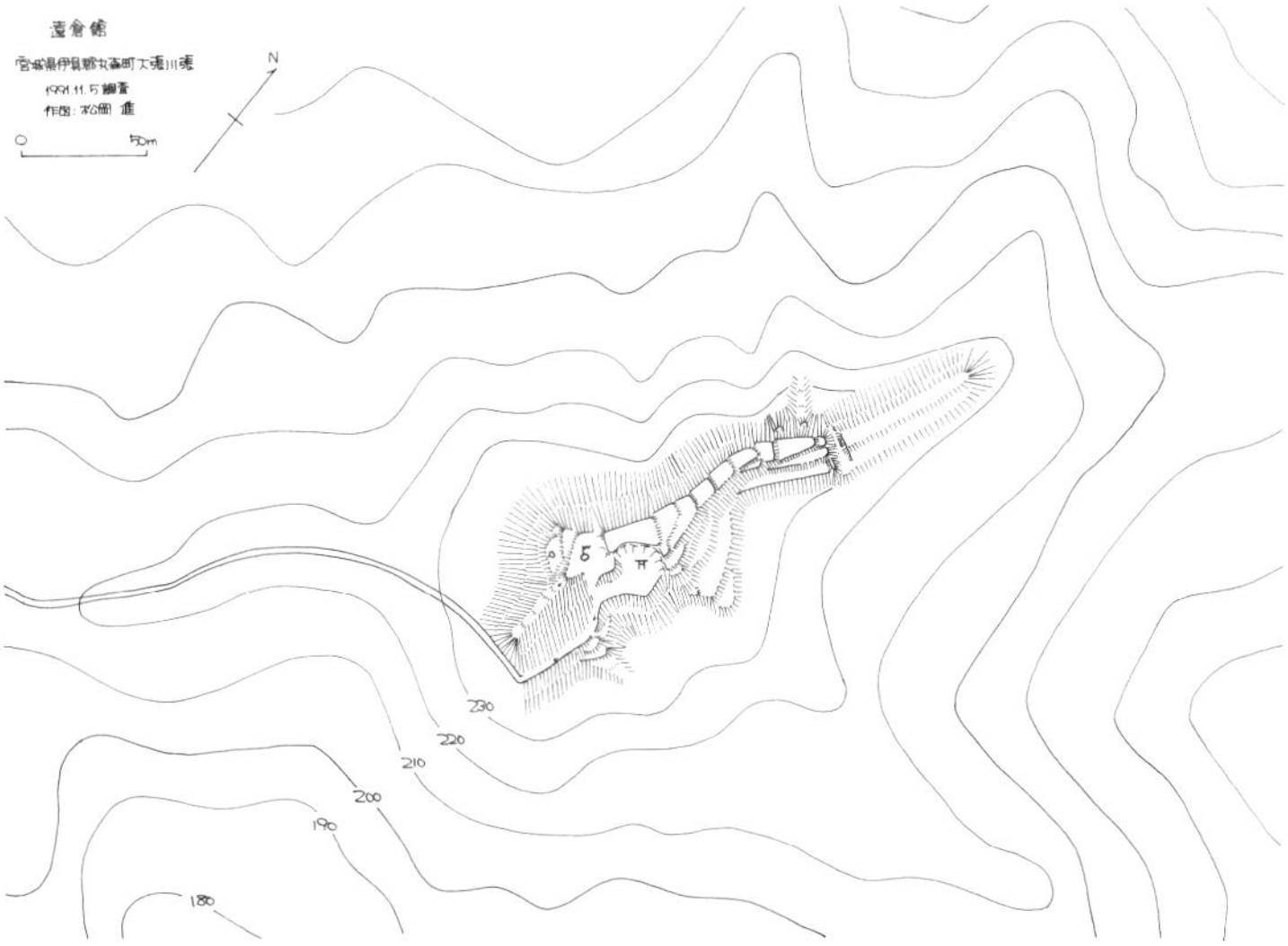

図２－３

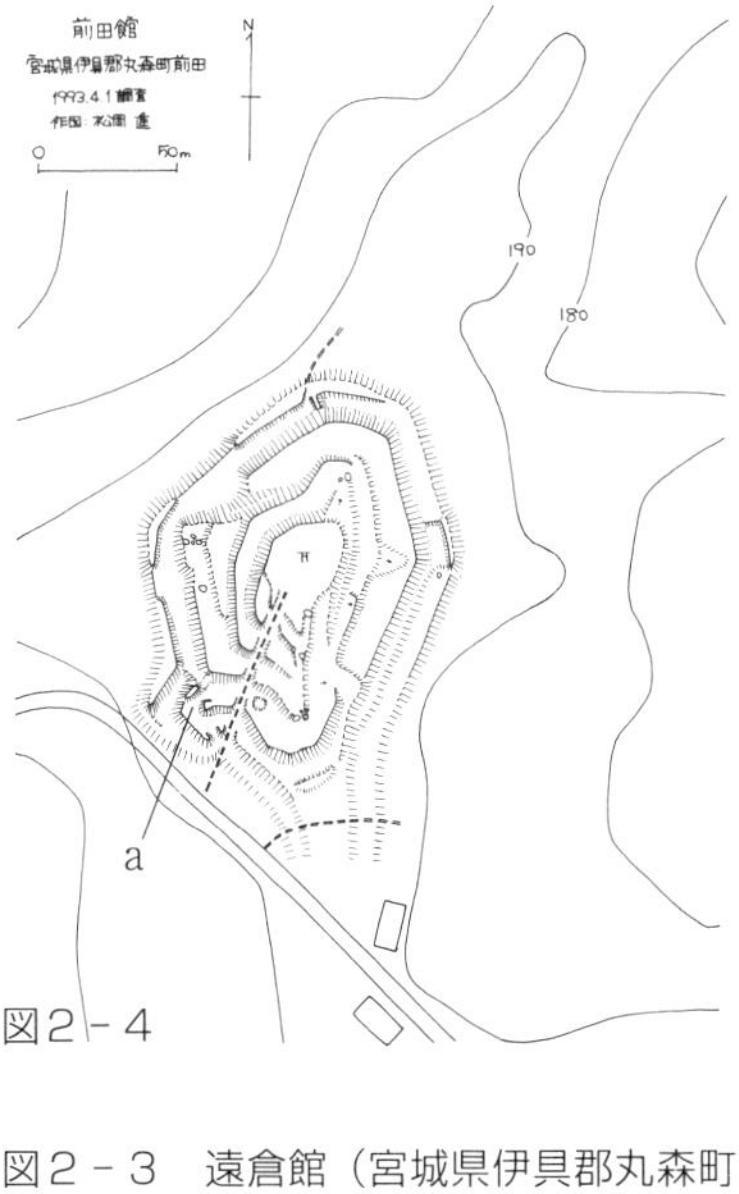

図２－４

図２－３　遠倉館（宮城県伊具郡丸森町大張川張、1991 年11 月調査）

図２－４　前田館（宮城県伊具郡丸森町前田、1993 年４月調査）

しかも、南東に開いた外側のものと、少し入ったところにある南西に開いた内側のものが連続していて、側面には空堀の続きがゆるい斜面まで掘り下ろされ、竪堀《たてぼり》になっている。短い距離で続けざまに進入者を方向転換させる、冥護山館と考え方の似かよった造りである。竪堀で側面を防御しているのは、防御側が進入者を迎え撃つのに専念するために違いない。ポイントを押さえて、小規模ながら守りやすい城に仕立てた工夫はなかなかである。

北山館の場合

じつは、『安永風土記御用書出』に同じ伝承がある城は、紫桃氏が書かれている以外にも、付近にまだある。「村の城」の水準を確かめようと、そのうちの一つ北山館に登ってみた（図2―5）。やせ尾根のただなかに二本の堀切a・bが認められる。それにはさまれた部分は、高まってピークになっている。とはいえ、曲輪というような広さはないし、周囲の斜面は自然のままだ。西股総生《にしまたふさお》氏は、こういうプランを「遮断線構造」と名づけている（「中世城郭における遮断線構造」『中世城郭研究』一五、二〇〇一年）。遠倉館も、同じ例と見て間違いない。村の衆が築き、守ったとされる城には、このタイプと、前田館のような臨時的だが手のこんだものと、二タイプがある、という結論に達した。

さて、ここからは仮説だが、いくつかの場合が考えられる。まず、どれも村の有力者たちが集団で守ったという伝承は全面的には信用に足らないもので、前田館だけは伊達氏（別のだれかでもよいが、とにかく有力領主）が築き、ほかの簡素なプランのものがほんとうの「村の城」だという場合。もう一つは、伝承は信用してよいが、村が城を築くにあたって、伊達氏、あるいはほかの有力領主が働きかけたために、前田館だけが違ったプランになったという場合。さらに三つめとして、伝承はやはり信じられず、「遮断線構造」の簡素な城も、大名の設けたのろし台などである場合。

決め手がすぐに見つかるものではないにせよ、やはりここでも調査を周辺に広げる中で、手がかりを探してみることにした。

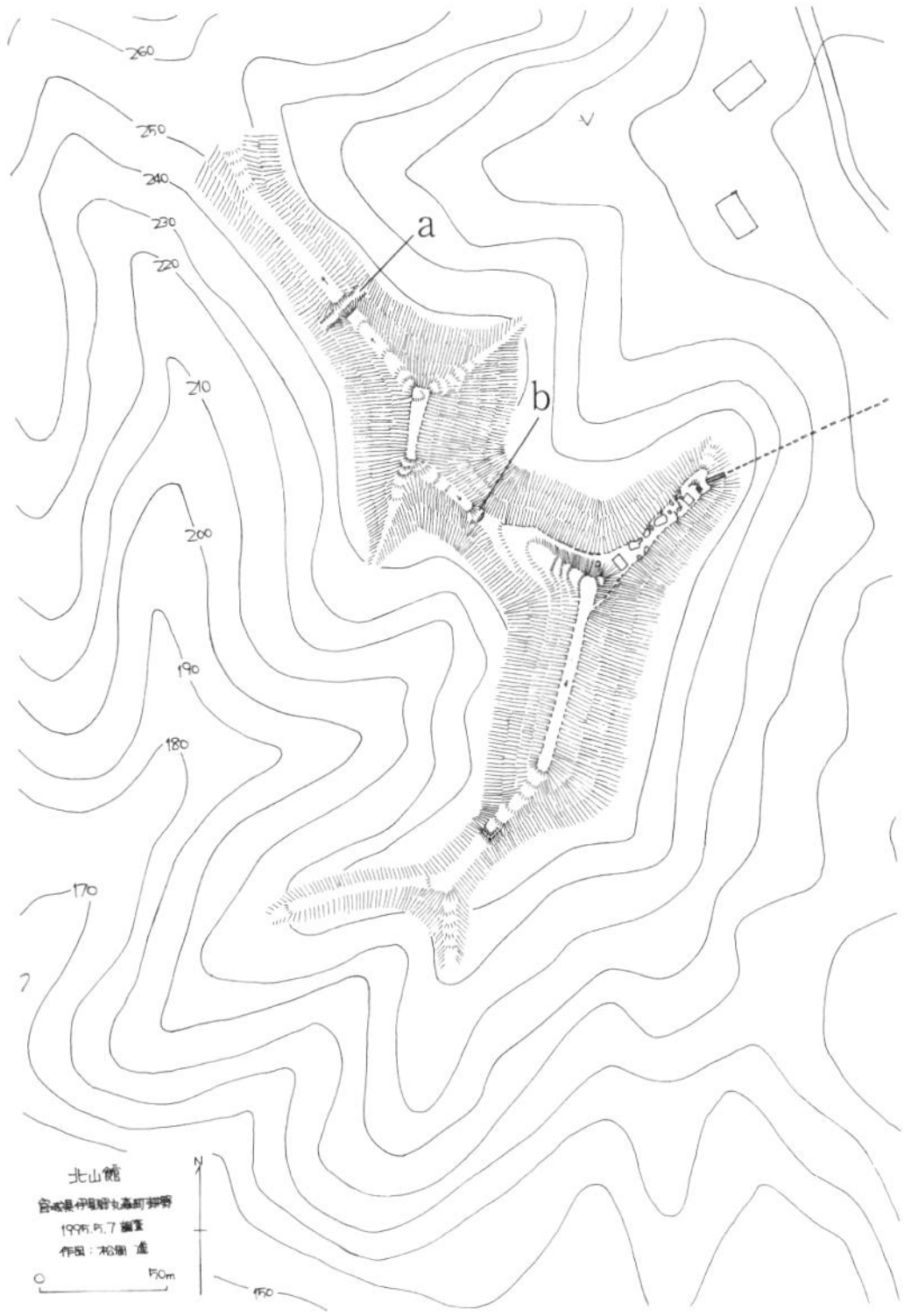

図2－5

図2－5　北山館（宮城県伊具郡丸森町耕野、
1995年5月調査）

3　空間―伊具地域

類型論の着想

調査を進めるうち、なるべく単純な道具立てでタイプ分けをしてみよう、と考え付いた。城の縄張は千差万別で、具体的な違う部分だけにとらわれていては、その次元から飛躍する展望が開けない。最上地域の場合、畝状《うねじょう》空堀群《からぼりぐん》に注意することで飛躍の手がかりが得られたのだが、伊具地域には、同じように特徴的で、ある程度事例の豊富な技巧は認められない。前者でも、結局は畝状空堀群を含めた「面的な遮断を主眼としたプラン」というようにとらえ、虎口についても、近世城郭のそれを援用して分類したりするのでなく、「定型的」かそうでないかだけを問題にしたように、縄張のある点を抽象化してとらえるステップを経ると、さながらひどいブッシュのように複雑な城郭の群像を、しだいに秩序のある樹林として見通せるのではないか、と考えた。

直接のヒントをくれたのは、山形の眞壁建《まかべけん》氏である。氏が大学時代、私の書いた論文に目をとめ、縄張図の描き方について質問の手紙をくださったのがきっかけで知り合いになった。伊具地域の調査は最上地域でのそれとは違う季節にできたので、私は両者を並行して進め、山形での研究会にもときどき顔を出していた。一方、研究熱心な眞壁氏は、東京や各地での研究会にもまめに足を運んでいて、そういう機会のどれかで話しているうち、ふと、「しかし、お書きになったものの中に、平地の館《やかた》が出てきませんねえ」と鋭い疑問を投げかけてきた。

確かにそうだ。そして、それは、橋口定志氏が村田修三氏を批判して述べたように、軍事一辺倒の城のとらえ方から脱け出すためには不可欠なもののはずだ。私は後ろめたいところを突かれた思いで考え込んだ。かといって、アリバイのように平地の館だけ取り上げても、現状ではその先の見通しが持てない。

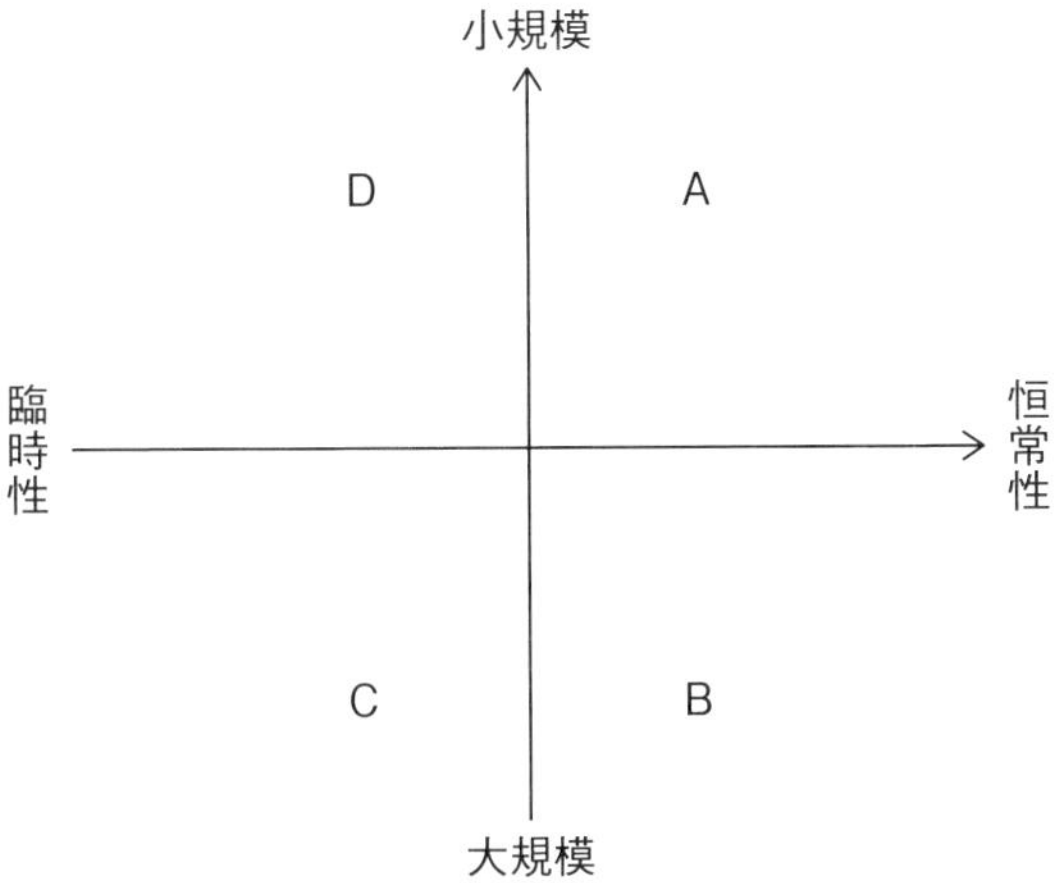

図2-6

そこで、平地の館も含めて、全体をタイプ分けしてみることにした。抽象化のステップという要請から、座標軸を使ってまず四つに大別し、それからその中を必要に応じて細分するという考え方である。このとき案出した座標軸は、図2-6にあるとおり、恒常性・臨時性というあまりに抽象的な用語を用いたため、ほかの研究者にはまったくといっていいほど利用していただけなかった。縄張研究は地表のかたちから認識していくので、視覚的なイメージの浮かびにくい用語はだめらしい。それに、現在の時点から振り返ってみると、「恒常的」という用語には、

図2-6　中世城郭の類型

研究史上もっとデリケートな扱いが必要だったと思う。

中世城郭の恒常性

「恒常的」という語を、中世城郭の展開過程を二分するような新しい特質を表わすものとして使ったのは、齋藤慎一氏である（前掲書）。氏は越後と関東地方の文献史料に依拠して、一五世紀半ばに恒常的に維持される「要害」が成立したことを見通し、それ以前の臨時的な城郭と対比して、領主制の新たな段階が質的に新しい城を必要としたと指摘された。この論考「本拠の景観」の初出は一九九一年で、以後、考古学的な調査によって、一五世紀半ばの画期はいろいろな形で認められてきている。

これに対し、恒常的という点に関してもう一つ重要なのが、千田嘉博氏による一六世紀第二・四半期、つまり天文年間（一五三二〜五五）ころを山城の画期とする説である（前掲書）。氏は近江や美濃・伊予の守護の居城の変遷を取り上げ、この時期に、単に攻められたときの籠城用施設というのではなく、日常的に居住する本拠としての山城が成立した、とされる。齋藤氏のいう恒常的に維持される要害より、いっそう恒常性の高まった形態、と受け取れる。

しかし、これらを具体的な事例に当てはめようとすると、困難な問題に直面するのは避けられない。このような二段階の「恒常性」を、遺構からどう読み取ったらよいのだろうか？　しかも、恒常性に二段階あるなら、それと臨時性との鋭角的な対比は成り立ちがたい。

陣城とは

この点は、縄張研究のうえで、「陣城」と呼ばれてきたものの曖昧さとも結び付いている。本章のはじめに見た冥護山館や陣林館のように、中心的な部分がきちんと造り込まれていても、周囲に自然地形が囲い込まれていたり、中心的な部分自体が複数あったりで、大軍の陣地としての用途に対応しているものを、縄張研究では陣城と呼んできた。全体が粗放で、駐屯《ちゅうとん》施設と見られるものも同様である。特に、織豊《しょくほう》政権が城攻めのときに周囲を包囲するために築いた城郭群は、中枢部分は小規模ながら技巧的で、周囲に駐屯用地を設定できる場合が多い。これらを「陣城の二重構造」として整理したのが、多田暢久《ただのぶひさ》氏「陣城プランの特徴について」（『近江の城』三二、一九八九年）である。そこでさらに、全体が緻密に造り上げられていて、居住性を考慮せずに軍事専一のプランを見せるものも、陣城の範囲に含められることがある。日常生活に向かない要素をプランの上に認め、「一種の陣城」などと表現する場合である。

これは、縄張研究者の分類のカテゴリーが、戦時対応としての軍事的性格の強いプランと、それが希薄で日常生活や統治の拠点の性格が強いプランとを対にして成り立っているためである。ところが、後述するように、文献史料を見ると、平地にあって日常的な使用に対応するとばかり見られがちだった「館」と呼ばれてきたものにまで、室町・戦国期の陣としての利用が考えられる場合がある。これでは、ほとんどすべての城が「陣城」になってしまう。他方、軍事専一であっても、全体がきちんと造り込まれていて、陣営の場とは考えられない城も少なくない。

類型の提示

そこで、ここでは以上のような反省をこめて表現を改め、次のように細分化の基準を示したい。

Ａａ　一定期間の日常生活ができそうな小規模な城。丘に立地している。

Ａｂ　同じく、平地に立地している。

Ｂ　一定期間の日常生活ができそうな大規模な城。いわゆる拠点的城郭。

Ｃａ　戦時の用途に対応した部分が、日常生活のできそうな部分と並存する大規模な城。

Ｃｂ　戦時の用途に対応した部分だけでできた大規模な城。

Ｄａ　戦時の用途に対応した部分を持つ小規模な城。Ｃａの小型のもの。

Ｄｂ　戦時の用途に対応した部分だけでできた小規模な城。Ｃｂの小型のもの。

つまり、恒常性―臨時性という対照を、日常生活―戦時対応と読みかえるのである。じつはもともと、「臨時性」よりは「軍事性」といった方がよいのでは、と考えたこともあったが、「軍事性」と表現してしまうと、日常の居住が可能な主城クラスこそ軍事的にも中枢となる事実が評価できなくなってしまうと判断し、「臨時性」という表現に変えたのだった。しかし、それではやはり曖昧さを避けられない。「軍事性」でなく、「戦時対応」としたのは、その点への配慮からである。とはいえ、ここでの「戦時」にも、大名間戦争クラスのそれ、という注記はしておきたい。

齋藤氏のいう恒常的に維持された要害に相当するのは、この分類ではＢないしＣａ

（一五世紀半ばに成立した城の最終段階の姿としては、一般には前者であろう）、千田氏の日常的な居住の場となった山城に相当するのはBである。他方、これまでいわれてきた「陣城」は、おおむねCb・Dbに含まれるが、これらのすべてが「陣城」というわけではない。たとえば、前章で取り上げた小倉館はCb、沼沢館や嘉門館はDbに分類できるが、いずれも城域全体を統一的な構想できちんと普請しており、陣営の場にふさわしい応急の施設ではない。志茂の手館はCaで、畝状空堀群のある副郭は戦時対応の部分といってよいが、主郭から山裾にかけては違い、全体を「陣城」ととらえることはできない。C・Dに区分できる城を、西股総生氏は「戦術級の城」と呼んでいる（前掲「中世城郭における遮断線構造」）が、縄張研究上の「陣城」は、その中で普請《ふしん》が特に応急的なものを指していた、と理解するのが妥当であろう。したがって、以後は縄張から確定できない「陣城」という表現をやめ、遺構の特徴に注目する際には「応急的な普請の城」、機能を限定できそうな場合には「陣営」「陣」と表現することにしたい。なお、この問題は、第五章でもう一度取り上げる。

伊具地域の類型分布

前置きが長くなった。伊具地域に戻ろう。

ここでの調査対象は、丸森町の北に隣接し、かつての伊具郡を構成する角田市《かくだ》を含めた。戦国史に限っても、角田市の平地にある郷主内館《ごうしゅうち》に伊達政宗が陣を取って、相馬氏と争ったと伝えるなど、両者には地域的な一体性があるからである（当時、こうした平地の城に、戦国期の陣の伝承があるのには違和感を持ったが、前述したように、やがてその先入観こそ見直しが必要なのがわかった）。

まず、調査成果を地図に落としたものを示す（地図２－１）。念のため申し添えると、これと同じような図を私はかつて拙著『戦国期城館群の景観』（校倉書房、二〇〇二年）に載せたが、今回、次章で行った作業に基づいて、個々の城のタイプ分けをいくつか修正している。これによって見ると、北寄りの角田市域と、南の丸森町域では、タイプの分布にはっきりした差があるのが明瞭である。

地図２－１の中央、Ａａ８からＡｂ３あたりを東西に横断する帯は阿武隈川である。このラインを境にして、北にはＡａやＡｂが多いが、南にはほとんどない。そもそも城の分布自体が、北部に密で、南部はまばらだ。阿武隈川沿いの一帯から南側で目に付くのは、山間部のＣａ・Ｄａ・Ｄｂである。一方、北部に散在するＤａは、伊具郡の境界線に接する地点にある。具体例を見てみよう。

小坂《こさか》城（図２－７）。地図２－１のＤａ１である。伊具郡と北の柴田郡の境に近く、阿武隈川の渡河点をおさえている。小さいのに主郭への集中性がとぼしいプランだが、虎口ａと虎口ｂは、どちらも進入者の正面に切岸《きりぎし》を構え、側面に迂回させて中へ入れるようにしつらえている。これは防御力を高めるための意識的な工夫である。同じタイプの虎口は、やはり北部の南楯《みなみたて》城（Ｄａ３、図２－８）、君萱《きみがや》城（Ｄｂ１）にもある。

羽黒館（図２－９）。地図２―１のＤａ２である。やはり北の郡境に接したピークにあり、主郭の周囲に土塁、その西北裾には二重の横堀をめぐらす。この地域では、後述の小屋館

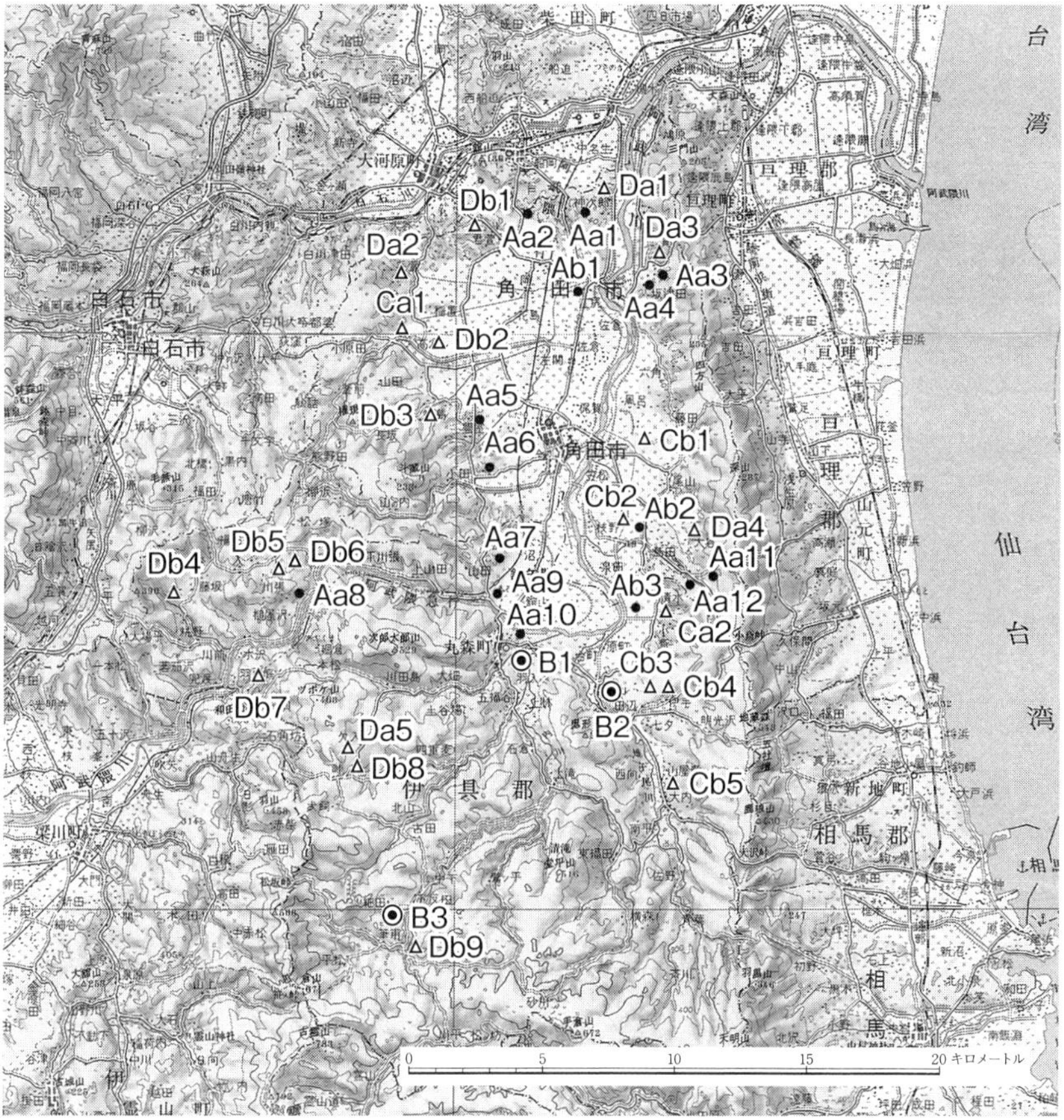

地図2－1

地図2－1　伊具地域の類型分布状況（国土地理院20万分の１「仙台」「福島」に加筆）

とともに数少ない二重横堀の事例である。主郭の北東・南東を堀切で切って独立させているが、東側の尾根を一〇〇メートルほど進んだところにも堀切があり、自然地形の尾根を城域に組み込んでいる。ここを「臨時の用途に対応した部分」と判断する。亘理郡《わたり》との境にある小屋城（Ｄａ４）、先の南楯城にも、このような城域編成は共通する。前章での最上地域のように、ほかから加勢が来たときに受け入れるためのプランと考えることが可能なら、ごく小規模な兵力で北側・東側の郡境を固め、必要に応じてそれに最小限の増援を施すような上位の戦略の存在を想定できることになる。

同様の戦略的な性格を、南部のＤａ５、小屋館でも指摘できる（図２‐10）。東日本では臨時的な目的に対応した小規模な城を「小屋」と呼ぶ事例が戦国期に確認でき、特に奥羽ではそのまま城名になって「小屋館」「小屋城」とか「小屋山館」などと呼ばれる事例が多く、とりわけ伊具地域にはそれが複数あるため、まぎらわしいが、この城は伊達郡との境になる欠入峠《かけいり》へのルート沿いにある。尾根続きに二重堀切、西南面に二重横堀が見られ、両者の隙間に設けられた長いスロープを上がっていくと、土塁を使って方形に整えられた広場に到達する。ここで曲がって主郭の虎口に入る。いかにも泥くさいが、相手の数が少なければ十分防御上の効果が期待できそうなプランである。もっとも、アプローチの構成に手をかけたのと対照的に、主郭の中にはもとの地形の起伏が残っている。

峠に通じる道をはさんで向かい合う山も城跡で、こちらを「小屋館」という方も地元にいたが、区別のため、ここでは館《たて》の山館《やま》とした（図２‐11）。横堀で囲んだ中はいっそう粗放な造りで、自然地形そのもののようだが、西端に妙に手のこんだ小さな虎口がある。

図2－8

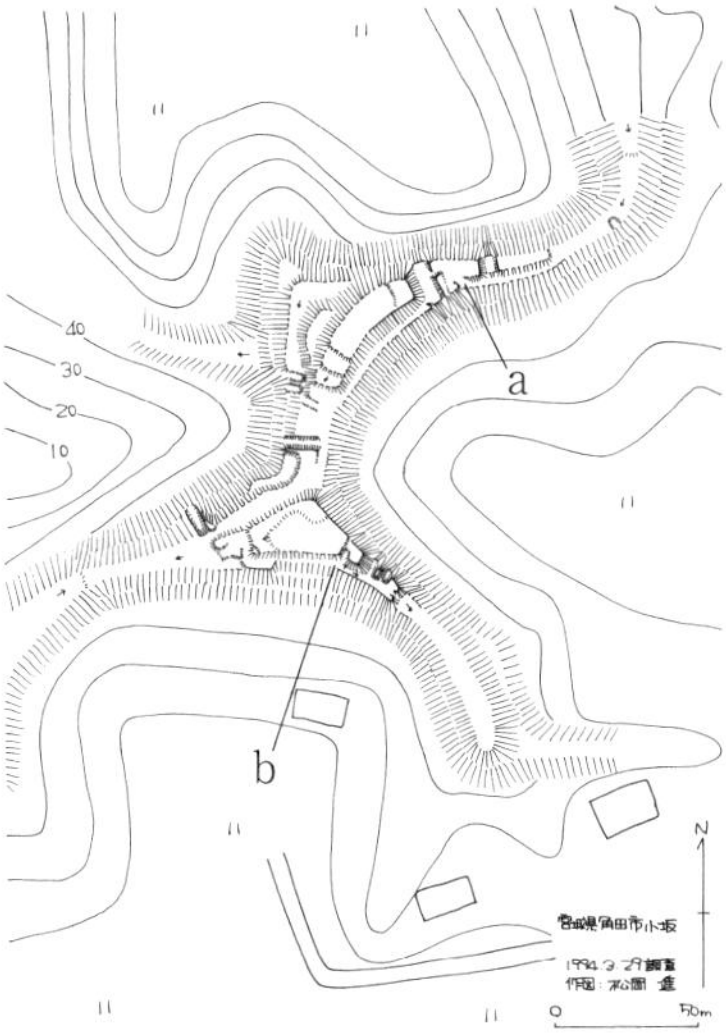

図2－7

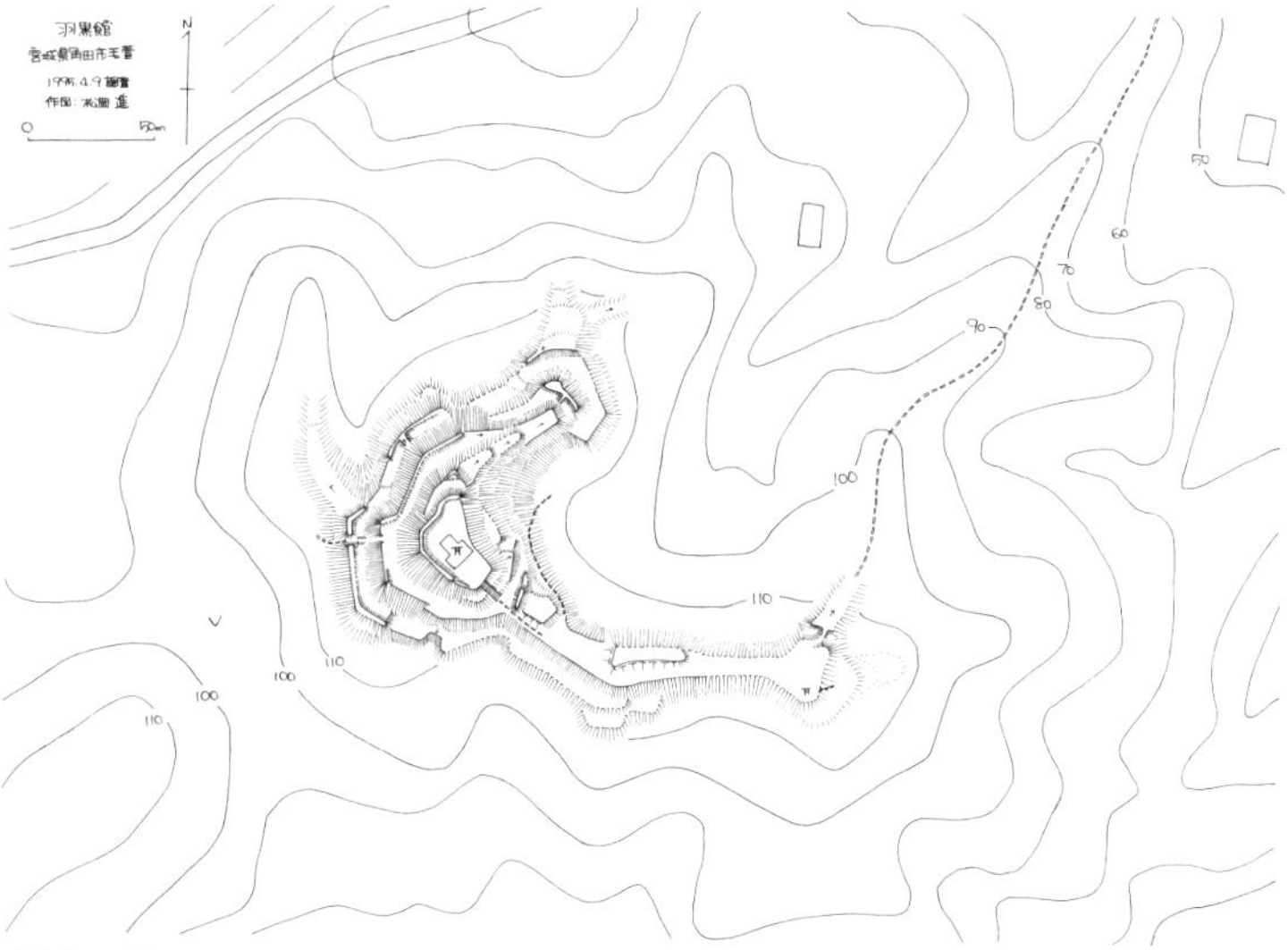

図2－9

図2－7　小坂城（宮城県角田市小坂、1994 年3月調査）

図2－8　南楯城（宮城県角田市平貫、1993 年4月調査）

図2－9　羽黒館（宮城県角田市毛萱、1995 年4月調査）

動線をヘアピンカーブ状に曲げて、直進を絶対に阻止しようとしている。ここで混乱する進入者を見下ろして迎え撃つような防御側の施設、たとえば櫓台《やぐらだい》があれば、さらに効果が高そうだが、それにあたるようなものは見当たらない。じつは同じことは、前田館にも、小屋館にも当てはまる。こういう立体性に欠けた、「平面的かつ重層的」とでもいうべき虎口・動線の工夫は、どうもこの地域全体に広く見出せるようである（コラム2に後述）。

それはともあれ、小屋館・館の山館は、普請の度合いから見て、前者を上位とするセットをなしている。西側の郡境に小規模な兵力で維持できる防衛拠点として小屋館を構え、増援部隊が配されたら二つのセットで峠道を完全に封鎖できるようにしたのではなかろうか。つまり、宇多郡に通じる東南側以外の郡境の城郭群は、基本的に同じ考えで解釈でき

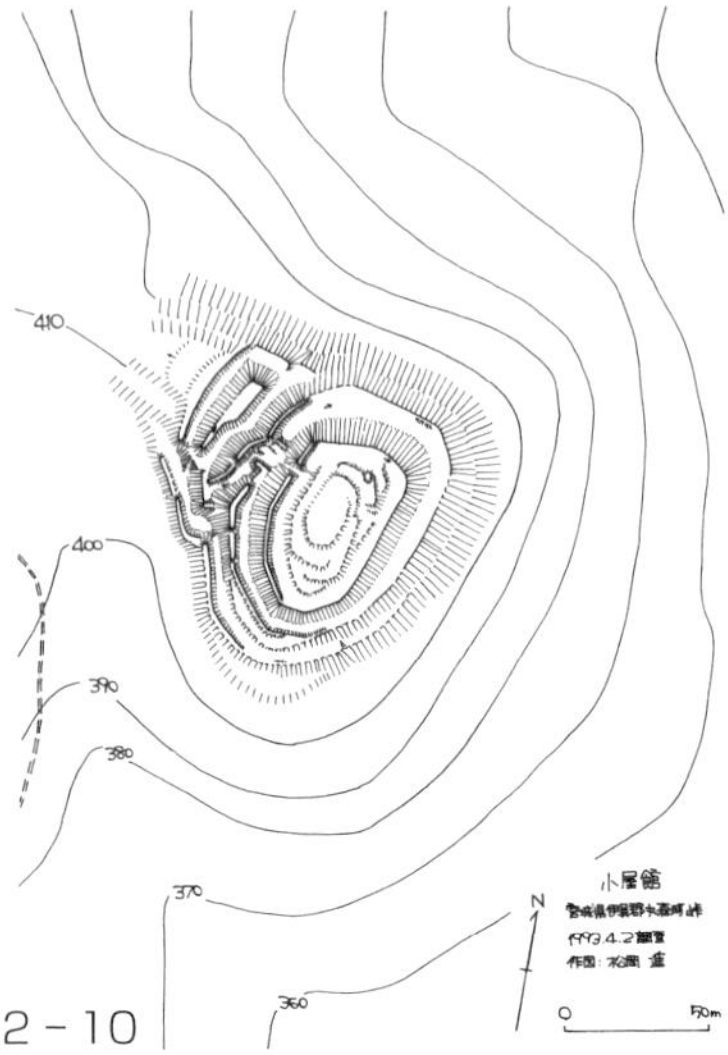

図2－10

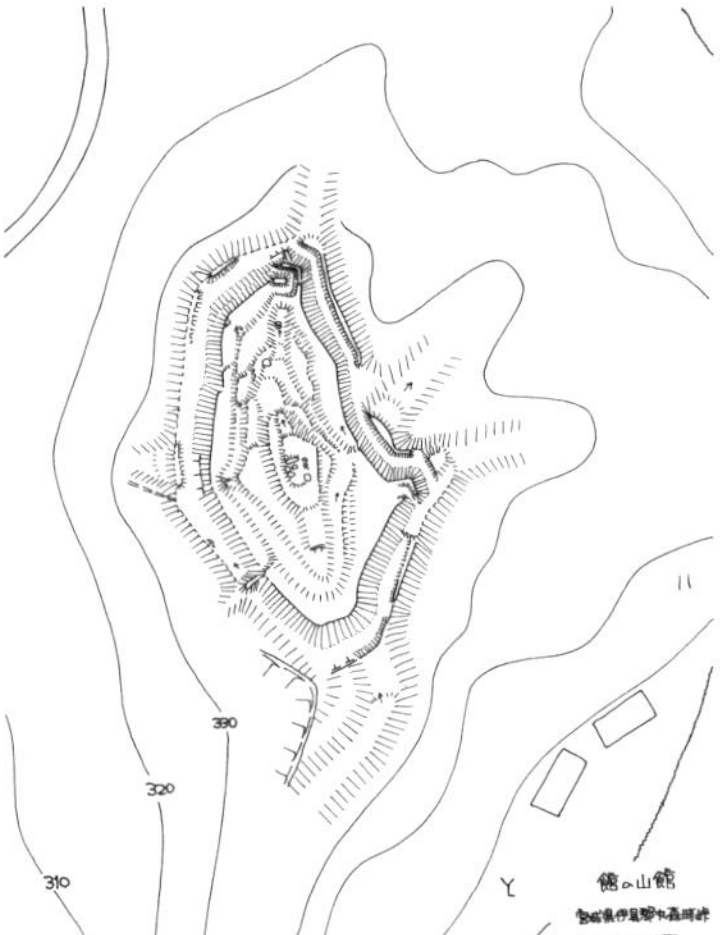

図2－11

図2－10　小屋館（宮城県伊具郡丸森町峠、1993年4月調査）

図2－11　館の山館（同上、1993年3月調査）

るのである。そこに浮かび上がってくるのは、伊達氏と相馬氏とがぶつかりあう冥護山館・陣林館を対決の焦点として、後方の安定的な支配地からの連絡線を確保していく戦略的思考である。

北部と南部

そして、これらに囲まれた郡内の城郭群は、先に述べたとおり、北部と南部で対照的な分布を示す。南部には大規模陣営としての城のほか、戦略的中枢の役割を果たした金山城（B2）、伊達稙宗の隠居所とされる丸山城（B1）があり、限られた大規模な城が点在する（もっとも、これらの城は技巧的にはさして見るべきところがない）のに対し、北部にはAa・Abに分類した小規模な城が集中的に分布する。全体的な状況を度外視して個々の城だけ見ると、これらを名もない在地領主の拠点と評価するのはごく自然だろう。しかし、それならなぜ北部だけに集中するのか。南部の在地領主は城を築かなかったのか。郡内に一貫した戦略的思考が実現されているとするなら、これらもまたそれと関連する可能性があるのではないか？

畿内周辺の城郭を分布論の視点から検討した中西裕樹《なかにしゆうき》氏は、守護勢力の拠点となる平野部の大規模城郭に対し、山間部が後背地としての機能を担っていて、そこには小規模城郭が多数存在し、さらに両者をつなぐ位置に、地域内で特徴的な技巧を持つ城が分布することを指摘している（「戦国期における地域の城館と守護公権」村田修三編『新視点中世城郭研究論集』新人物往来社、二〇〇二年）。伊具地域の北部は、伊達稙宗以前からの伊達領とされ、摂津や河内で拠点確保をめざす細川氏や畠山氏が進出あるいは再起の足がかりとした後背地と、類似の性格を認めることができるように思う。さらに背後になる柴田郡・刈田《かった》郡・伊達郡も同様である。だからこそ、それらとの結節点に連絡線を維持する施設が必要となったのではなかったか。小坂城をはじめ、ここで見てきた特徴的な技巧を持った城の分布は、中西氏の指摘の確かさを裏づける。こうして、伊具地域の城館群が示す軍事的構造は、「拠点（南部）—後背地（北部）—後背地（柴田郡などの他地域）」の三層構造として理解できる。

ふたたび「村の城」

さてそこで、前田館（Ｄｂ５）や遠倉館（Ｄｂ６）・北山館（Ｄｂ４）が分布する地点を見ると、郡域北部の西端になる。前田館・遠倉館の麓は近世に伊達郡から亘理郡へ抜ける主要なルートの一つであった。これに対し、北山館から越河《こすごう》方面に向かうルートは、実際に歩いてみたが、途中に集落がほとんどなくて、勾配も険しい。前田館は後背地からさらに奥の後背地への結節点に成立した城の一つと見てよさそうである。しかし、北山館に同じ理解は当てはまらない。ならば、遺構のタイプが同じ遠倉館も同様だろう。

こうして、私の判断は「村の城」としてあとの二つを認める方向にかたむく。しかし、この場合の村は、地域全体を対象とした戦略的思考と、はたして無縁だろうか。大局的に見て、大名が直接には防衛できない後方の山間地帯だからこそ、境目としての危機に立たされた村の主体性に根ざした城郭が成立しえたのではないか。その意味で、遠倉館の隣にある前田館も、他方、伊具地域の一見したところでは在地領主の居所と思える城の多くも、同じように上からの要因と下からのそれとの交点に成立してきたのではないだろうか。村が自由に城を築けたと見るのは、おそらく牧歌的にすぎる。しかし、それなら、上位の権力が一方的な戦略的思考ですべて自由に城を築けたとするのも、権力幻想にすぎないだろう。大名権力が自由に城を築いていたなら、有限の兵力を有効な局面に多数動員できた方が常に有利に立つという戦争の鉄則からして、もっと戦略的に純化した一元的な城郭配置の方が適合的だったはずである。にもかかわらず、後背地の特性として認識できるような小規模な城が多数存在し、先の三層構造が生まれたのは、下からの主体性との相互作用の結果にほかならないのではないか。

この地域に即した史料ではないが、上杉謙信死後の越後の内乱として知られる御館《おたて》の乱のとき、上杉景勝《かげかつ》がこんなことを書いている（本間美術館所蔵文書、『新潟県史』資料編五、三六三八号）。

深沢（家臣）にいっておくが、兵力がないのにあちこちに砦を構え、在地の者どもに守らせているということだが、とんでもないことだ。大波のように敵が寄せてくれば、なまじ地下人《じげにん》ばかりに持たせた城は敵の巣になってしまう。こんなことを命じるのは無用だ。工夫して必要な砦だけに集中せよ。

私は、戦略という上からの要因と、地域の要求という下からの要因とが、戦国もおしつまったこの時期でもなお、ぶつかり合い、せめぎ合っているところに、中世城郭の本質を見る。考えてみれば、前章で見た最上地域の城郭群の「多核構造」も、同じことを表現していたのである。二つの要因の衝突と、重なりあい。本章のはじめに戻っていえば、「単純なプランの城だから古い」とか、まして「重要でない」と評価して捨象するのでは、それは決して見出すことのできないものである。

修験の山への築城

もう一つ、違った視点から事例をあげておきたい。腹心の片倉小十郎景綱《かげつな》にあてた慶長五年（一六〇〇）九月の伊達政宗書状写（『仙台市史』資料編一一、一〇六四号）である。大意は次のとおり。

石川昭光《あきみつ》から昨日飛脚が到着したが、それによると「とくら山」でその方（片倉小十郎）から内々の指図を受けたとして、今日から普請を始めるという。今年は固く無用と命じたはずだ。どういうことか、心もとない。急いでその方から人を派遣して尋ねてもらいたい。あの山はよいけれども、百姓・町人が深く嫌っていると聞いている。新しい城など取り立てるのは、よくよく相談して、納得のうえでするのがよいのに、その方からどう連絡したのか。

「とくら山」は、角田市の西の郊外にそびえる斗蔵山《とくら》である。山頂には斗蔵神社があり、修験《しゅげん》の霊場として知られる。当時、伊達氏は関ヶ原の戦いに連動して軍を起こし、上杉景勝の支城となっていた白石《しろいし》城を攻略して、さらに南進の機をうかがっていた。角田城主の石川昭光が斗蔵山に築城しようとしたのは、白石方面につながる要衝をおさえ、南進に向けて合流する態勢を整えるためなのだろう。ところが、政宗はそこへの築城を禁じていた。

よい山ではあるが、百姓・町人が深く嫌っているから、というのである。

政宗はどこからそんな情報を得たのだろう。私は、当の修験たちが動いているのではないか、と思う。ともあれ、百姓・町人が嫌っている、ということが、大名にも、それに従う部将たちにも、築城できない合理的な理由として受け取られているのは間違いない。城は地元の合意がなければ、いいかえると下からの要因に支えられないままでは、成立しないのである。それは、慶長五年の時点で初めて起こった事態ではあるまい。

もちろん、この地域にも、もともと聖地の性格を持った山に築城されている例はいくつかある。先に見た北山館も、北東に派生した尾根に巨岩信仰を核とするらしい大日如来堂が祀られているし、築城によってそれまでの堂舎が山麓に移されたと伝える開山堂《かいざんどう》館のような例もある。しかし、斗蔵山に登ってみると、確かにはっきりした築城工事の跡らしいものはなかった。西北側の尾根に、あるいは人工的な堀切か、とも思われるえぐれた部分が一ヵ所認められただけだった。すぐ西に並ぶもう一つのピークにも登ったが、やはり何の遺構もない。村田修三氏は、「城跡が見つからなくてもがっかりしない。無いことを確認することも、城郭立地研究資料としての価値がある」という名言を吐いているが（前掲「私の城跡探検法」）、斗蔵山に登って半日あちらこちらと歩きまわって、私もこの言葉を実感できた。遺構が見つけられなかったことで、上からと、下からと、二つの要因を複眼的にとらえる視角が、中世城郭の理解に必要なのがはっきりしたからである。

伊具地域で一応の見通しが持てるまで、調査は結局五年ほどかかった。縄張図は一人で早く作成できるのがいいところだ、といいながら、これでは時間がかかりすぎているような気もする。この地域では実際に城跡を歩いている研究者になかなかめぐり会えず、城の所在がよくわからない場合が少なくなかったせいもある。実際に山に登ってみても、はっきりしない。養蚕のための桑畑の造成で、かつてかなりの山が開墾されていたのである。そして、放棄された桑畑のブッシュ。硬い枝が地を這うように四方八方に伸びて、たかだか一〇歩歩くのも難渋をきわめる。

ただ、調査が終盤に近づいたころ、角田市郷土資料館でお会いできた遠藤久七《えんどうきゅうしち》氏の詳細なご教示はありがたかった。城跡についてお書きになってはいないようだったが、市内のどの城跡もご自分で歩いていたのである。遺構の有無、旧地形の改変の度合いなどを一つ一つ惜しみなく教えていただき、あとはどこを調査すべきか、見通しをようやく持つことができた。そして思ったのは、こうした地元で尊敬されている歴史家が蓄えておられる知識がいかに豊かか、ということだった。斎藤忠《さいとうただし》氏の『郷土の好古家・考古学者たち』（雄山閣、二〇〇〇年）を読むと、戦前の在野の考古学者の中に、何人も中世城郭まで関心を広げた方がいる事実に驚く。しかも、今日の私たちにはその成果がほとんど伝わっていない。私は無知な旅人にすぎない。文字にされていない知識にも学ばねばならない。

さて、これと前後して、東北学院大学の六軒丁《ろっけんちょう》中世史研究会で報告を頼まれた。類型論という形で話をまとめ、大石直正《おおいしなおまさ》氏や小林清治《こばやしせいじ》氏にねぎらっていただけて、自分ではやっとブッシュから脱け出したような気分になった。次のテーマは、考えるまでもなく、ほとんど勝手にわいてきた。同じ方法で、ほかの地域はどう見直せるのだろう。伊具地域のあちこちにあった、「平面的かつ重層的」な虎口や動線は、どういう発展系列に立っているのか。そして、当時考えた「臨時性」という類型の一要因を突きつめていくと、どういう見通しが開けてくるのか。

それらは、一言でいえば、織豊系城郭から近世城郭へ、という主流からはずれたものの再発見ということでもある。考古学の城郭研究を新しいステップに引き上げた織豊期城郭研究会の設立は一九九三年で、私が伊具地域のブッシュにもぐっていた時期にあたる。織豊系城郭における高石垣・瓦・礎石建物の三点セット論が広まり、そこから、織豊系以前、あるいは織豊系以外への関心も深まった。大きく見ると、私のしていたことも、その一つに位置づけられるのだろう。もっとも、奥羽の地ばえの事例に根ざすかぎり、自分の意識の中では織豊系城郭、そして近世城郭ははるか彼方に感じられた。むしろ、あらゆる意味で近世城郭を完成形とした見方そのものの相対化が必要なのではないか、と考えるようになっていた。

コラム2　連続虎口

伊具地域で見つけた「平面的かつ重層的」な虎口《こぐち》の事例を、私は以前に「連続虎口」と呼んで検討の対象としたことがある。ここでは、伊具地域を越えた範囲で事例を拾って、あらためて発展系列を考えてみたい。というのは、この虎口は、すでに書いたように、立体的な防御施設を複合させればきわめて有効と思えるのに、そうした施設の発達を十分伴わないまま、虎口だけが単独で複雑化した傾向を持つからである。近世城郭なら常識と思われることが常識になっていない、その意味で、かえって戦国期独自のローカルなオリジナリティを見て取れるのではないか。ついでにいえば、関東地方では一六世紀に入るころには、塁線を大きく曲げて、動線に対して突出した射撃の拠点（火点《かてん》）を造る技術が成立していた（詳しくは後述）。櫓台《やぐらだい》、あるいは土塁のコーナーから見下ろして進入者を迎撃するこの技術は、近世城郭のそれを先取りしたものとして、縄張研究では早くから有名である。だから、ここで取り上げる虎口の造りは、同時代の隣接する地域のそれとも、異なる視点に立っていることになる。

まず伊具地域の事例の追加として、柴小屋《しばこや》館（図2－12）。副郭の前面、堀切を隔てて、土塁で囲んだ狭い虎口が前後にa・bの二つあり、間をさらに一文字の土塁で区切って直進をはばんでいる。手前の虎口aへの進入者は、奥の一文字の土塁上から攻撃できるが、そのほかは曲輪《くるわ》の中が狭くて通路幅しかないため、逐次後退して副郭へ撤退するしかない。

次いで他地域の事例で、会津地域の檜原《ひばら》城（図2－13）。山麓から上がってきた道が城域内に入って折れるとすぐaに入る。背後を堀で区切って土橋でつないだ典型的な馬出《うまだし》である。土橋を進むとカギの手に土塁が突出した外枡形《ますがた》b、その開口部の内側は内枡形cになる。a〜cの区間内をほかから俯瞰できるポイントはなく、馬出前面の土塁を利用して進入者と戦った兵員が、やはり虎口内を後退しながら防御するようになっている。

置賜地域の館山館（図2－14）。細かい削平段を二重の横堀で囲んだプランで、南側に小さくカギの手に飛び出した土塁aがある。土塁の上面は進入路になっていて、上がると大小二つの土塁囲みの区画b・cがあり、奥から上段にいたる。区画cへは上段の土塁から俯射が可能だが、最前線のaまでは遠い。だから、aはクランクした土橋などではなく、外に突出した第一の火点と考えられる。右の二例と同様、虎口前面が防衛のポイントになり、防御者が逐次後退していく流れを想定できる。

同じく、岩部山館《いわぶやま》（図2－15）。大きな造りの中心部と、細かい削平段から成る周辺部の境界に、カギの手の土塁で囲んだ馬出aが突出し、堀を隔てて内側には土塁で囲んだ内枡形bがある。二つの間は土橋でつないでいる。内枡形の背後は上段の曲輪への通路になっており、その上段の曲輪は、縁《ふち》に土塁を盛った壍壕状の形態である。ここから土橋内への進入者が俯瞰できるが、前面の馬出はやはり単独で最前線の火点になる。

前川本城《まえかわもと》（図2－16）。柴田郡の西端、出羽との国境にある。主郭前面に内枡形を伴う馬出aがあり、その開口部をさらに小さな枡形虎口にして、前面に馬出bを付属させる。もっとも、馬出aの東南角のコーナーの土塁が方形に広げられていて、ここから内枡形の内部も馬出bの中も見通せる。先に見た伊具地域の冥護山館の場合も、土塁のない曲輪Ⅱの開口部の片側は櫓台と判断でき、ここから土塁で囲んだ虎口曲輪Ⅲの内部が見通せる。ただし、その外はルートが曲がって視野の外に出てしまう。前川本城の方が、櫓台から進入者を長く視認することができる。

関東地方の中世城郭や、近世城郭の場合、大きく張り出した塁線の横に、見下ろされる形で虎口が設定されるのが通例である。つまり、虎口の防御者とそれを俯瞰する防御者とが連携して戦闘するように造られている。しかし、ここで見た事例はいずれもそうではない。俯瞰するポイントがある例は、かつて考察したときより多いのがわかったが、虎口が平面的に連続して、最前線がポイントから離れていくために、最前線の防御には連携が期待できない。ただ、後退する防御者を追撃する進入者は、虎口の連鎖によって見通しのない閉所での連続的な戦闘を強いられ、新手の防御者とも直面し、さらに途中から上方の防御者による俯射を浴びる場合が出てくる。組織的・システム的に整った防御ではないが、少人数での攻防にはじゅうぶん有効な虎口といえるのではないだろうか。ただ、こういう形態の虎口が出撃に不向きで、専守防衛の性格を強く持つのは明らかである。

構成要素を見ると、カギの手の土塁を持つものと持たないものがある。後者は、柴小屋館や冥護山館、前章で見た小屋館・前田館であり、すべて伊具郡、それもほとんど南部の事例である。最上地域の例でも、定型化という表現で虎口を構成するパターンの成立をとらえ、新旧を理解しようとしたが、ここでも同じ考え方をして大過ないものと思う。このほか、ここでは詳細は略すが、南奥羽のあちこちにある内枡形と外枡形を重ねたような虎口は、この延長で理解できる。じつは織豊《しょくほう》系城郭や近世城郭にも、このタイプの連続虎口がある程度存在する（たとえば、三重県の赤木城〈図2-17〉、韓国にある倭城《わじょう》の林浪浦《イムナンポ》城・長門浦《チャンムンポ》城・安骨浦《アンゴルポ》城）。専守防衛的な要素の強く求められる部分では、類似の虎口が造られる可能性があったのである。しかし、カギの手の土塁・石塁を持たない非定型の連続虎口は、これらには見出すことができない。

一方、伊具郡北部の連絡線を確保する城には、動線を側面に迂回させる虎口が複数見られた。小坂城や南楯城などである。この工夫は、正面の防御者と虎口の防御者の直接的かつ緊密な連携を必要とし、小規模なものではあるが、その限りで織豊系城郭や近世城郭、関東の中世城郭に通じる。しかし、南奥羽にはほかの事例が乏しい。防御者を区分して虎口を縦深《じゅうしん》化する方向に解消されていったためだろうか。なお、伊具郡は、豊臣政権の奥羽《おうう》仕置《しおき》の際、伊達氏が安堵《あんど》された数少ない戦国期以来の領国である。相馬氏を追って以来、近世まで上位の領有者は伊達氏であったので、特に北部の城は領国内に成立したものと見て間違いない。南部のものも、冥護山館と陣山館の対峙《たいじ》したラインを境界線として、伊達領国の範囲にあったと想定できる。

そこで、これらの築城主体である。文献史料で論証が可能なのは、ここで取り上げた中では、檜原城が天正一二年（一五八四）の伊達《だて》政宗《まさむね》の築城であること、前川本城はそれより少し遅れる政宗代の築城であることのみである。始原や系譜を具体的にあとづけるのはむずかしい。しかし、どこにでもある遺構ではないし、特に織豊系城郭から近世城郭という主流の中では、定型化したアイテムの組み合わせによる類例しか見られない。南奥羽では、分布が濃いだけでなく、柴小屋館をはじめとして定型化以前と見られる事例があり、この伊具郡や、織豊直系の大名が配置されたことのない柴田郡（前川本城）に事例が存在するところから見て、伊達氏が深く関わっているのは明らかであろう。カギの手の土塁というパターンの有無が段階区分の基準になりそうなことは、縄張研究の独自の視点として大事にしておきたい。そこには、まだはっきりしないが、確かに系譜がある。

「戦国大名系城郭」の否定論がさかんだし、それにはうなずける点もあるが、だからといって、いつでも、どこでも、まただれでもが、どんな城でも築けたはずもない。逆に、発展の可能性を織豊政権と一握りの特別な大名に限定してかかるのも不毛であろう。個々の城郭のプランを規定した条件を一つ一つ探っていく作業が、今後も必要だと思う。

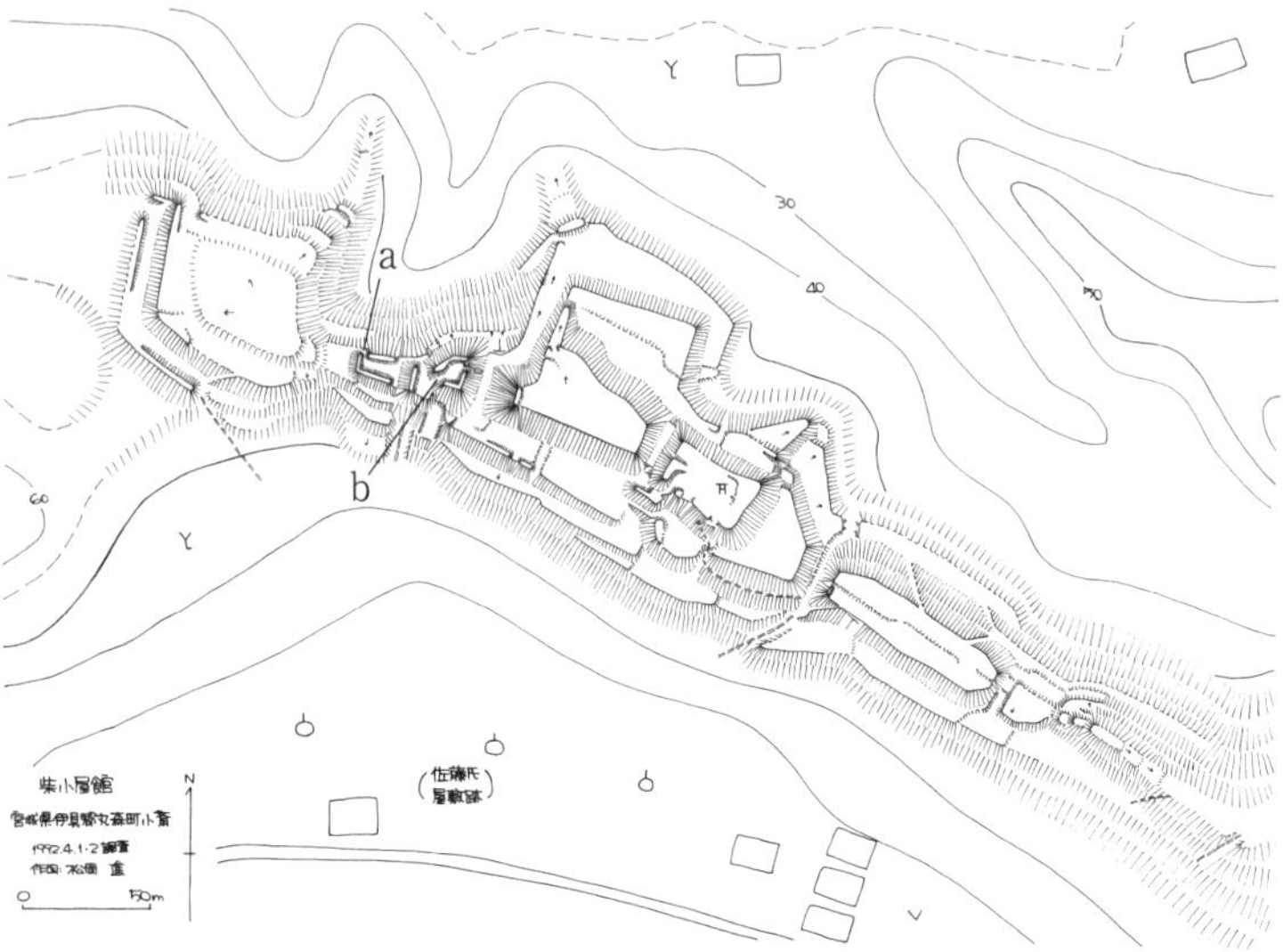

図2－12

図2－13

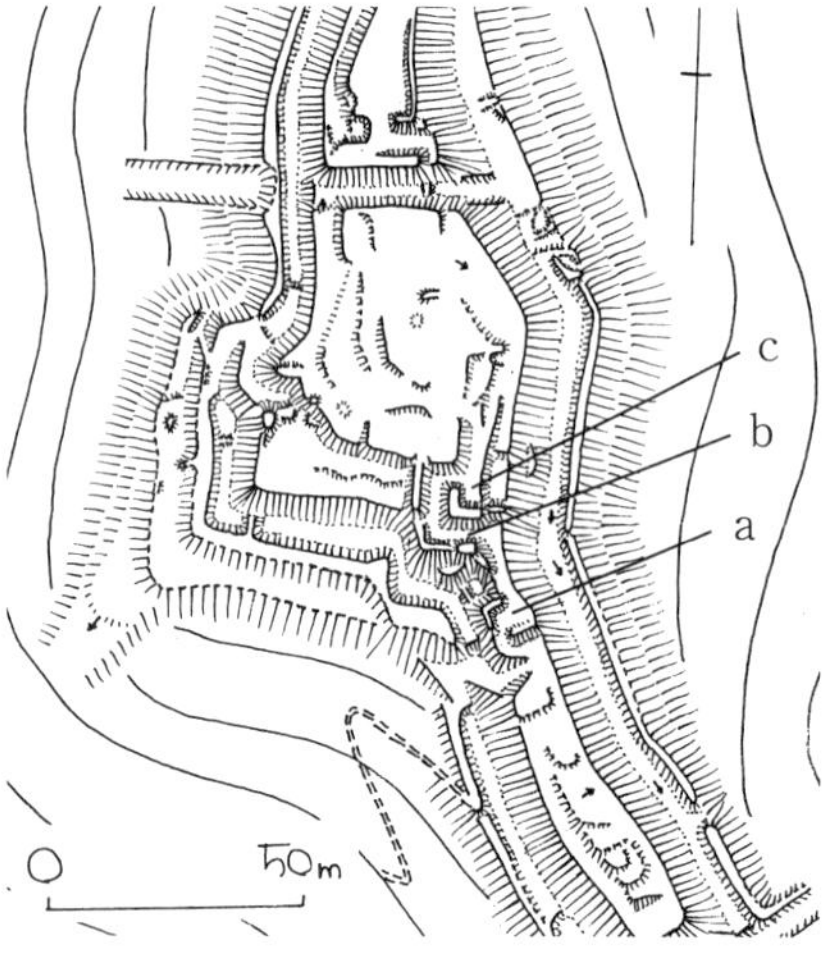

図2－12　柴小屋館（宮城県伊具郡丸森町小斎、1992年4月調査）

図2－13　檜原城部分（福島県耶麻郡北塩原村檜原、1991年5月調査）

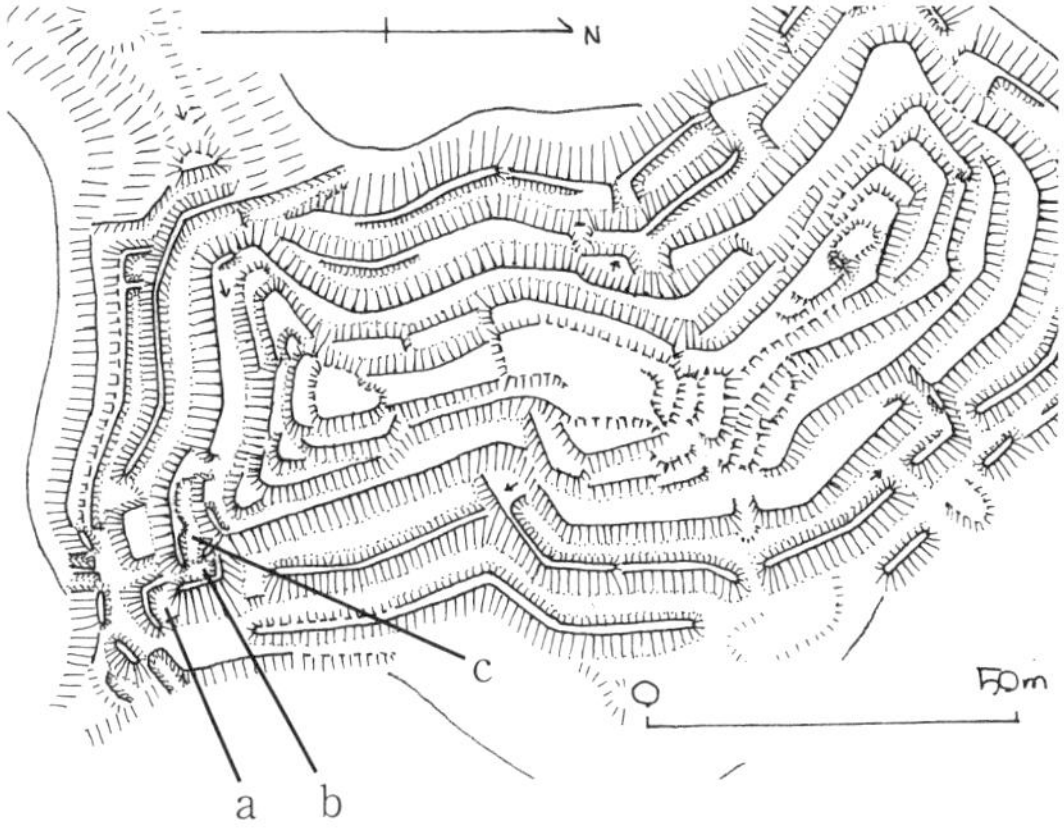

図2－14

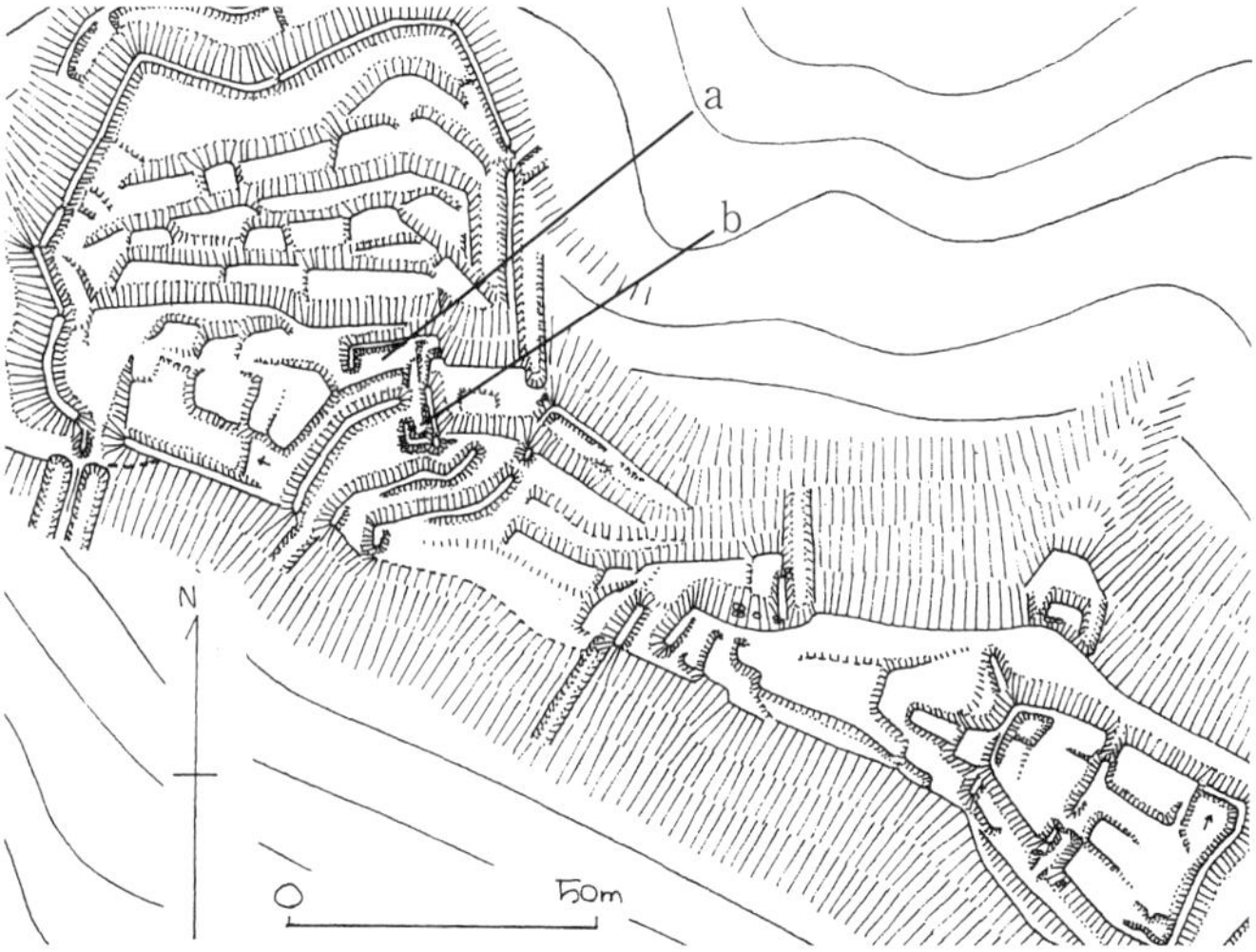

図2－15

図2－14　館山館部分（山形県東置賜郡川西町玉庭、2001 年4月調査）

図2－15　岩部山館部分（山形県南陽市小岩沢、2002 年4月調査）

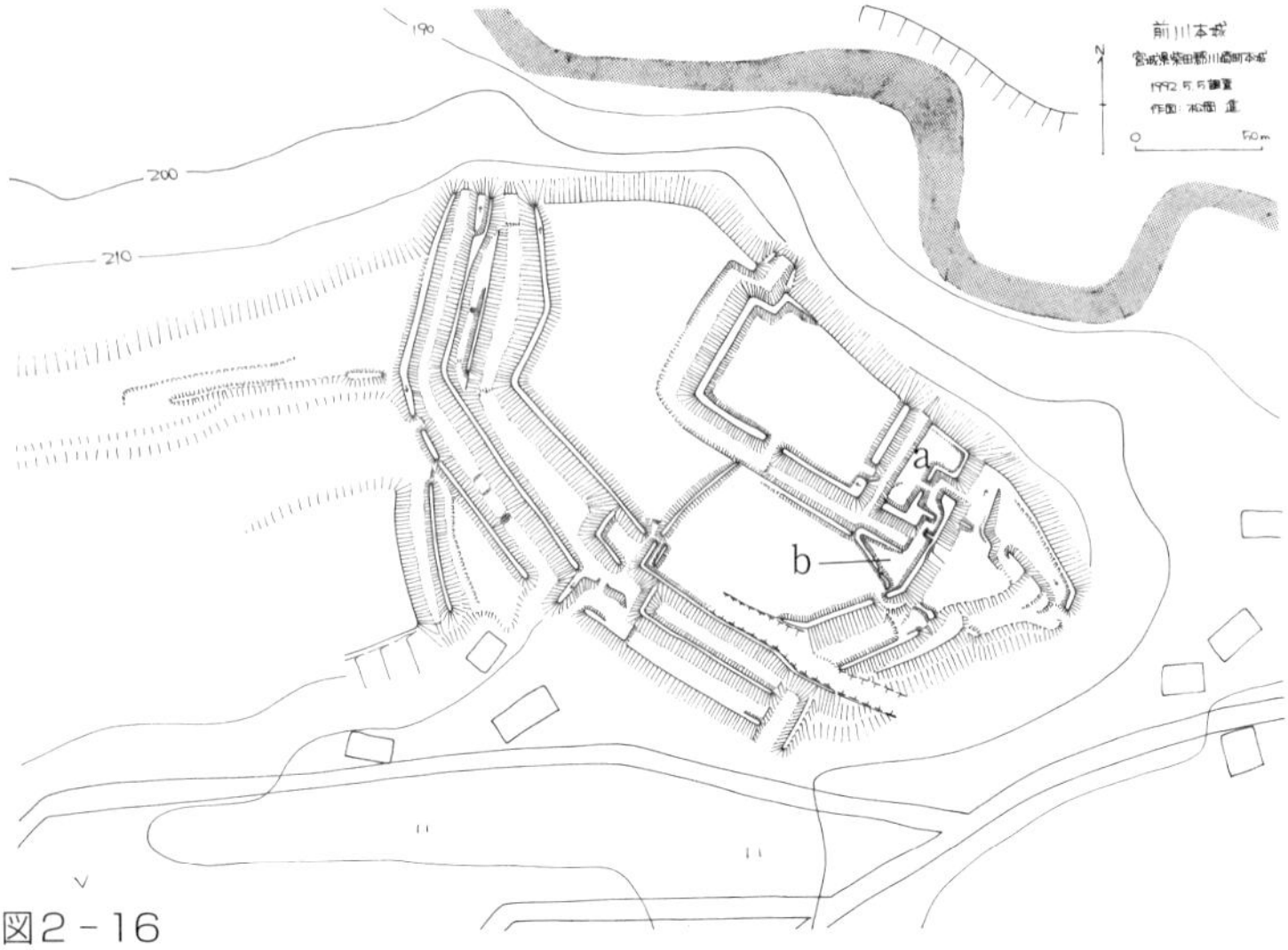

図2－16

図2－17

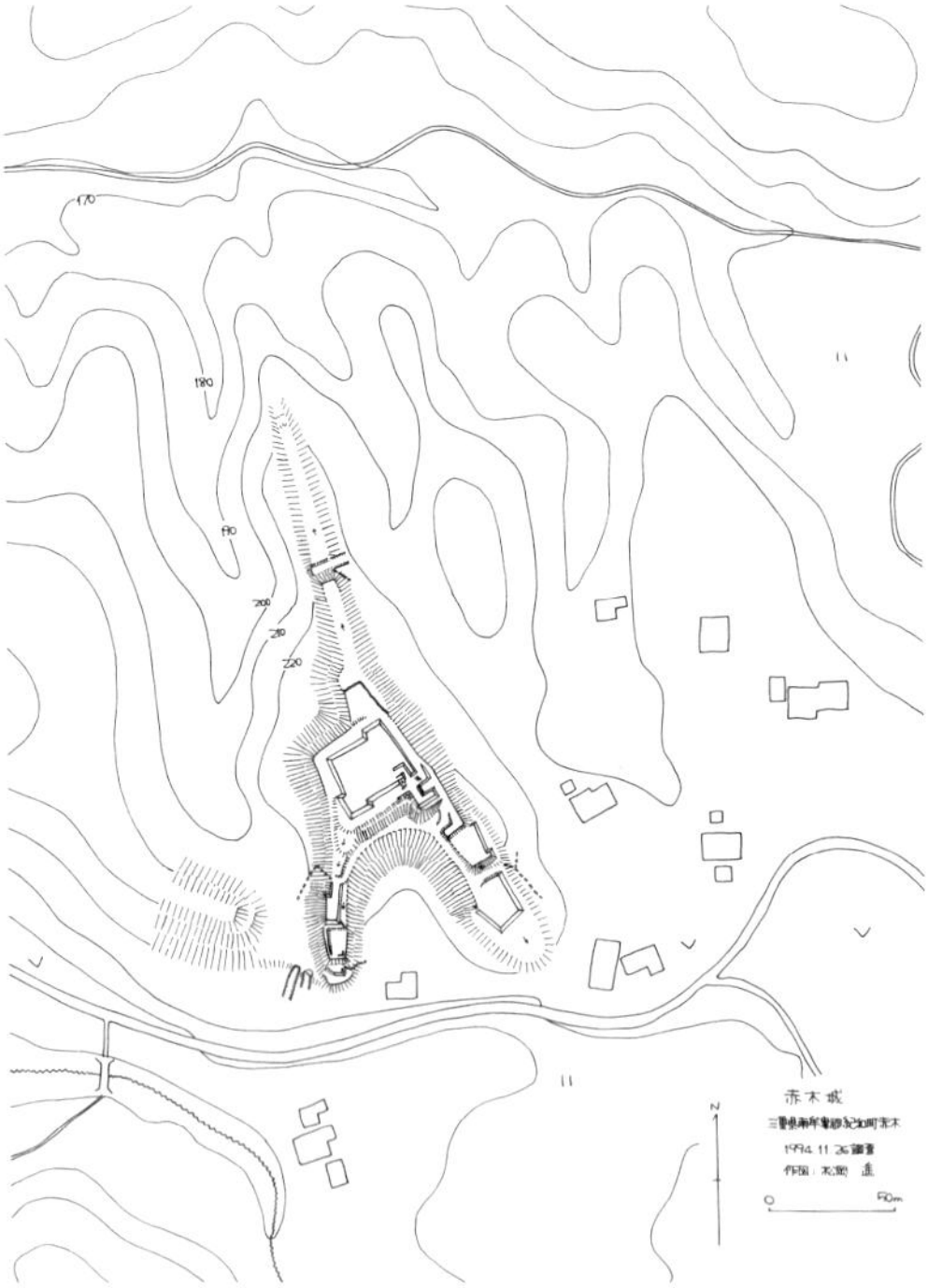

図2－16　前川本城（宮城県柴田郡川崎町本城、1992年5月調査）

図2－17　赤木城（三重県南牟婁郡紀和町赤木、1994年11月調査）

III 岡山県総社地域へ

織豊《しょくほう》期城郭研究会の第八回研究集会が岡山市で開かれたのは、ちょうど二〇〇〇年（平成一二）の、初秋のことだった。前日の夜、新幹線で到着した私は、旧知の高田徹《たかだとおる》氏に携帯電話を入れて、岡山市内のスナックにいると教えられたので、行ってみると狭い店内には文字どおり人があふれていた。とても詳しくは書けないが、すさまじい騒ぎになっている。その隅に、静かにソファに座っている眼鏡の男性がいて、まわりに溶け込めなかった私は、その人に話しかけてみた。

相手は、論文ですでに名を知っていた光畑克己《みつはたかつみ》氏だった。倉敷で魚屋をやっていて、ごく最近、魚の食べ方まで提案していく新しいタイプの店を開いた、と楽しそうに語られた。縄張研究者の中には、こういう歴史とまったく関係のない生業の方がたくさんいる。

光畑氏は、今ごろの瀬戸内の魚は一番おいしいとはいえない、最良の季節にまたこっちへ来ませんか、と熱心に誘ってくださった。彼の仕事への深い愛着は、たぶん郷土の自然への愛情と結び付いている。それがこちらにも自ずと伝わってきた。長いこと温めていた計画を実現した彼の成功を、心から願わずにいられなかった。

その翌年の秋、光畑氏が急逝された、と知らされた。とても信じられなかった。病院から一時退院を許されたとき、ご家族の運転で総社市の経山《きょうやま》城の麓へ行ってもらい、じっと山上を見つめておられたという。胸中にどんな思いが去来していたのか。氏とはほんのはかない縁しかなかった私だが、同じ縄張研究者として、尽きることのない思いをわかるために、そして、ないはずのない心残りをわずかでも次に引き継ぐために、その城へいつか登りたい、と考えた。

1　経山城

プランの特徴

やっと念願かなって経山城へ登ったのは、二〇〇六年の正月のことである。結婚して、子どもができて、今までのようには家をあけられなかったからである。

この季節らしい澄んだ青空、乾いた空気。奥羽の針葉樹の森に慣れた感覚には、風景のすべてが明るく見える。城跡の一角に建っている鉄塔へ登っていく作業道があって、確実だろうと思ってそれを選んだが、山が高くて、なかなか行き着けない。西日本の山城は、東日本より、総じて麓からの高さ、つまり比高《ひこう》が高いのである。

遺構は全体に小ぢんまりしているが、技巧的な工夫が豊富に盛り込まれている（図3－1）。一番奥にコの字形の石塁があり、鞍部《あんぶ》に掘られた堀の向こうに備えている。主郭Ⅰ

には四段の低い段差があり、南西隅に中を直進するタイプの枡形《ますがた》虎口《こぐち》（ここも石を積んでいる）。副郭Ⅱは二段になり、降りていくと土塁で囲まれた狭い通路になって、櫓台aにぶつかってヘアピンカーブ状に曲がる。この曲がり角は枡形に成形されている。

　つまり、内枡形bの外側に櫓台《やぐらだい》と土塁を突き出して、動線を鋭く反転させる形である。櫓台aに登ると、眼下には堀切《ほりきり》、そして竪堀《たてぼり》が見えた。ここを火点《かてん》として、徹底的に有効に使いきろうとする構えである。当時、西日本の城の虎口は、東播磨《はりま》（兵庫県南部）で食い違い虎口が出てくるのが織豊政権以後だといわれていて（多田暢久「播磨河内城の縄張

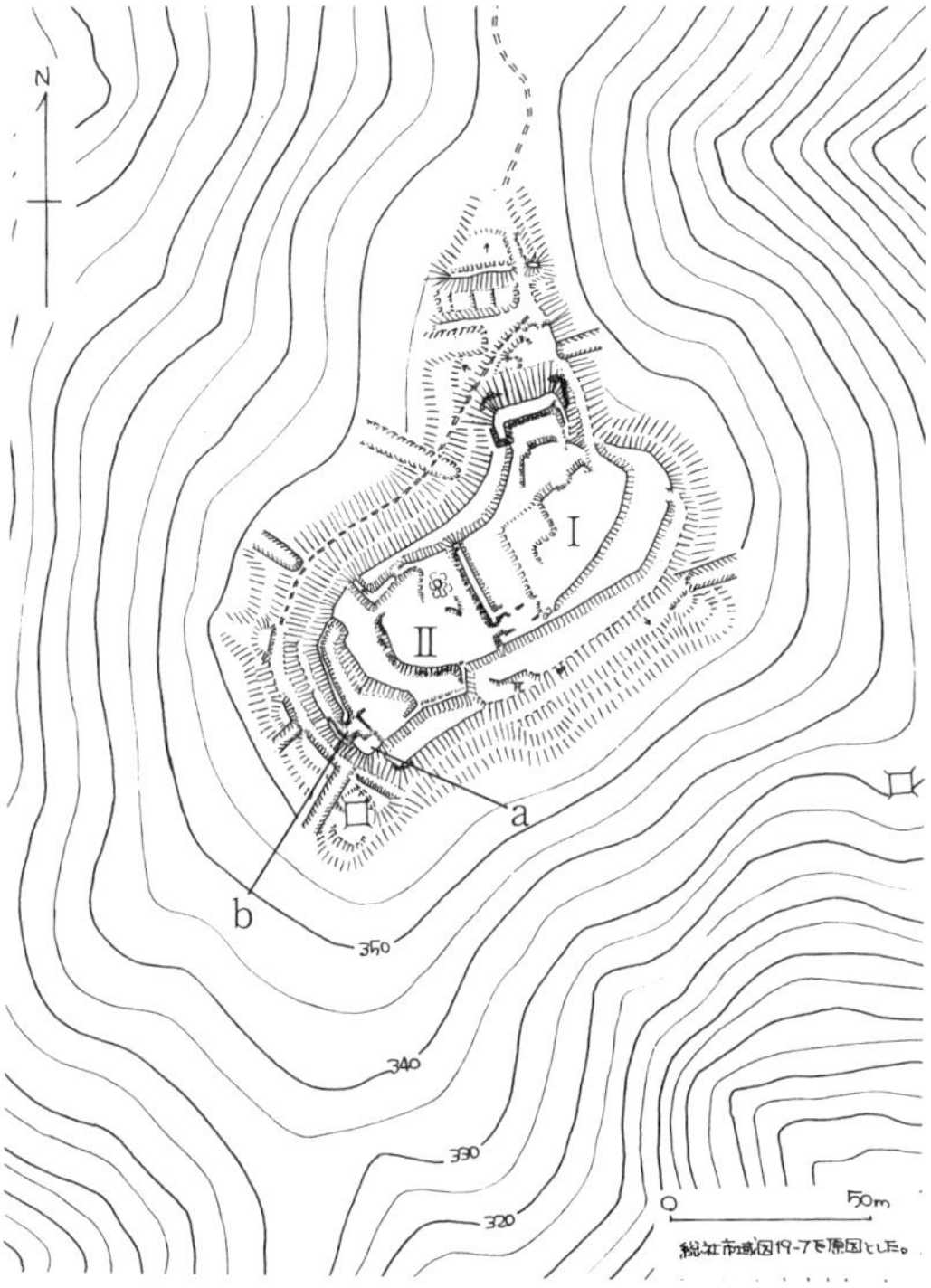

図3－1

図3－1　経山城（岡山県総社市黒尾、2006年1月調査）

図3－2

り」『歴史と神戸』一六一、一九九〇年）、それより西ではほとんど畝状空堀群《うねじょうからぼりぐん》ばかりが知られていたので、こんなに手のこんだ虎口があるのは驚きだった。

　北側のピークにははっきりした城らしい遺構は見当たらない。そこから山道を歩いていくと、舗装道路に出た。じつは、この奥までバス道路が来ていたのである。こっちを歩いていたらはるかに楽だった……。よくある失敗ではある。

　ともあれ、予想外の遺構を見られて、心がはずんだ。志茂《しも》の手館《てだて》を見たときのように、ほかの城を見たくなった。同じような手のこんだ虎口があるかもしれない。そういう事例を集めていくと、西日本の城に対する認識も変えられるのではないか？　前にも書いたとおり、縄張《なわばり》研究は、見る側の視点の深まりに応じて、見えるものが変わってくる。たとえば、曲輪《くるわ》や堀切の配置だけを見るレヴェルと、畝状空堀群にこだわるレヴェルでは、できあがった縄張図はまったく違う。もしかすると、これまでの研究では、虎口に対する意識が弱かったせいで、現にあるものを認識できなかっただけなのかもしれない。それは、実

図3－2　経山城石垣（岡山県総社市黒尾）

際に歩いてみて初めて確かめられるだろう。

備中国府域

そして私はもう一人の先人のことを考えていた。国学院大学で長く教鞭を取られていた小川信《おがわまこと》氏である。氏の「守護所と城郭」と題する論考に示唆を受け、ご学恩に感謝すべく拙稿の抜き刷りをお送りしてから、氏からもたびたびご研究の抜き刷りを頂戴するようになった。その中に、備中国府周辺、つまり総社市一帯の室町期の都市的様相をくわしく検討した論考があった（のち『中世都市「府中」の展開』思文閣出版、二〇〇一年）。

それに写真が出ていた、なだらかな大きい山が、今、経山を下りる私の眼前に横たわっている。南北朝期の古城とされる福山である。そして、そこから低く突き出した文峰が戦国期のこの地域の主城だった幸山《こうざん》、小川氏が本来「国府《こう》山」であったに違いない、と喝破した城跡なのだった。

2 幸山城・福山城

幸山城のプラン

幸山城にはさっそく次の日に登った。ほとんど日本中いたるところ、名のある城跡には

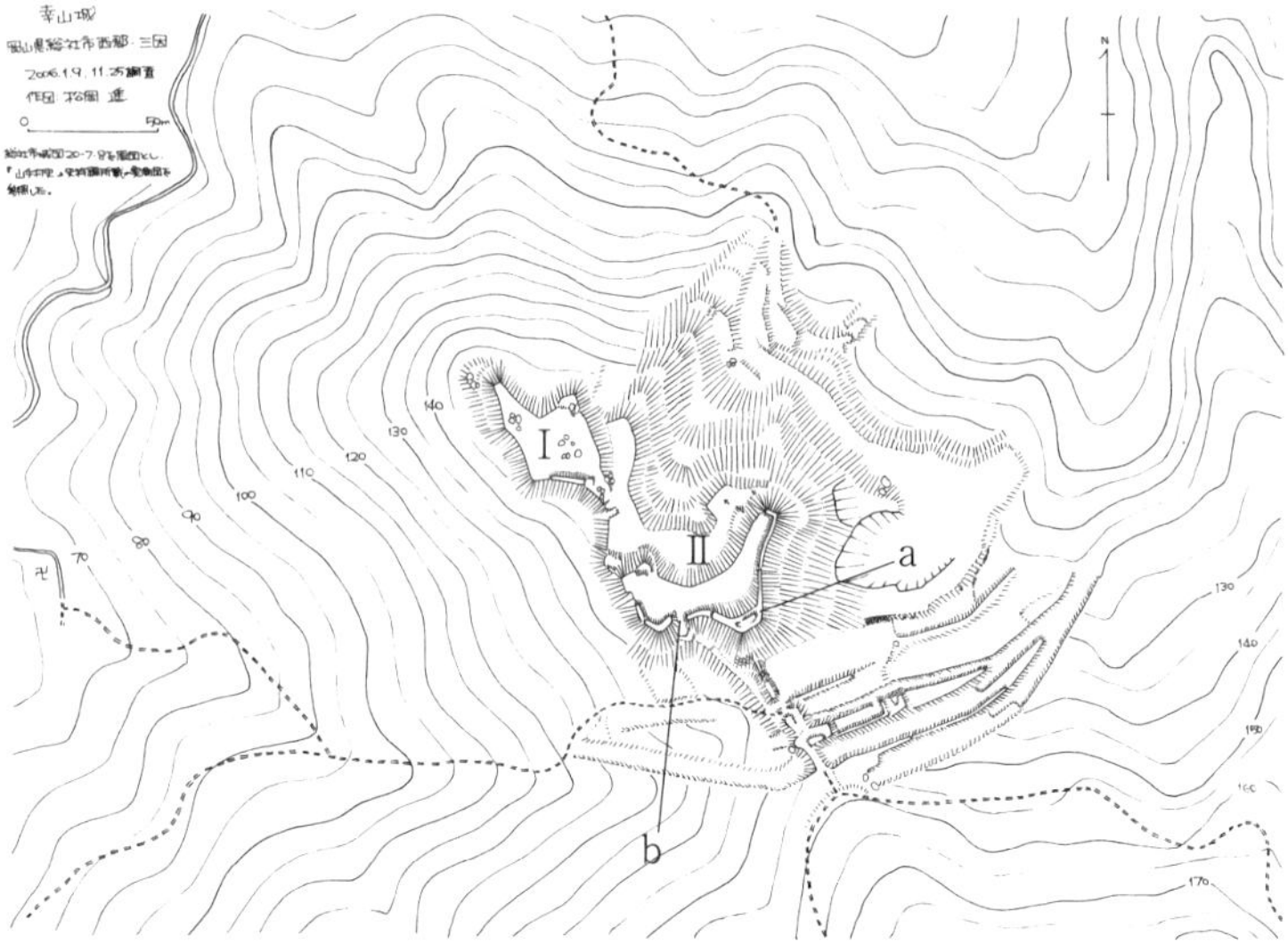

図３－３

もう行っているらしい大久保健司《おおくぼたけし》氏に、旅に出る前「小さな城だよ」と教えられていたとおり、まとまった面積を持った曲輪は二つだけで、ほかには両者をつなぐ腰曲輪《こしぐるわ》が一段あるだけだった（図３－３）。

先端の曲輪Ⅰは、主郭としてよいのだろうが、中は岩盤がごつごつ隆起していて、広く使える平面がない。虎口を特定できるはっきりした普請も見られない。これに対して副郭Ⅱは、尾根続きの方向に大きな櫓台ａを張り出させ、これを中心に外向きの面全体を土塁で囲んで、一ヵ所だけを開口している。この虎口ｂへの動線は、櫓台ａから終始制圧できるようになっていて、ｂの西側の土塁も突出しているから、つまり両方から迎撃が可能な合《あ》い横矢《よこや》によって厳重に防衛されている。それでは尾根続きはどうなっているのか、と思って斜面を下りてみると、妙に幅広く成形されていて、城と反対側にも低い壁《へき》が盛り上がっているのが見えた。それまでの図には描かれていなかったが、規模の大きい堀なのである。しかも、さらに下りて行く

図３－３　幸山城（岡山県総社市西郡・三因、2006年1月・11月調査）

うち、その壁面に石垣があるのが見えてきた。

このときの調査では、石垣に引き込まれて、まる半日、北側中腹に続く、今にも崩れそうな石積みをたどって歩きまわることになったのだが、城の遺構とするには説明の付きにくいプランに悩まされながらも、はっきりそうでない証拠もつかめなかった。二度目の調査でようやく、中腹平場の石積みの下からコンクリ片を見つけた。最近まで使われていた採石場の跡だったのがはっきりした。そうとわかってみると、最初に見た堀切の壁面にあった石垣も怪しくなってくるが、採石場から見えない背中合わせの箇所にわざわざ石を積むだろうか、とは思う。それで、図にはこれだけを示してある。

もとに戻って、堀のある鞍部全体を歩いてみると、東側斜面には人工と見てよい複雑な凹凸があって、堀が三本ないし四本あると見えるが、これに対し、現在の山道をはさんだ西側にははっきりした堀の痕跡は見つけにくい。強いていうと、東側の一つと対応した位置に一本は認めてよいかと思えた。もちろん埋められたのかもしれないが、あるいは尾根筋の道を残して、東西斜面でもともと様相が違っていたのかもしれない。考えあぐねながら、二度目の調査のとき、ここから背後の福山城へ登った。

福山城のプラン

山頂はほとんど呆然とするくらい広かった（図3－4）。しかも、はっきりした遺構が少ないのに、主郭には大石を並べた遮断線（低い石垣）と、そこに開口した門の跡aがある。これが南北朝時代の城跡なのか？　寺もあったのがわかっているが、その跡なのだろうか。

もう一つ、変わった遺構があった。幸山城から上がってくる北側の一画Ⅱを取りまいて、堀があるのが『山手村史』の実測図に出ていたのに、登ってきたときにはよくわからないまま通りすぎてしまっていた。図面を描きながら見直してみると、堀の外と内の高さがまったく変わらないところに掘り込んであるではないか。

ふつうの堀では、内側が高くなる地点を利用して裾を掘り込み、さらに高低差を増すことによって、外からの進入を防ごうとする。ところが、ここでは、斜面の上部に掘り込め

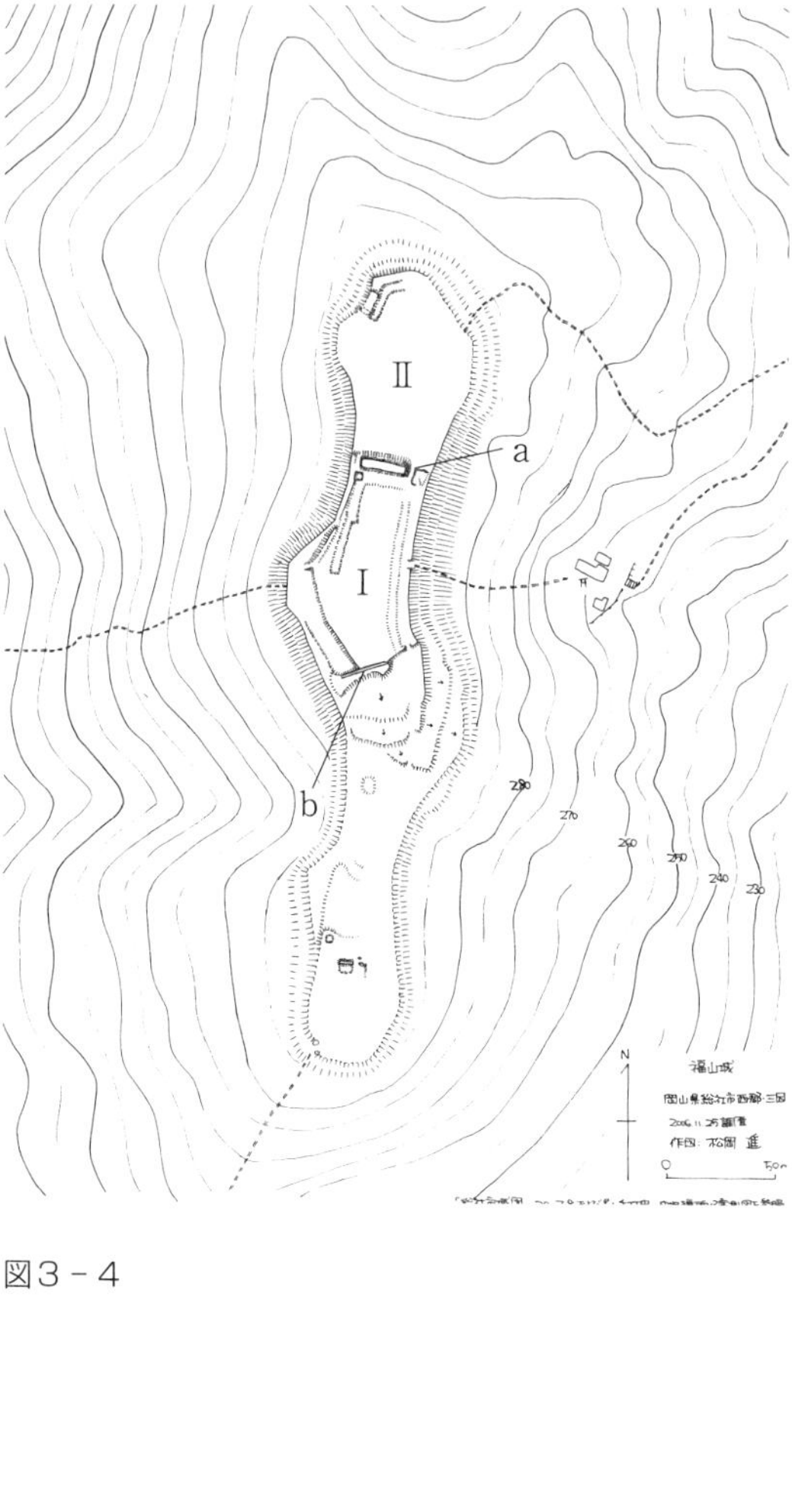

図3－4

図3－4　福山城（岡山県総社市西郡・三因、2006年11月調査）

ば同じ効果があるのにそれをせず、上がりきった平坦面の内側に堀を掘っている。まるで斜面を登ってくる相手をねらう塹壕《ざんごう》のようだ。そして、そう思ってみると、石で固めた虎口から主郭内へ続く道も、曲輪の縁《ふち》に沿うように浅い溝となっていて、同じような堀が半ば埋まった形と見える。Ｉの反対側にも、似たような溝があった。さらに、Ｉの西側の腰曲輪も同様の掘り込み状である。

図３－５

　この腰曲輪が急に終わっている箇所を横切るように、やはり石列ｂがあった。それより南は、高さにあまり差がなくて広い山頂部が続いているのに、もはや城の遺構らしいものがない。段差はあるが、明らかにゆるい。『山手村史』によると、このあたりから瓦や礎石が見つかっているという。つまり、石列ｂは寺と城の境界になっていた可能性がある。経山城が南のピークだけを使い、盆地をはさんだ福山城は北側だけを使っていたことになる。そして、二つの城の間の平地こそ、小川氏が詳細に検討した備中国府域、ほかの地域でいう中世「府中」にほかならない。

　それなりに堅固な構えではあるが、小規模

図３－５　福山城石垣（岡山県総社市西郡・三因、大石を並べた遮断線）

にすぎる幸山城。それを見下ろす背後の山の上を半分だけ使って、急ごしらえで築かれたような福山城。どちらも、国府域と結び付いた、地域の政治的中心となる城、というイメージには当てはまらない。小規模で戦闘的な経山城も、その点では同じである。それなら、周辺のほかの城はどうなのか。

3　空間その1―備中国府域

都市としての国府域

中世のこの地域の中心は、小川氏の研究に明らかなように、総社市の名のいわれにもなっている総社宮であった。そのそばには、室町期の守護細川氏の時期まで、国衙《こくが》の機能を支えた人々が住んでいた。氏の論文を読んで驚くのは、備中高松城が水攻めされたときの城主として有名な清水宗治《しみずむねはる》が、この備中国衙の在庁官人《ざいちょうかんじん》の系統から出たと推定されていることである。総社宮・守護・在庁官人・寺社、そして職人・商人。小川氏が力を込めて明らかにしようとされたのは、ここに存在したと見られる中世の都市の姿であった。幸山城・福山城、そして経山城は、立地から見て、それを前提として存立したのは間違いない。

そこで、ほかの城である。総社宮から幸山城までは約三キロあるので、総社宮から半径

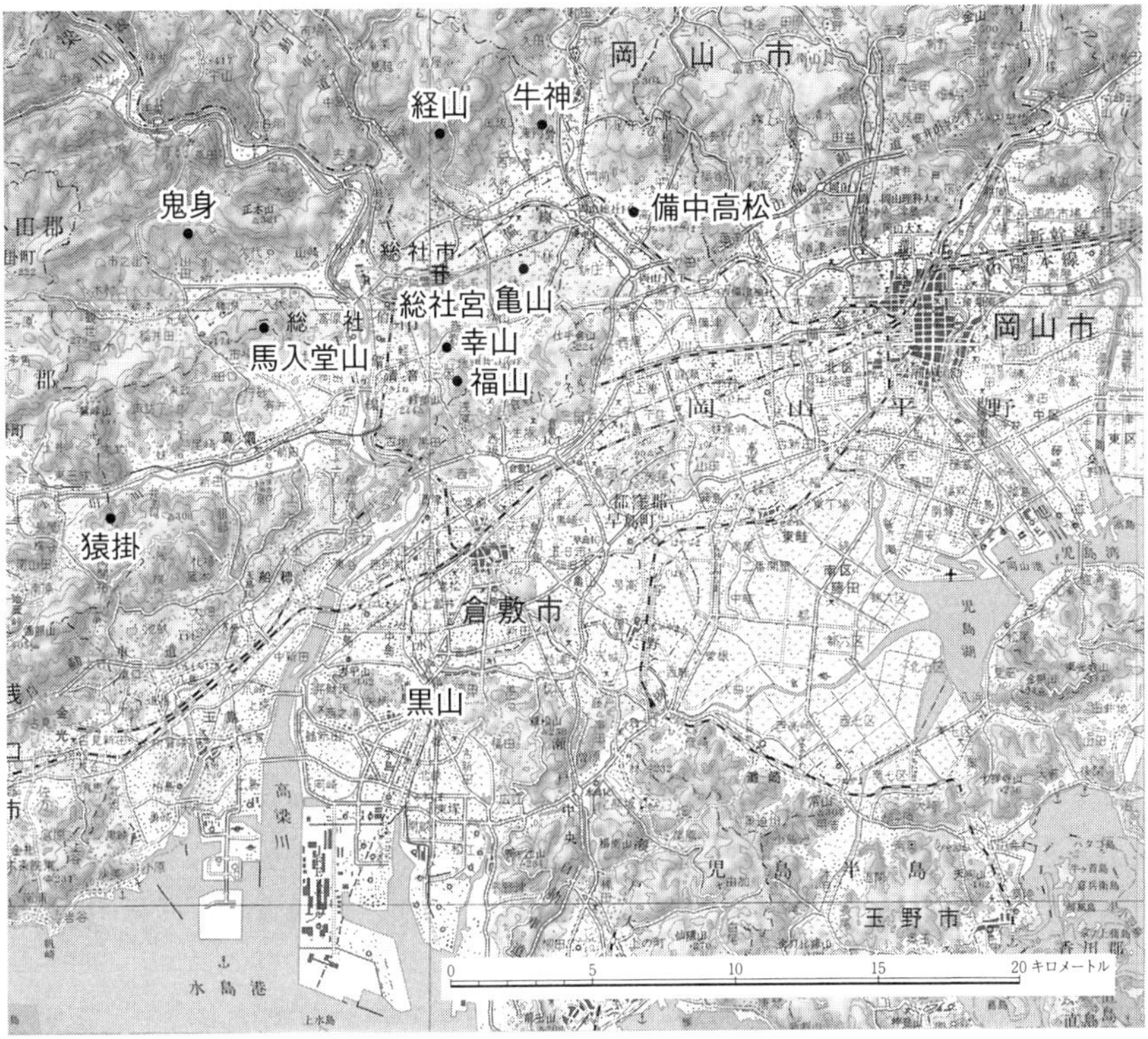

地図３－１

地図３－１　総社地域の中世城郭（国土地理院 20 万分の１
「高梁」「岡山及丸亀」に加筆）

三キロの円を描いて、この中の城跡をまず歩いてみることにした（地図3－1参照）。

ところが、あまりめぼしい城がない。そもそも、守護所に比定されている城跡がない（小川氏は、総社市街地の中で「城」の付く小字《こあざ》名をいくつかあげて候補地とされている）。JR総社駅の西側の住宅地にある真壁《まかべ》城は平地の城で、土塁が少しだけ残っているが、『日本城郭大系』一三に載せられた地籍図や、『常盤村史』に載っている旧状の平面図を見ても、長方形の曲輪が一つあっただけのようだし、雪舟が若いころ修行した宝福寺の裏にある井山城は、尾根筋に曲輪がなくて、堀切だけの「遮断線構造」だった。高松城の水攻めのとき、清水宗治を助けた中島元行《なかじまもとゆき》の屋敷跡は、東総社駅の近くの住宅地にあって公園になっているが、やはり微高地《びこうち》の端を使った平地の城だったようだ（近世の文書に「城跡地」とある）。近くに片山城という城もあったらしいが、どこなのか特定できないし、それらしい丘に登ってみても遺構と見えるものがない。

三須《みす》城（仮称）は、小川氏の論文で「古城」「城ノ越」などの地名があると知って、うろうろしているうちに、畑仕事をしていた地元の方に、「城跡ならあの丘だ」と教えていただいた。これも堀や土塁はなく、独立した小さい丘の上が平らになっているばかり。ただ城跡とは関係ないが、名もお尋ねしないままになってしまったこの方が、著名な考古学者の葛原克人《くずはらかつひと》氏と親しかったと語られたのには驚いた。「大事なことをいっぱい知っていたのに、みんなあの世へ持って行っちまった」と、しきりと嘆いておられた。そういうご本人の、城跡の所在についての知識もまた、岡山県の遺跡地図のような出版物には載っていない。第二章の末尾にも書いたが、かけがえのない知識が、地元にはたくさん蓄積されている。柳《やなぎ》田《た》国《くに》男《お》がかつて書いたとおり、「歴史は路傍の田夫野人に問え」である。

亀山城のプラン

このあたりで唯一、目を見はる遺構が残っていたのが亀山《かめやま》城だった（図3-6）。これも土取りでかなり壊されているが、主郭Ⅰから北に一段下がって、低い土塁で囲んだ虎口曲輪があり、その裾に四条の連続竪堀、つまり畝状空堀群が設けられている。土塁が開口しているのは西側で、主郭から東側の尾根続きの方向は遮断しようとして曲輪Ⅱを突出させ、土塁で囲んでいる。裾をとりまく堀切はゆるい「く」の字状になり、土塁の上に立つと死角がない。火点と見て間違いないだろう。その北側一段下にも土塁で固めた細長い曲輪があり、先の虎口曲輪に近寄らせないように防御する拠点の役割を果たしている。これらに対し、Ⅱから堀切を渡った先にあるⅢは、浅い堀が東側にあるだけで、もはや付け足しめいている。丘はまだ続くのに、もう城として使おうとしていない。限られた目的に利用するために築かれ、それに見合う少人数で守られていた城と見てよい。

この城は、総社宮の東側、ちょうど三キロ離れた低い丘陵にあり、総社の市街地に入る主要な道路だった松山往来をすぐ先に見下ろす地点を占めている。主郭の虎口はまさしくその方向に飛び出す形になっていて、裾に設けられた連続竪堀も、往来する人々からよく見えたに違いない。この虎口や曲輪Ⅱに見られる、突出した部分を土塁で囲んで火点とする技術は、幸山城と共通していて、ともに備中国府域というエリアを守るための拠点として、戦国末期まで重要な意義を負っていたと推測できる。

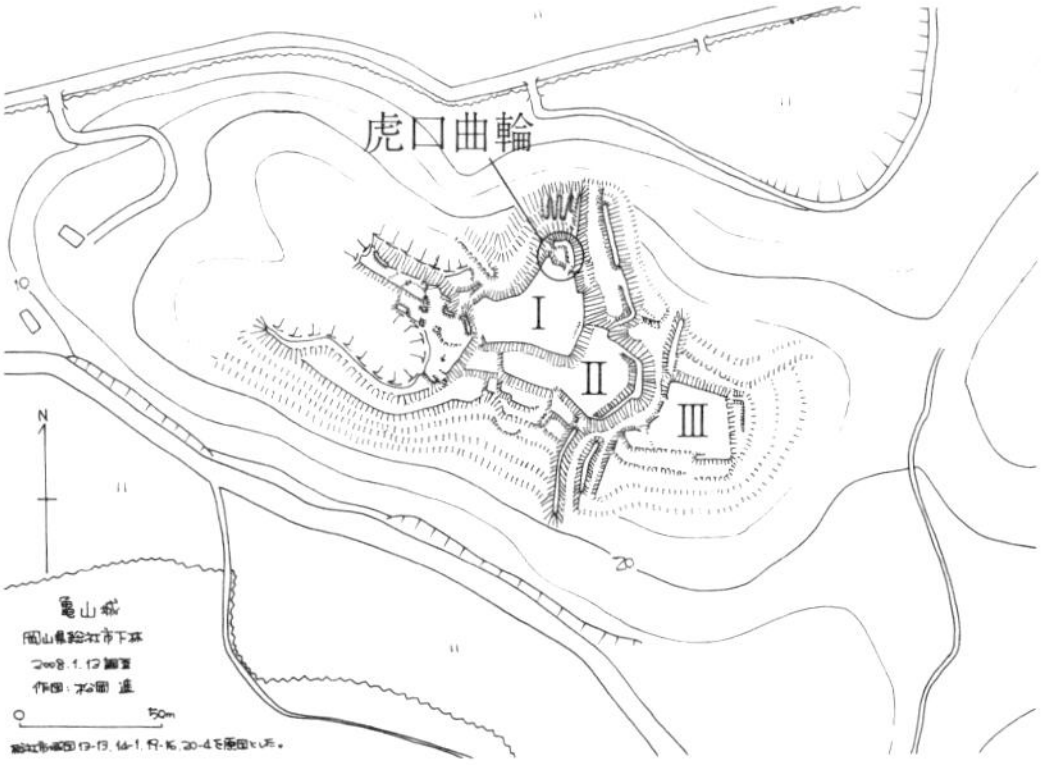

図3－6

拠点の多様性

ただ、この城以外には、繰り返しになるがめぼしい城がない。しかし、それこそが中世の府中というものの一つのあり方なのではないか。小川氏の「守護所と城郭」を読むと、南北朝内乱を乗り切るために守護所そのものが城郭化するとか、防御に有利な地点に守護所が移動するとかいった場合のほかに、守護所と離れた場所に軍事的拠点となる山城ができる場合があげられ、越前守護所と、そこから一〇キロ離れた杣山《そまやま》城（福井県南条町）の例が紹介されている。平地の「居館」とその背後に近接した山城、という、よくいわれるパターンを、さらにいえば、そうした一点集中的な拠点を想定しようとする視点そのものが正当なのかどうかを、疑ってみる必要があるのである。

実際、小川氏の『中世都市「府中」の展開』をめぐってみると、まわりにめぼしい城がない淡路や、戦国期に入ってからようやく最寄りに山城が成立する筑後や讃岐の事例が次々と登場する。幸山城や亀山城、さらに経山城や福山城が遠巻きに守護所を取り囲む備中国府域の場合も、守護所自体は軍事的拠点となっていないし、それに代わる本格的な大

図3－6　亀山城（岡山県総社市下林、2008年1月調査）

規模山城も近辺には成立していない。そして、視野を広げてみると、今度はただちに、織豊期にこの地域で起こったあまりにも有名な合戦が目に入ってくる。備中高松城の水攻めである。

4　空間その2―総社地域

高松城の意義

備中高松城は、総社宮から東北東へ六キロあまりの地にある。現在では、池に囲まれた公園として主郭周辺が残されているにすぎない。まわりの蓮池も一九八〇年代に造られたもので、残念ながら旧状を復原したものではない。そもそも宇喜多氏の支城となってから大規模な改修が行われたのが発掘調査で明らかになっているので、縄張の細部はもちろん、全体の規模についても、水攻めの時期の状態を直接にうかがうのは無理なのである。

ただ、主郭が乗っている微高地は、全体としてかなり広い。ここに三つの曲輪と家中屋敷があったとされているが、発掘調査でもプランの一部が確認されているので、一九八五年（昭和六〇）六月の洪水で水没した家中屋敷とされる部分はとにかく、ほかは元来の城域だった可能性が高い。広さから見ると、複数の曲輪があったことも信じられそうである。つまり、幸山城あたりと比べて、はるかに大きい。

この備中高松城が水攻め以前に持っていた意義について、雄弁に説明している史料がある。清水宗治の子孫が、主君毛利氏の古文書編纂に際して提出した覚書である（『萩藩閥《ばつ》閲録《えつろく》』所収）。その冒頭部分によると、備中国沖郡は石川久孝が領して旗頭であり、その居城が高松であった。久孝に実子がなかったため、奥郡の須々木《すずき》氏から養子を取ったが、これも嗣子を残さず早世してしまった。今度も須々木氏から養子を取ろうという動きがあったが、幸山城主だった清水宗治は、ゆかりもないよそ者を石川氏のように旗頭にするのは心外だとして、自ら高松城主になろうとし、結局、石川氏に属していた同輩の長谷川氏と争った末、永禄八年（一五六五）八月一日に城中で相手を討ち、これから自分が高松城主だ、従う者は人質を出せ、と宣言した、という。

この覚書のとおりなら、高松城主の地位は、総社地域全体（史料での表現によれば「備中半国」）の支配に直結している。高松城は、まさしく地域の政治的中心だったことになる。国府域に見出せなかったものを、ここでやっと見つけられたのだろうか？　しかし、城の周囲には、それにふさわしいような地名も寺社の配置もとぼしい。「政所《まんどころ》」という地名があるが、小川氏によれば荘園に伴うものというし、これも著名な高松稲荷は、前身の寺が廃絶したあと、慶長六年（一六〇一）に再興されたと伝える。先にもふれた松山往来、それと山陰に通じる大山《だいせん》道との分岐点に近いとはいえるが、地域の中枢的な城郭とするには決定打に欠けている。

城にも文献にもくわしい岡山の畑和良《はたかずよし》氏にお会いしたとき、この話をすると、あの覚書をあまり信じない方がいい、と助言された。私はほっとした。実際、覚書は近世のもので、内容的には軍記物めいている。備中高松城の水攻めが近世にどう語られたかを分析している別府信吾《べっぷしんご》氏によれば、近世の長州藩で清水宗治は武士の鑑《かがみ》として持ち上げられていて、地元での語られ方とは温度差がある。清水家の覚書は、もちろん長州藩側のものである（「清水宗治像の再検討」『岡山県立記録資料館紀要』四、二〇〇九年）。

鬼身城のプラン

一方、総社市街地をはさんで反対の西側、高梁川を越えて総社宮から七キロあまりの地点に、戦国期の激しい攻防戦で知られる鬼身《きのみ》城がある（図3－7）。最高所に主郭Ⅰを置き、大まかには稜線とそれにはさまれた谷の上部に曲輪を順次構えていくという単純なプランだが、驚いたのは稜線の末端aを大きな土塁に仕立てていることだ。中腹まで上がってきた道は、この石を貼った大土塁に崖端まで追いやられ、大きくまわりこんで城域内に入る。土塁の内側にも段差があるので、直進はできず、右折、さらに左折して、ようやく抜けられる。掘り込み式の枡形に近い遺構である。村田修三《むらたしゅうぞう》氏は、曲輪に入る虎口とは別に、城域に入る全体の関門として「城虎口」というべきものがあると注意をうながされている（「中世城郭の諸相」千田嘉博《せんだよしひろ》・小島道裕《こじまみちひろ》編『天下統一と城』塙書房、二〇〇二年）が、その好例といっていいのではないだろうか。西国には、やはり西国なりの工夫された虎口がある。私にとっては、経山城での着想を裏づける、もう一つの事例であった。

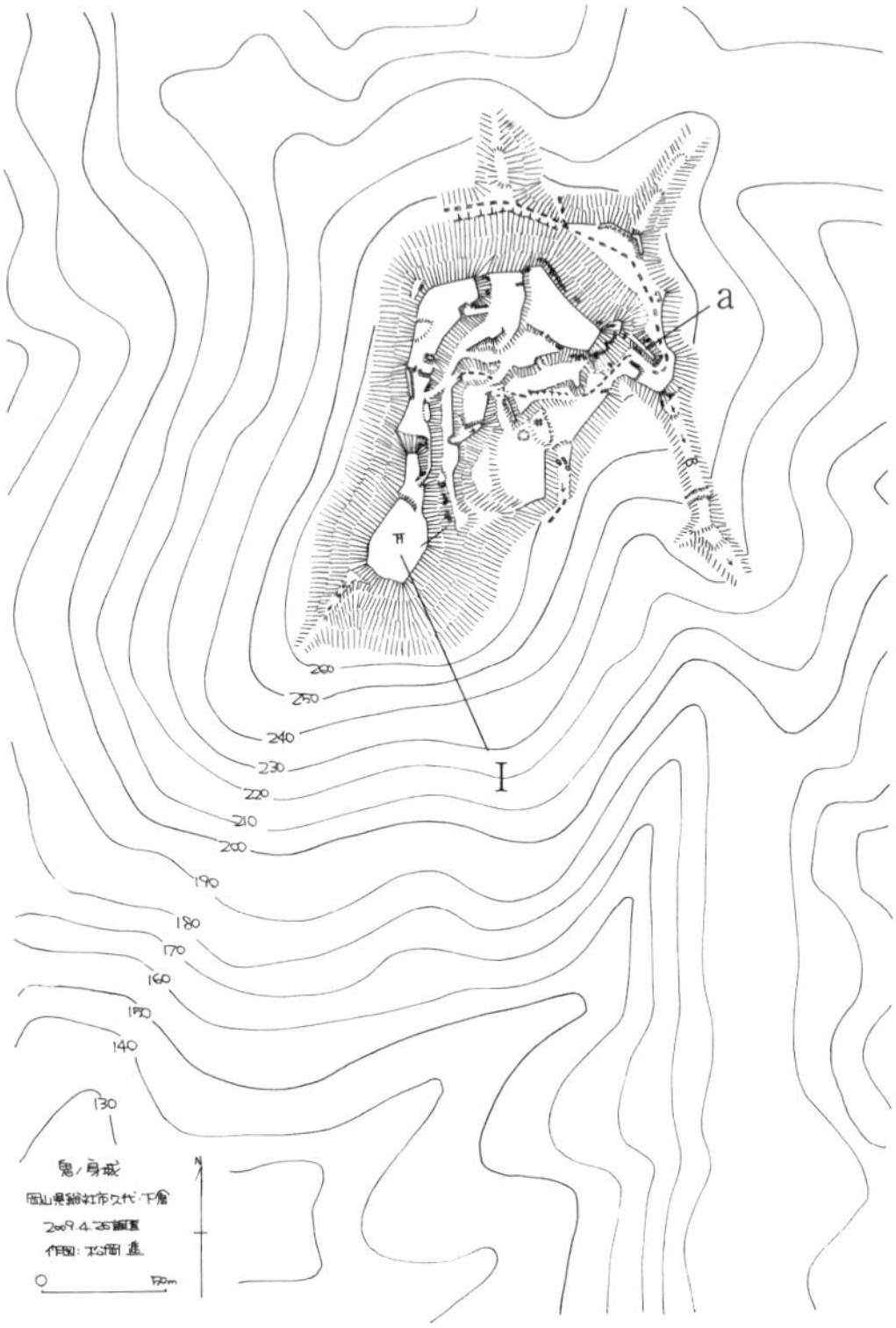

図3－7

比高と規模のグラフから

とはいえ、この城の規模も大きくない。じつは、総社地域で調べた山城はすべて同様だった。一つ一つ述べたのでは長くなりすぎるので、一覧表とグラフで示すことにしよう（備中高松城は、いわゆる三の丸までだけでも、文字どおり桁違いに大きいので、グラフには表示していない）。規模は東西長と南北長を計って掛け算をしただけの概数だが、大きな傾向はつかめると思う。

グラフを一見すれば明らかなように、この地域の城郭は、規模が五〇〇〇平方メートル

図3－7　鬼身城（岡山市総社市久代・下倉、2009年4月調査）

表3-1　総社地域の城郭

	城郭名	比高（m）	東西長（m）	南北長（m）	規模（㎡）
	備中高松城	0	470	650	305500
1	木村山城	170	100	250	25000
2	馬入堂山城	140	220	100	22000
3	鳥越山城	30	70	280	19600
4	真壁城	0	120	140	16800
5	福山城	290	90	180	16200
6	鬼身城	180	120	130	15600
7	幸山城	140	120	100	12000
8	経山城	280	100	110	11000
9	荒平山城	160	90	120	10800
10	軽部山城	180	100	100	10000
11	亀山城	30	110	80	8800
12	鷹巣城	180	50	70	3500
13	井山城	90	20	120	2400
14	尾崎城	30	40	60	2400
15	高丸古城	140	40	60	2400
16	三須城	20	40	50	2000
17	伊与部山城	80	40	50	2000
18	牛神城	40	25	50	1250
19	千引砦	70	30	25	750
20	名越砦	60	30	20	600
21	軽部城	110	15	30	450
22	長良山城	30	不明	不明	
23	中島屋敷	0	不明	不明	

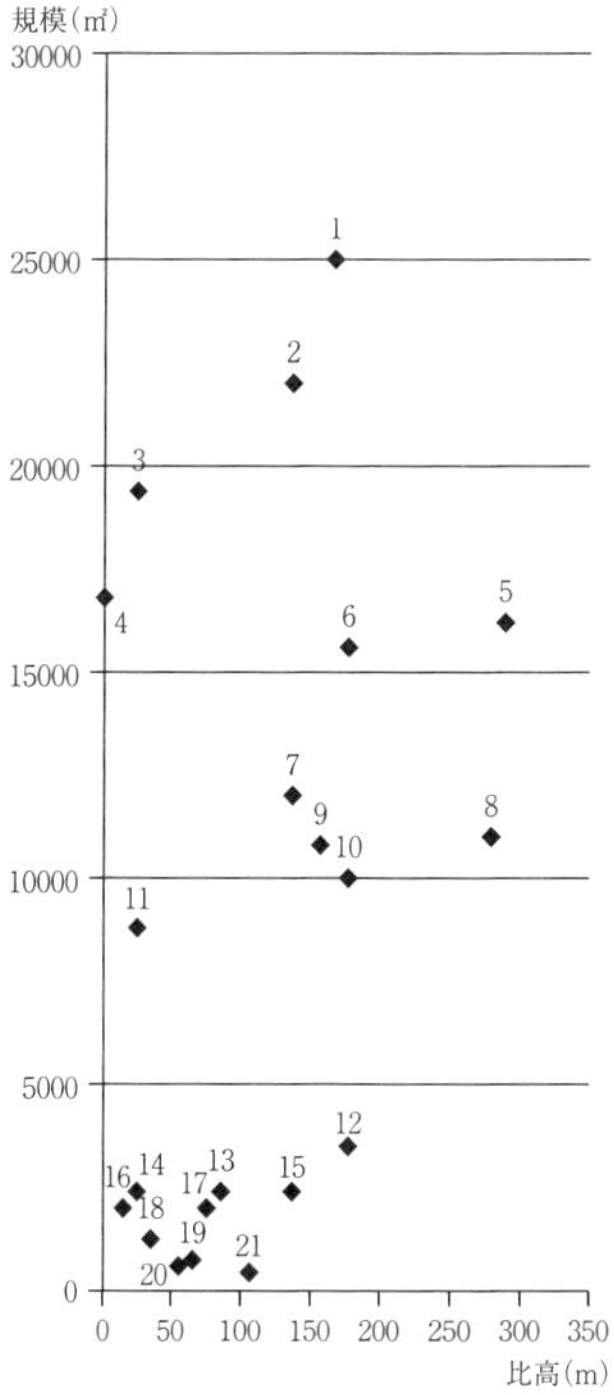

グラフ3-1　総社地域の城郭分布状況

以下のものが目立って多い。東西長・南北長が一〇〇メートルあればその倍の規模になるわけだから、いかに小さい城が多いかがわかる。y軸に規模を取ったのに対し、x軸には比高（麓からの高さ）を取っているが、y軸に近接するドット、つまり比高が低い城が多いのも目に付く。別の見方をすると、x軸・y軸の双方から離れたドットは、特徴的な城であるともいえる。全部で八つあり、経山城・幸山城・福山城・鬼身城が含まれる。

残りの四つのうち、備中高松城以外で最大規模の木村山城は、寺院の遺構と重複しているらしく、段の多くは低くて、堀切も土塁もない。次点の馬入堂山《ばにゅうどうやま》城（図3－8）は、そこから谷をはさんだ隣の山にあり、中腹部の削平地群を除くと、ごく小ぢんまりした城にすぎない。特に注意したいのは、主郭から見て西北側の城域の端にあたる緩傾斜地を、畝状空堀群で切り刻み、曲輪として使えなくしていることである。ここでも、大きな山城を造れる場所を、意図的に小さく使っている。この城の麓には「市場」という集落があり、それを通る道が近世には玉島往来と呼ばれていたが、これを北上していくと、先の鬼身城の尾根続きに上がって、そのまま高梁川のほとりまで伸びていく。この道が戦国期にも重要な役割を負っていたのはたやすく想像できるが、備中国府域との関係は間接的というしかない。

文献史料から

結局、この地域で中心となる城はどこなのか。そのことを推測させる手がかりが古文書にあった（以下、いずれの史料も『山手村史』史料編所収）。まず、高松城水攻めの前、天正一〇年（一五八二）四月二四日付けで羽柴秀吉が織田信長に戦況を報告した書状（米蟲剛石氏所蔵文書）。「小早川はこちらの陣より五〇町西の幸山に陣をすえています。こちらから毎日その山の下まで出兵し、放火していますが、一人も出撃してきません。今攻めている宮路山《みやじやま》・冠山《かむりやま》の城を討ち果たしたら、すぐ幸山を包囲します」。やはり羽柴軍のねらいは幸山城だった。信長も同じ日付の朱印状で、「小早川が備中高山に立てこもっているので、秀吉が出陣して包囲している」と書いている（細川家文書）。「高山」はもちろん「こうざん」の当て字である。

ところが、同じ状況で毛利方の吉川元長《きっかわもとなが》が記した書状には、こう書かれている。「小早川隆景やこの方面の国衆は、幸山尾頸《おくび》福山に陣をすえている。敵陣まで一里半であるという。羽柴が攻めている宮路山・冠山に急いで後詰《ごづめ》を実施し、一戦して決着を付けたい考えである」（吉川家文書）。「幸山尾頸福山」とは何か。「尾頸」は城の背後の尾根続きを指していることから、「幸山城の尾根続きにある福山」と解釈できるだろう。秀吉は幸山城といって現に攻撃しているのに、毛利方は福山の方を主とした言い方をしている。つまり、この二つの城は一体だったのではないか。

古代以来、この地域の最大の幹線道路は山陽道である。しかし、これは総社市街地を通らない。城の分布を見ても、近くにある城は、高松城水攻めの際、毛利方が移動して陣取ったとされるものばかりである。唯一の例外が幸山城で、城の直下の餅《もち》坂《ざか》を山陽道が越えている。福山城との間の遮断線は、一見しただけでは厳重に見えるが、実際に尾根を完全に切断した堀切は確認できない。福山城はこれに面した側だけに遺構があり、しかも臨時の城構えに見える。比高はこの地域内で最高、したがって眺望がすぐれているだけでなく、地域内のどこからも目に付きやすいシンボル的な山容である。両者を一体にして規模を概測すると、備中高松城の中枢部と同じ水準に達する。つまり、幸山城・福山城がセットをなすと見て、初め

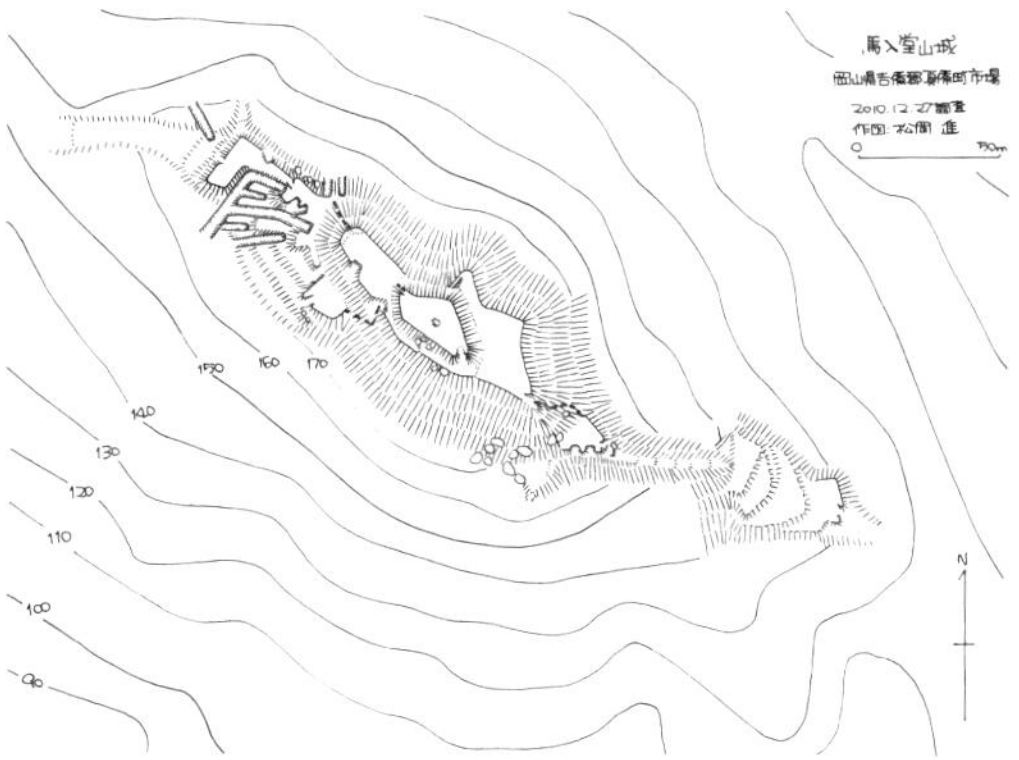

図3－8

図3－8　馬入堂山城　（岡山県吉備郡真備町市場、2010年12月調査）

て総社地域の空間構造の焦点が明確になる。福山城の現在の遺構はこのときのものと見るのが自然だろう。

しかし、戦国期までの権力は、いわば可能態を現実態にすることがなかった。南北朝期の福山城は、おそらくは遺構をとどめないような一時的なものであった。在国しない守護細川氏の下で守護代を務めた石川氏は高松城、庄《しょう》氏は西方の猿掛《さるかけ》城（真備町・矢掛町）を拠点としたとされる。ちなみにこの猿掛城は、比高二二〇メートル、東西長と南北長の積は四万平方メートルを越え（小山文好「備中南山城についての一考察」『中世城郭研究』一四、二〇〇〇年、所収図による）、山麓の小田川の河谷を山陽道が通過する要衝にあった。いかにも拠点にふさわしい城が、国府域から八キロも離れた山あいに築かれていた。

大名間戦争と空間の構造

羽柴秀吉がこの地域に来攻したとき、毛利勢は幸山城・福山に進出して陣を取り、秀吉はその山麓で放火を繰り返して、攻撃のチャンスをうかがった。一方、秀吉の進出ルートにあたる宮路山から幸山城への方向に、極小規模のテクニカルな城郭群と、それらをつなぐ土塁が確認されている。多くはゴルフ場建設に伴う発掘調査で明らかになったものだが（総社市教育委員会『奥坂遺跡群』一九九九年）、牛神《うしがみ》城（図3－9）は現在もよく残っている。尾根上を掘り下げるようにして築かれ、櫓台など手際よく配置しているが、これだけで守りきるようなタイプの城ではない。織豊系「陣城」の一つ、つまり幸山城攻めの足場を確保するために応急的に構えた施設と見てよい。

信長の出陣をうながし、決戦に持っていきたい秀吉は、幸山・福山のセットの攻略に代えて、前哨にあたる備中高松城の攻撃を選び、毛利方はこれに対応して主力を東の山陽道沿いに移動させた。水攻めされる高松城を間にして、両軍の対峙が始まる。一方、当主の毛利輝元は猿掛城に本陣を据えていた。戦局の展開をたどってくると、福山・幸山のセットの攻防を軸に、備中国府域を遠くはさんで高松城と猿掛城が軍事的集約点となっているのがわかる。前代の空間構造が依然として継承され、決定的な大名間戦争を契機としてもそれが根本的に変化させられていない。私はそこに、下からの主体性との緊張関係を見る。

これまでの章で見てきたように、城郭は、どこへでも、またどのようにでも築かれたわけではない。この地域では、高松城の水攻めが終わったあとを含め、福山・幸山のセットを地域全体に君臨する一元的な軍事的中枢とするような大改修もされなかったし、その本来的な機能の一部を分掌した高松と猿掛を、あるいは第三の候補地を政治的・軍事的統合の核とするような試みもされなかった。備中国府域を膝下に従える本格的な城郭は、最後までなかった。山陽道沿いに、一時的な陣営として以外に城郭がほとんど存立しなかったことも、同じ観点でとらえられるのではないか。中世の分散的な空間構造は最後まで保たれた。ふたたびキャッチフレーズ的な言い方をすれば、これは、軍事的な中心であるべきところが、国府域の自律性にはばまれて空洞になった構造である。

もう一つ、付け加えておく必要がある。福山には室町期まで寺院があった。経山が、その名称からして聖地であるのは明らかであり、実際に北西の尾根続きの新山にあった新山寺の伝承や、谷の奥の岩屋寺の存在で容易に裏づけられる。高梁川の西岸にある伊与部山《いよべやま》

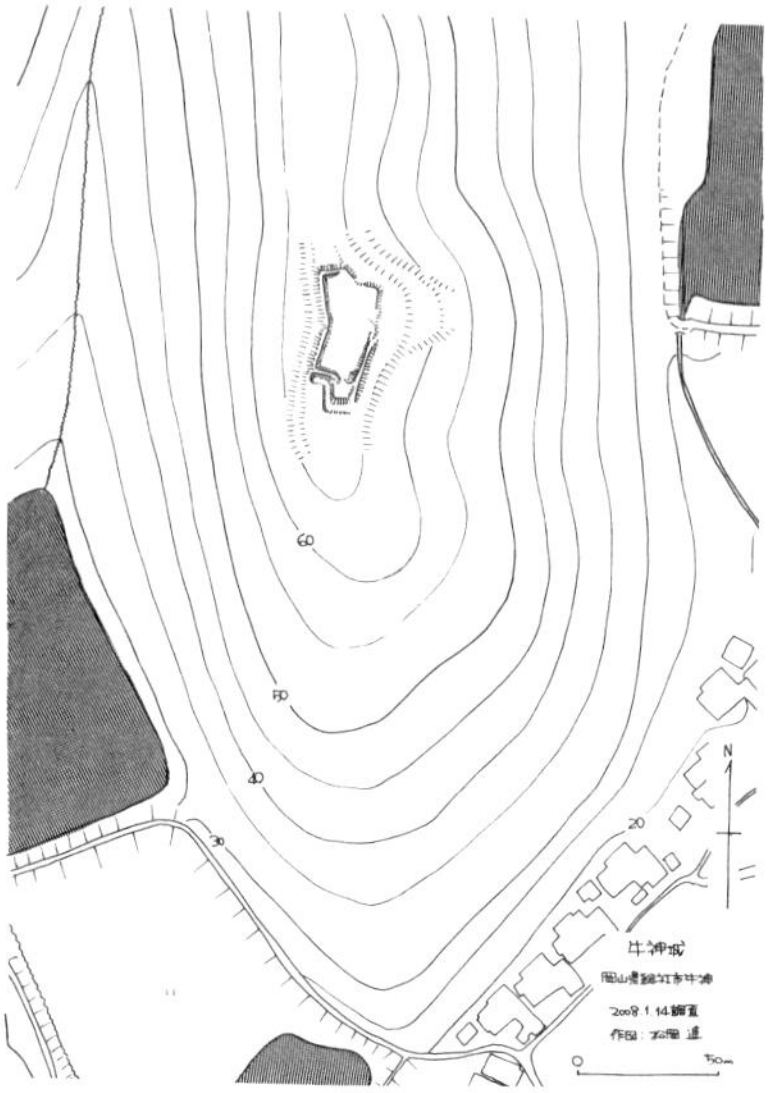

図3－9

城（夕部山《ゆうべやま》城）の麓には応永五年（一三九八）銘の磨崖仏があり、同じく荒平山《あらひらやま》城の尾根の端には式内社の石畳神社がある。国府域を取りまく周囲の山なみは、宗教的意味を帯びていた。ここでも、それを奪うようにして戦国期に城が築かれていく。既成の空間の中心部分は、それまでに蓄積されてきた社会的関係が改変を許さなかったとするなら、周縁部分の聖性は、それを守る人々と権力との力関係で変化させられたのが戦国期だった、といえるかもしれない。

グラフから地域の個性を読む

ここで、前章までに見た山形県最上地域・宮城県伊具地域の場合、本章と同じ方法でグ

図3－9　牛神城（岡山県総社市牛神、2008年1月調査）

ラフに落としてみるとどうなるのか、試してみたい。

まず最上地域の場合。私の調査した城跡だけにして、県教育委員会の悉皆《しっかい》調査の図は対象にしなかった。宮城にも岡山にも同様の調査成果がないので、同じ条件にするためである。遺構の見落としがはっきりしているものは保角里志《ほずみさとし》氏の縄張図で補正した（前掲『南出羽の城』）。

さて、グラフを一見すると明らかなように、規模の数値が総社地域とはまったく違う。東西長と南北長の積が一万五〇〇〇〜四万くらいの例が多いが、五万以上のものもかなりあり、小国《おぐに》城にいたっては一八万もあってほかを引き離している（これは山麓の遺構を含んでいるため。なおグラフに入れるとほかのデータが密集してわかりずらくなるので、除いてある）。一方、比高はかなり似かよっていて、五〇〜八〇メートルに集中している。規模は収容可能な兵力量につながり、比高は見下ろし、見上げられる範囲の広さによってその城の戦略的位置を示すとするなら、大規模な城がいくつも存在し、比高の面では全体として差が小さいという特徴は、先に見た多核構造の軍事的空間という理解と照応するものといえる。

次に伊具地域の場合。阿武隈山地に属していて山が低いので、比高五〇メートルまでにほとんどの城が収まっている。規模でも一万五〇〇〇までがほとんどで、ばらつきが少ない。これらは技術的にも堀切一本で背後を遮断した程度のプランで、さきに分類したＡａ（日常生活のできそうな小規模な城。丘に立地している）か、Ａｂ（同じく、平地に立地している）に属するものである。

一方、比高・規模の両面とも抜きんでている唯一の城は金山城《かねやま》で、戦国期にこの地域の主城として、城主中島氏が多彩な活動をしたことが文書に残されている。冥護山館《みょうごやま》は単独でも最大規模であり、隣の西山館を加えれば、規模の数値が一〇万を越す。すでに見たとおり、伊達政宗《だてまさむね》の陣と伝え、西山館はその部将・伊達成実《しげさね》の陣という。平地で最大規模の郷主内城《ごうしゅうち》も伊達政宗の陣とされ、近世仙台藩の地誌『安永風土記御用書出』では、古館ではないから、つまりふつうの城跡とは違うから、としてわざわざ別に「古跡」の項目に載せられている。これらの規模が突出していることは、伊具地域がやはり境目としての規定を受けていることを明示している。そして、それなら、ほかの全体も、境目としての特徴と無関係ではないはずである。比高・規模とも小ぢんまりした城が、特に北部の角田市域にかたよって分布し、並存する大規模な城が見当たらないことは、その意味でやはり、後背地の特性として理解するのが妥当と思う。

ここでひるがえって総社地域のグラフに戻ってみると、総じて規模が小さいのに、比高のばらつきが大きいことに気づく。福山城や経山城のような比高の高い城は、最上地域や伊具地域にはない。比高一五〇メートルを越える例はほとんどないのである。もちろん中国山地との山容の違いが一つの理由にはあげられるが、伊具地域はとにかく、最上地域には高い山自体はたくさんある。比高が戦略的位置づけにつながるものとすれば、総社地域の場合には、確固とした持続的な戦略の中枢が存在しない代わりに、それぞれ限定された局面での機能を期待された多様な城郭群が成立している、と見ることができるのではないだろうか。

表3-2 最上地域の城郭

	城郭名	比高(m)	東西長(m)	南北長(m)	規模(㎡)
1	小国城	80	400	450	180000
2	志茂の手館	100	390	270	105300
3	鮭延城	30	260	320	83200
4	大館・左館	60	370	210	77700
5	差首鍋館	70	450	170	76500
6	小倉館	100	250	300	75000
7	愛宕山館	130	250	280	70000
8	鳥越館	70	300	210	63000
9	清水城	50	160	370	59200
10	古口館	10	340	170	57800
11	太郎田館	50	250	220	55000
12	富沢館	80	330	150	49500
13	手倉森館	50	180	210	37800
14	東法田の館	60	170	220	37400
15	本城館	70	200	170	34000
16	落館落館	80	230	140	32200
17	玄蕃館	0	160	200	32000
18	源治館	60	160	200	32000
19	嘉門館	80	120	230	27600
20	猿羽根館	70	250	110	27500
21	半兵衛館	50	130	200	26000
22	月館月館	50	130	200	26000
23	片平館	50	180	140	25200
24	熊野館	30	240	100	24000
25	沼沢館	50	170	140	23800
26	長沢館	0	140	170	23800
27	赤館赤館	40	190	110	20900
28	薬師館	40	160	120	19200
29	庭月館	0	120	140	16800
30	角沢館	30	180	90	16200
31	物見の館	80	170	90	15300
32	楯山	30	120	120	14400
33	金山城	80	130	110	14300
34	安食館	50	170	80	13600
35	八向館	100	150	90	13500
36	安沢館	120	130	100	13000
37	比丘尼館(最上)	80	110	90	9900
38	京塚館	30	110	90	9900
39	安倍館	70	80	120	9600
40	小十郎館	0	110	80	8800
41	曾館	0	100	70	7000
42	及位館	160	40	120	4800
43	比丘尼館(新庄)	10	60	70	4200
44	堀の畑	10	60	60	3600
45	セゴロ館	0	30	80	2400

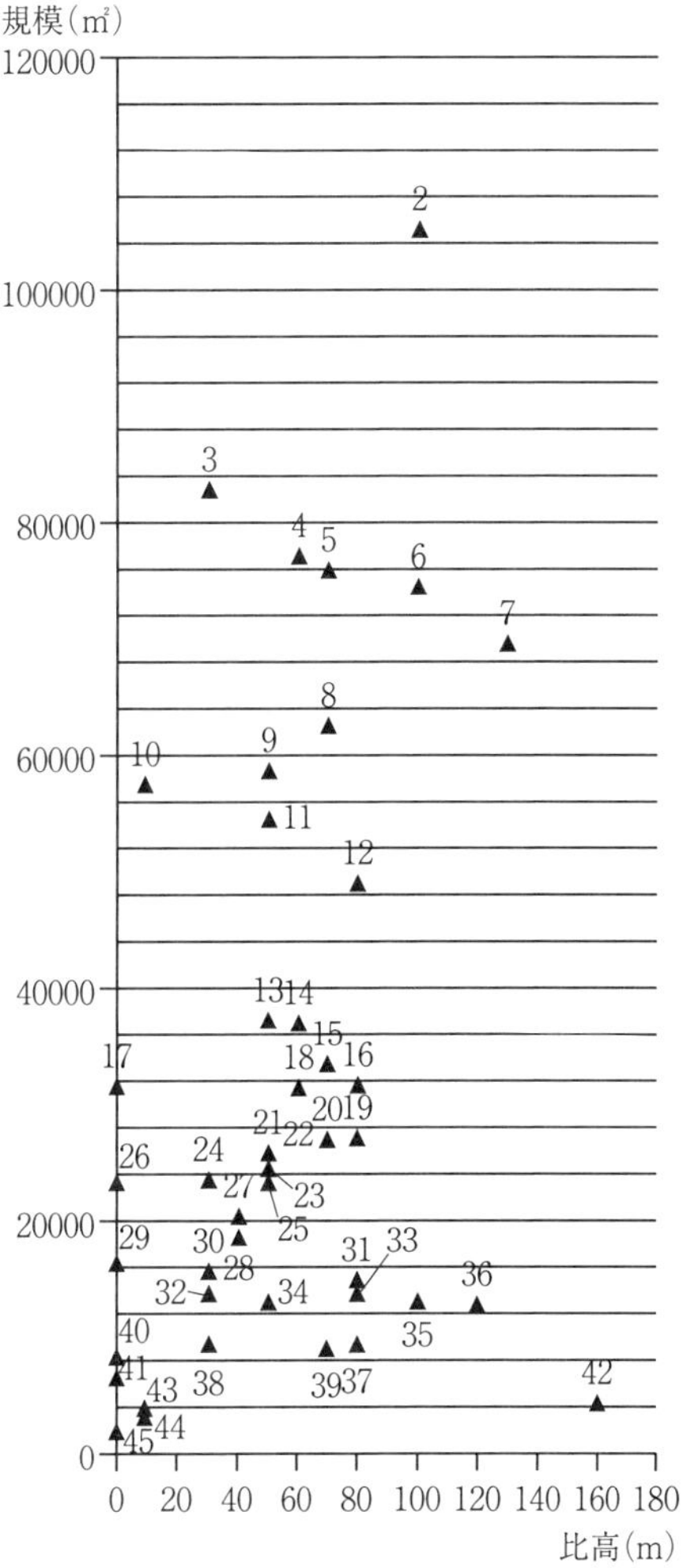

グラフ3-2 最上地域の城郭分布状況

もう一つ、二つのグラフを見ていて気づくのは、比高が高いのに規模が不釣り合いに小さい城がいくつか存在することである。最上地域では及位館《のぞきたて》、伊具地域では遠倉館・赤柴館・相善城《そうぜん》・北山館、といった城があげられる。すでに遠倉館・北山館を、所伝と立地、縄張から「村の城」の可能性が高いものとしたが、ほかの城も基本的に同じと私は考えている。これらの城の特徴的なありようがこのグラフで浮かび上がってきたのは、楽しい発見であった。ところが、その目で総社のグラフを見直すと、ここには類例がとぼしい。鷹《たか》巣《のす》城が一番それに近いが、寺院跡を利用して毛利氏が布陣したものと推定されている。

それなら、備中国府域の人々は戦時にどうしたか。小早川隆景の家臣・井上春忠が、現に境目の城に入っている者以外は、予備軍として東庄（倉敷市）に在陣するか、地元の有力武士の「構《かまえ》」に集まって緊急の指令に備えろ、と清水宗治に指示した文書が残されている（『黄薇古簡集』巻五）。西日本での「構」は平地の屋敷、または城を意味する。この場合も、最前線に動員されているのではなく、自分たちの自前の施設に詰めるのだから、戦線後方の「村の城」に立てこもるのと共通しているのは明らかである。

軍事力と一括されるものの内包する多元性や、その構成単位の多様な自律性を認めないと、戦国期の戦争の実像に近づくことはできない。それは、繰り返しになるが、下からの主体性が軍事の全局面に作用しているということである。

岡山へ調査に向かう前、二〇〇四年の夏に、埼玉県の杉山城で、発掘調査後の整理作業が進んでいた。その年の東北大学での全国城郭研究者セミナーで、藤木久志《ふじきひさし》氏から「一五

表3-3　伊具地域の城郭

	城　郭　名	比　高（m）	東西長（m）	南北長（m）	規　模（㎡）
1	冥護山館	40	220	360	79200
2	郷主内城	0	230	320	73600
3	金山城	90	190	370	70300
4	柴小屋館	50	350	180	63000
5	丸山城	50	320	180	57600
6	医王城	30	230	220	50600
7	陣林館	40	240	170	40800
8	荒山城	30	180	200	36000
9	西山館	30	120	230	27600
10	羽黒館	80	190	140	26600
11	小屋城（大谷）	50	190	140	26600
12	高橋古舘	60	220	100	22000
13	南楯城	40	130	120	15600
14	君萱城	30	150	100	15000
15	前田館	40	110	130	14300
16	大楯城	90	110	130	14300
17	館の山館	40	150	90	13500
18	豊室城	20	120	110	13200
19	小坂城	50	120	110	13200
20	扇館	20	100	130	13000
21	鳥屋城	20	100	120	12000
22	江尻城	10	100	120	12000
23	小屋館（峠）	40	100	110	11000
24	本館城	50	90	120	10800
25	矢ノ目城	0	90	90	8100
26	迫館	20	80	100	8000
27	大柵館	50	100	80	8000
28	遠倉館	100	70	110	7700
29	池田館	20	90	80	7200
30	七郎館	20	70	100	7000
31	宮ノ下館	20	80	80	6400
32	島田館	0	60	100	6000
33	山口館	80	60	100	6000
34	赤柴館	100	100	50	5000
35	香山館	30	70	70	4900
36	相善城	100	90	50	4500
37	古内城	30	60	70	4200
38	北山館	90	50	80	4000
39	小田城	30	60	60	3600

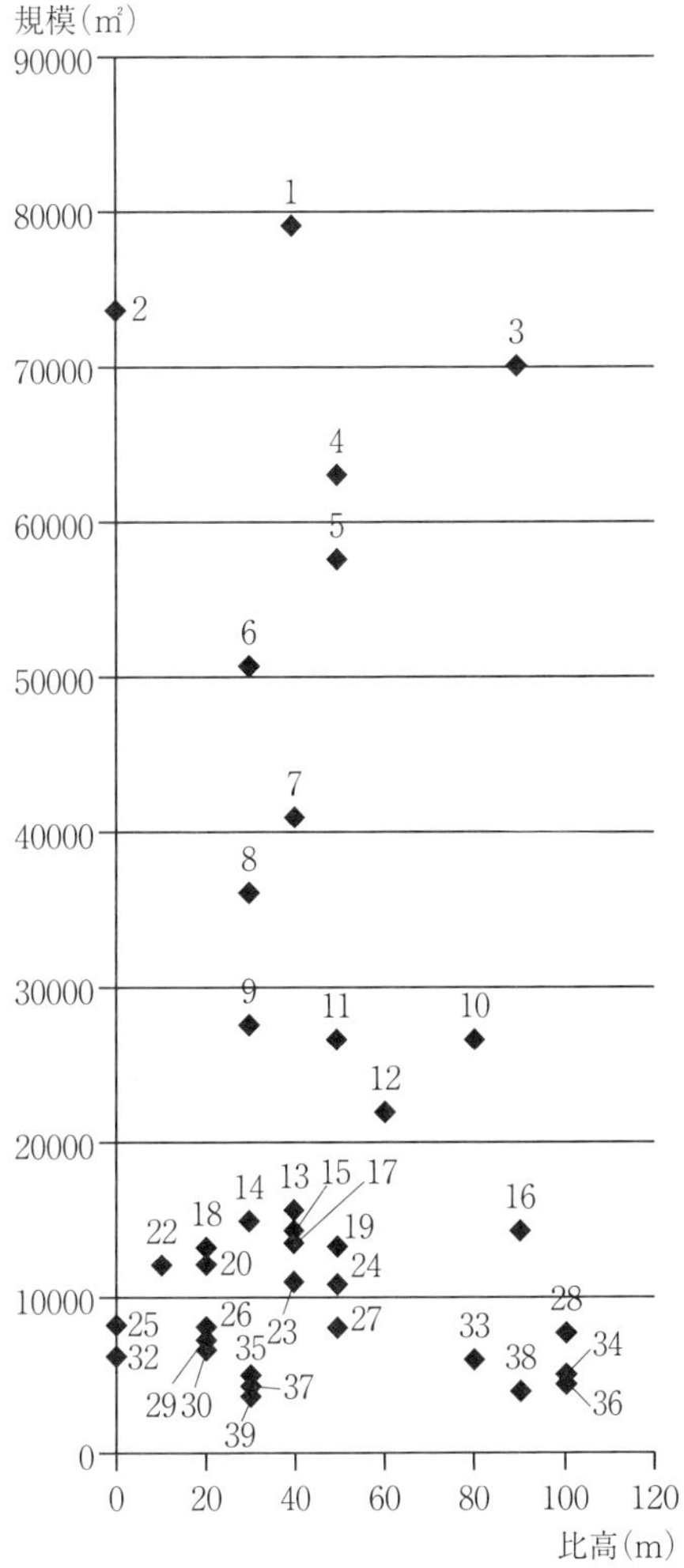

グラフ3-3　伊具地域の城郭の分布状況

世紀のものしか出てこないそうだよ」と教えられたのが最初の情報だったと記憶している。ここから縄張研究の混迷期が始まる。ただ、私にとっては、総社の調査でも、歴史的に形成されてきた空間と、それに密着した下からの主体性を見通せたことは、大切な立脚点となった。

コラム3　原発事故のあとさき

二〇一一年（平成二三）三月六日。東日本大震災の五日前、私は福島県南相馬市で、城跡の調査をしていた。この市は、原町《はらまち》市・小高《おだか》町・鹿島町が合併して成立したもので、その旧原町市の市史編纂事業に参加していたからである。前夜、『原町市史』考古編の完成を祝って宴会があり、この日は合併相手の一つ、旧小高町の沿岸部を、職員の方の案内で訪れていた。大規模に削られてしまった丘が城跡だと教えられたり、丘の形は残っているがはっきりした遺構を確かめられなかったり、とまどいながら、現地の方に教えを乞い、一つずつ確かめる作業だった。

そのときお話をうかがった方々が、今、同じ場所に一人として住んでいない。

城跡の調査で、過疎の進んでいる地域を歩いた経験は、今までに何度もある。中世の城跡を歩くとは、よそから人が行かないような場所へも行くということと、ほとんど等しい。人手が足りずに放棄された水田に草が茂り、丘のふところに朽ちた廃屋がそのままになっている姿を、何度か眺めてきた。地図には人家があるのに、住民がもういなくなってしまった集落もあった。野獣の害を防ぐための錆びきった鉄柵を乗り越えようとして、ズボンを破いたりもした。しかし、住みたい人がいるのに住めない場所ができてしまう、とは考えたこともなかった。

冬になると、太平洋からの強風で常磐線がしばしば緊急停車してしまい、困ったことが何度かあったが、ここでは今も運転を再開できていない。何しろ福島原発の近くを通っていたのだから。もう一度城跡を訪ねようとなれば、除染という問題もある。ただの野山でしかないものを誰が除染するだろうか。猪や猿の害のひどいことも聞く。今、縄張《なわばり》研究の決定的に不可能な空白地帯ができている。この方法なら、発掘調査と違って、個人の考えに従って調査を進めていける、だから空白地帯は原則的にないはずなのではなかったか?

ここまで書いて、あらためて痛感するのは、どんなに忘れられた城跡であれ、その場所に現に暮らす人がいて、初めて調査が成り立つ、ということである。見方を変えると、私たちがしているのは、人がいなくなれば忘れ去られてしまうような小さな歴史のひとこまを、しがみつくようにして記録していくことなのかもしれない。大きな歴史とは違う次元の何か——きっと「田夫野人」の語るはずの歴史を求めて。

以下では、空白をせめて小さくするために、この地域の城を若干紹介しておきたい。

戦国期、相馬氏の本拠だったのが小高城（図3－10）である。全体として、戦国大名の本拠というにしては規模が小さい。主郭Ⅰ東のaが食い違い虎口《こぐち》になっていて、その下のⅡの北側は削り残した尾根が土塁になって囲んでいる。技巧的だし土木量も大きいが、大規模な城にすることは求めなかったと考えるしかない。すぐ近くにいくつかの城および伝承地があり、それらが機能を分担したのであろう。

牛越《うしごえ》城（図3－11）。豊臣期になると相馬氏は急に本拠を転々と移すが、関ヶ原の戦いの時期までいたのがここである。尾根続きを遮断する堀切《ほりきり》の末端が内側に少し曲がり込み、竪堀《たてぼり》と横堀《よこぼり》に続くあたり、伊達氏の仙台城やコラム2でふれた前川本城にも見られ、この時期らしい死角をなくすテクニックだが、規模はこの城の方がはるかに大きい。ついでにふれておくと、第一章で見た富沢館の尾根続きに、堀切とずれて竪土《たてど》塁《るい》があったが、これも同類の工夫である。二つの支砦《しさい》を含めて囲まれた谷は、地割《じわり》でも地名でも城下町らしい色彩がなく、「町」の付く地名は南側の川の対岸にある。じつは小高城も町との関係は同様である。豊臣政権は城と町の新しいマニュアルを全国規模で広めたようにいわれるが、この地域では、城も町もそうなっていない。

権現堂城《ごんげんどう》（図3－12）は、今も警戒区域に入っている浪江町《なみえ》の城である。副郭の塁線が「く」の字に曲がって死角をなくしている。曲がり角の部分は強力な火点《かてん》になる。周辺ではいわき市の小塙《こばなわ》城にも同様の遺構が確認されている。前章の幸山《こうざん》城と同じ工夫である。

佐山《さやま》館（図3－13）。これは福島第一原発の所在地である大熊《おおくま》町。主郭の手のこんだ馬出aには驚くしかない。内部に櫓台《やぐらだい》を構え、ぎりぎりの狭い動線を通して、進入を絶対的に封じ込めようとしている。相馬領の南の境を固めた城である。全国の縄張研究者の中で、これほどの遺構を図に描くことができたのは、たぶん私しかいない。その事実に、私はほとんど絶望して叫びたくなる。

そして、下浦《しもうら》館（図3－14）。震災の直前に歩いた城の中で、唯一遺構が明瞭だった城である。相馬氏の本来の領域の南端を固めていた。この図は、私にとって、震災の鎮魂碑である。

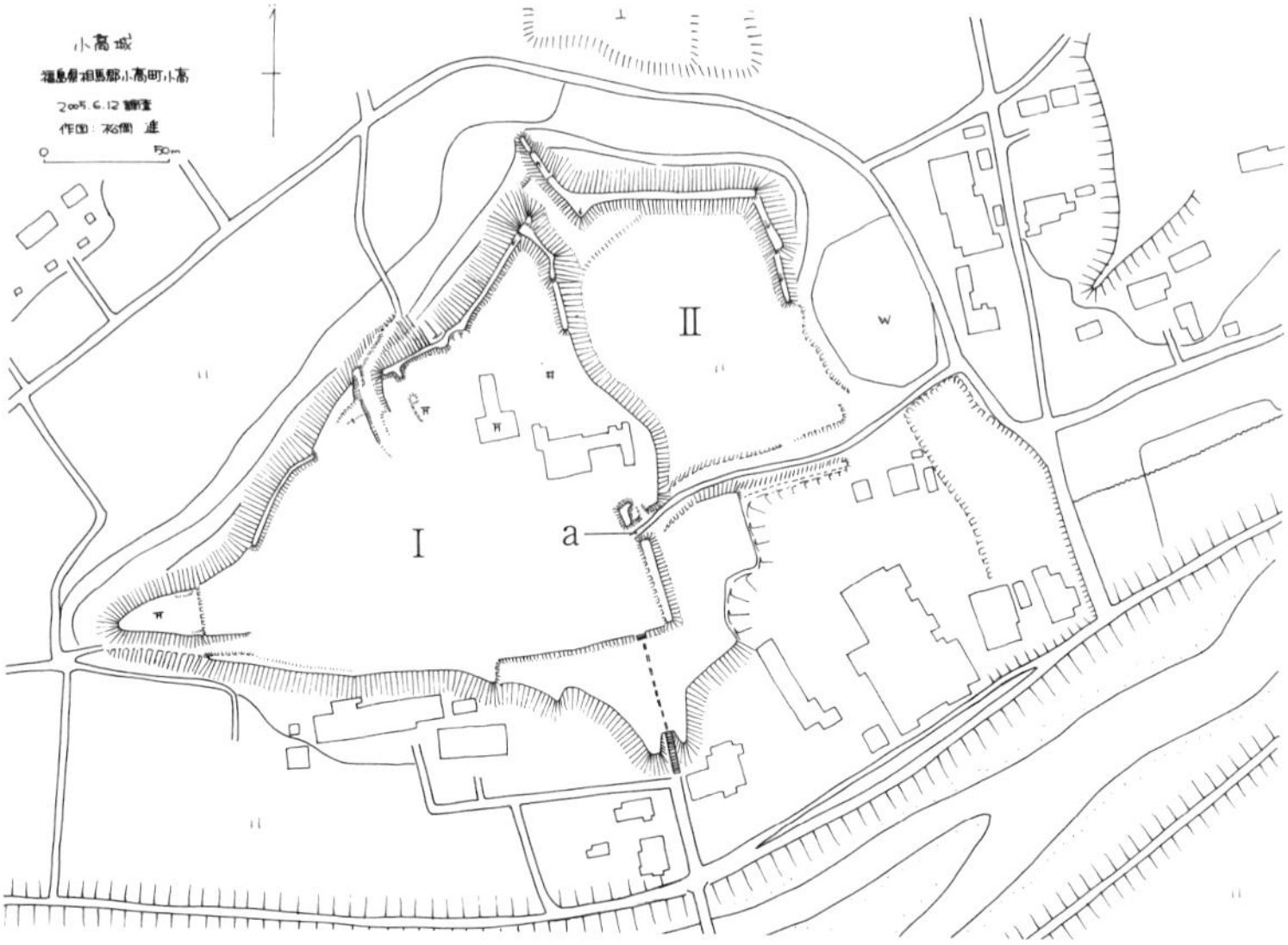

図3－10

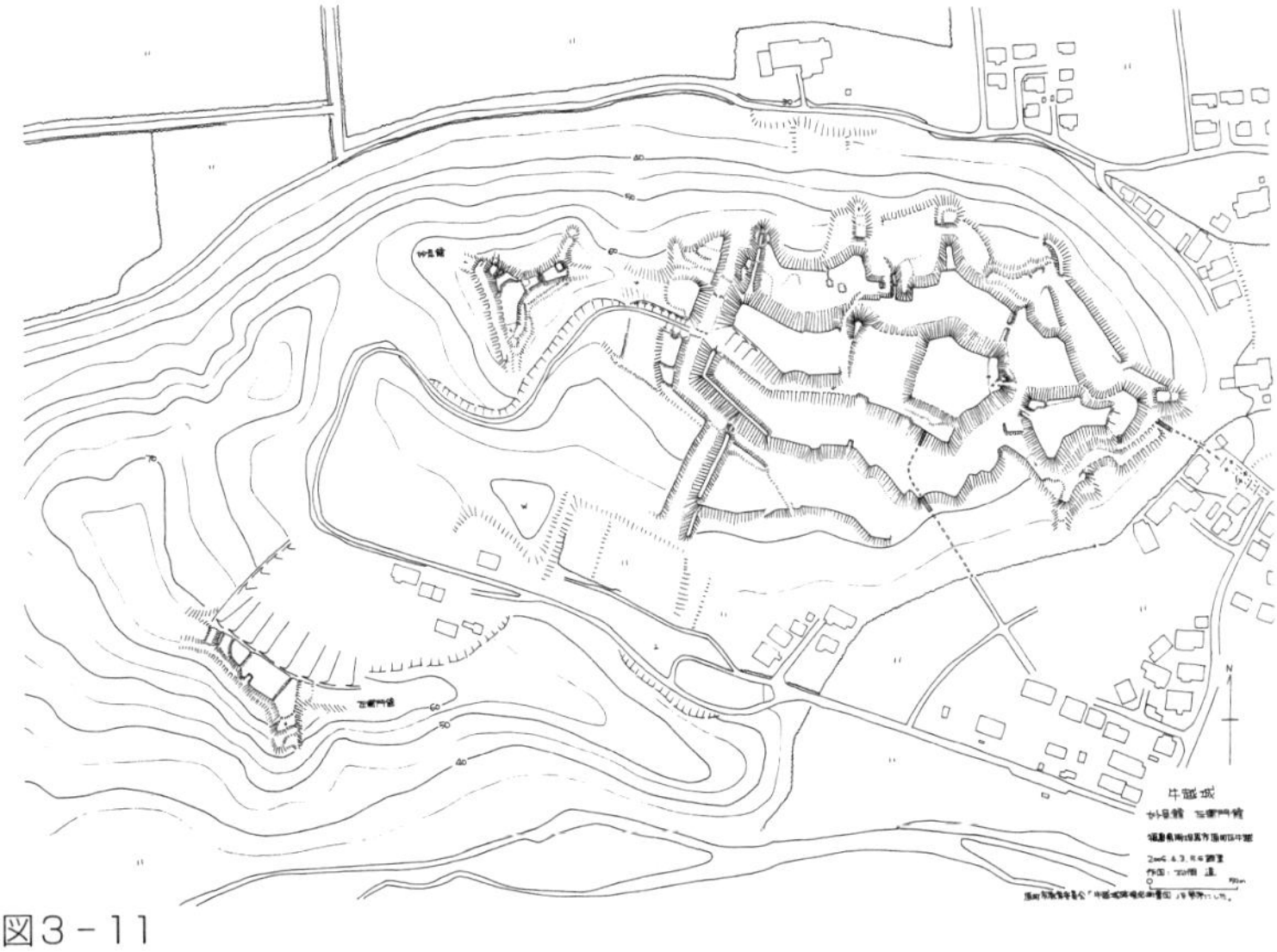

図3－11

図3－10　小高城（福島県南相馬市小高区小高、2005年6月調査）

図3－11　牛越城（福島県南相馬市原町区牛越、2006年4月・5月調査）

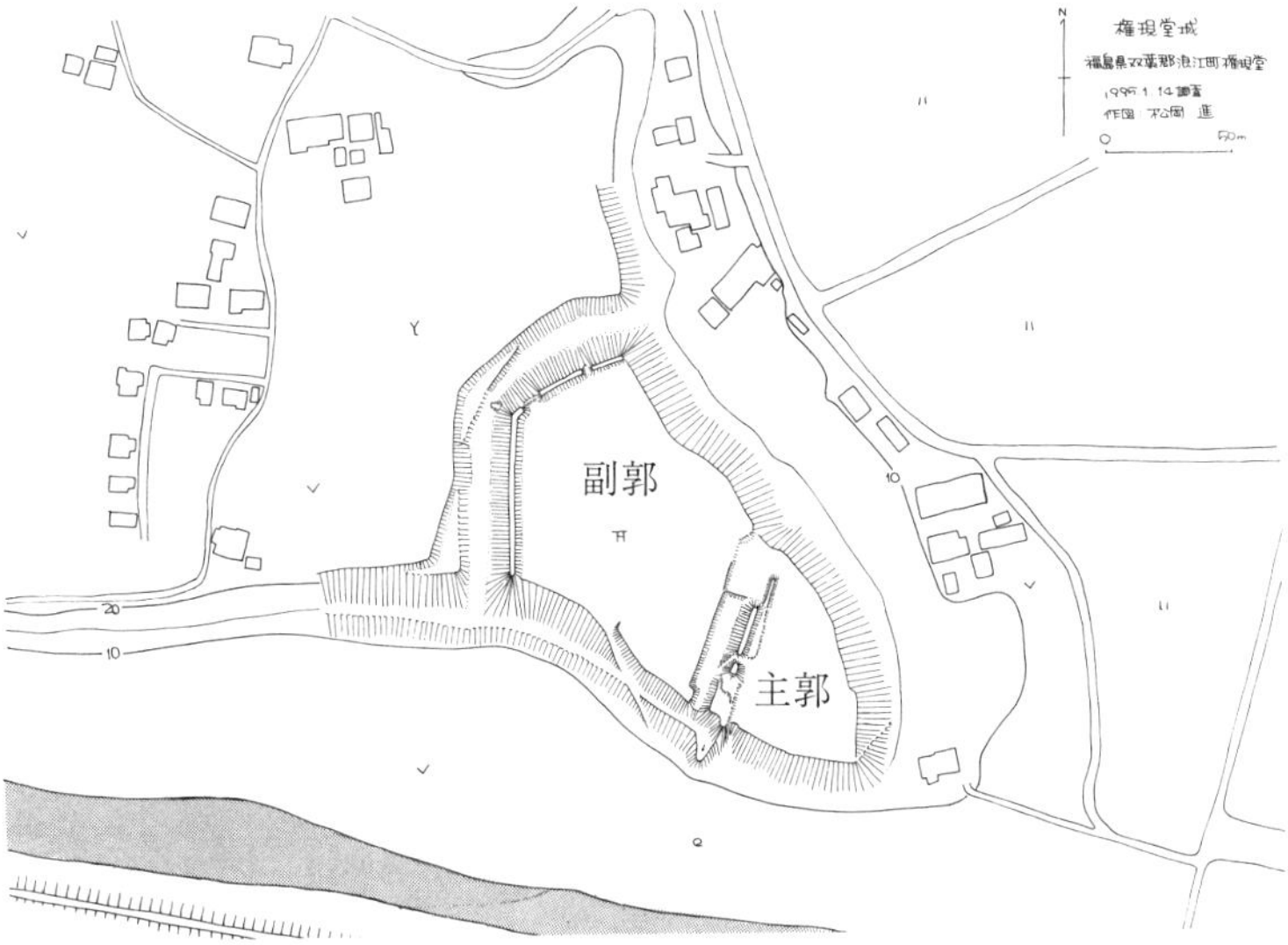

図3－12

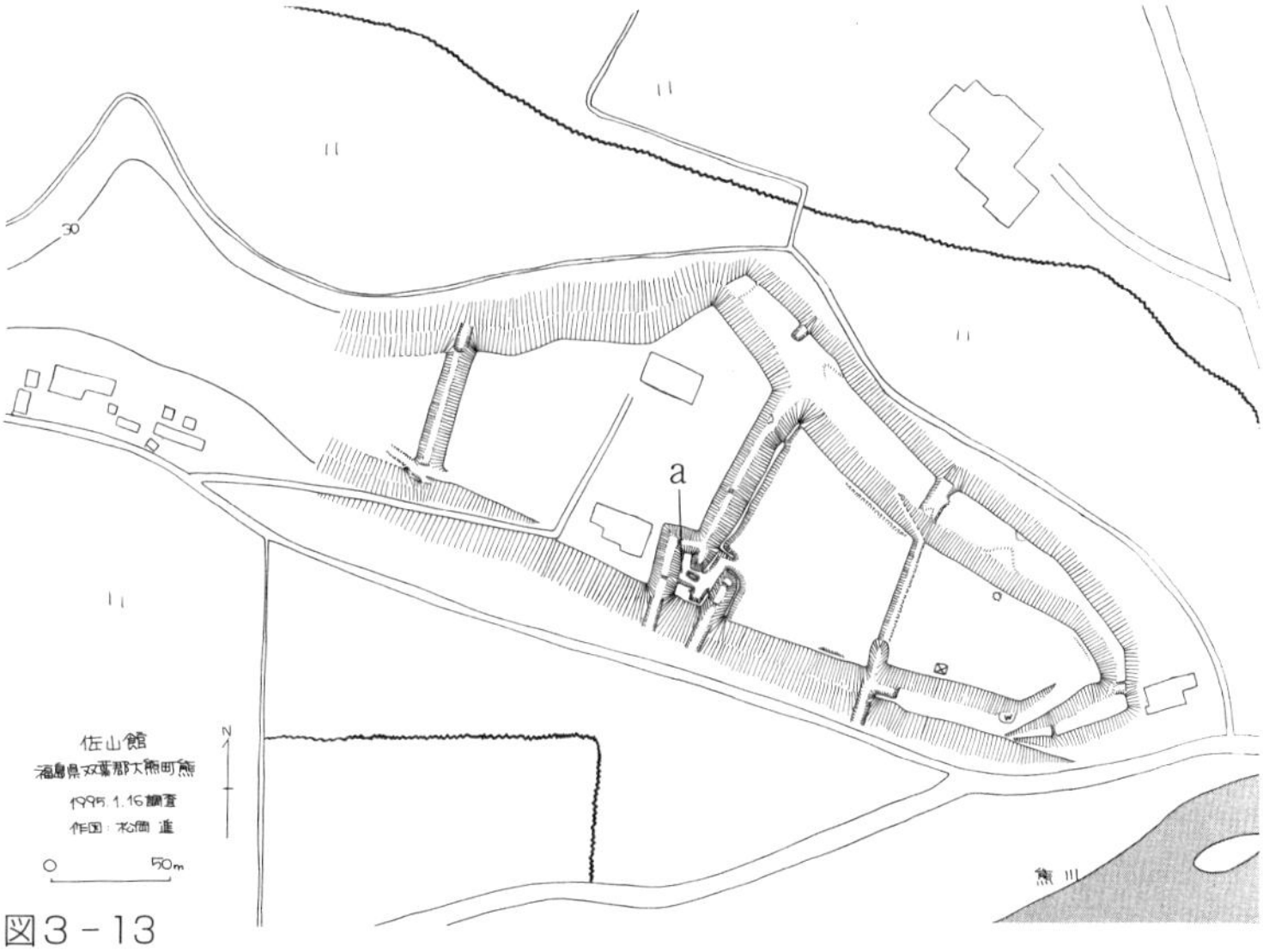

図3－13

図3－12　権現堂城（福島県双葉郡浪江町権現堂、1995年1月調査）

図3－13　佐山館（福島県双葉郡大熊町熊、1995年1月調査）

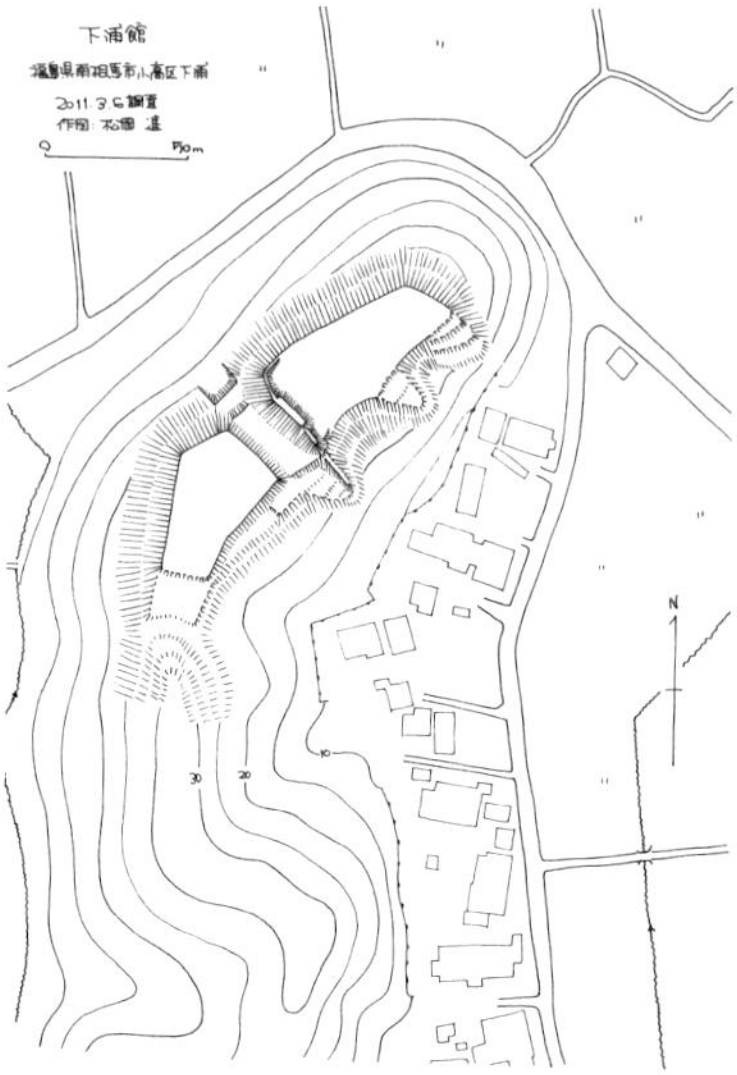

図3－14

図3－14　下浦館（福島県南相馬市小高区
下浦、2011 年3月調査）

IV 広島県三次地域へ

埼玉県嵐山《らんざん》町の杉山城の発掘は、縄張《なわばり》研究者に大きな動揺をもたらした。くわしくは次章で説明したいが、それまで戦国大名北条氏の巧みな築城の代表例で、天文年間（一五三二～五五）の末年から永禄年間（一五五八～七〇）の城と考えられてきたのに対し、発掘調査の結果、北条氏がこの地域に進出するはるか以前の一五世紀末～一六世紀初頭という所見が示されたからである。

発掘調査で打ち出される年代が、縄張研究者の見解とずれることはこれまでにもあった。そもそも、橋口定志《はしぐちさだし》氏が村田修三《むらたしゅうぞう》氏を批判して、「単純から複雑へ」という編年の原則には証明が伴っていない、と指摘されたとき、実例としたのは、関東地方で「鎌倉武士の館」といわれてきた平地の施設だった。発掘調査をすると、それらの土塁や堀は一四世紀からあとのものとわかる、だから最も単純と見られがちなプランでも古いとはいえない。

戦国時代の城の年代をどう見るか、異なる方法どうしで見解がかけはなれ、シンポジウムで論争された例としては、広島県東広島市の鏡山《かがみやま》城がある。この城では本格的な発掘調査は行われていないが、確認調査で出土した遺物と文献史料から、大永三年（一五二三）に落城してそのまま廃絶したとされたのに対し、村田修三氏が畝状空堀群《うねじょうからぼりぐん》の形態から見て天文年間に改修されている、と異論を提起されたのである。このシンポジウムは一九九九年（平成一一）のことであった（東広島市教育委員会『鏡山城　その歴史と意義』）。

　このような事態が起こってきた背景には、考古学の遺物編年が急速に精緻になってきたことがある。これに対し、縄張研究は、到達点としての近世城郭からさかのぼって、そのファクターを中世城郭に見つけて編年を考えるという手法だったから、どうしても発達した要素は一六世紀後半に引き付けてとらえる傾向になっていた。遺物の時期がそこまで下らないと明言できるなら、このような推論は論拠を失う。私自身、杉山城で問題が提起されるまで、一六世紀前半以前の城郭プランについては、断片的なイメージしか持てないままでいた。見るべき技巧性のない城が戦国前期、という理解は、発達した要素をすべて戦国後期に振り分けた結果、消去法でそうなったにすぎず、具体的な根拠に十分裏づけられたものではない。

　当時、私は前章で書いたとおり岡山の城を歩いていたが、経山《きょうやま》城をはじめ、亀山《かめやま》城や鬼身《きのみ》城で発達した虎口《こぐち》を見て、どう評価したらいいかが気になっていた。たとえば亀山城の場合、低い土塁で囲み、前面に畝状空堀群を持つ虎口曲輪《こぐちくるわ》は、プラン全体の中で、防御機能を集約した強いアクセントをなしている。近世城郭では、外枡形《そとますがた》や馬出《うまだし》がそういう役割を果たすといわれるが、どちらとも違う、もっと素朴な形態を取っているから、枡形とか馬出などとは表現できない。しかし、こういう要素をはっきりと意識してとらえ、集成していかないと、いつまでも近世城郭の完成形をさかのぼらせるだけで、中世の人の目線で中世城郭を理解することはできないのではないか。杉山城で問われたのも、城の年代をいつと判断するかということ以前に、近世城郭という色眼鏡を通してしか中世城郭をとらえられない方法そのものなのではなかったか？

ある日、広島県の中世城郭悉皆《しっかい》調査の報告書（広島県教育委員会『広島県中世城館遺跡総合調査報告書』一～四、一九九三～九六年）を見ていて、主郭に土塁がないのに、その裾や尾根の先に土塁で囲んだ小さい曲輪《くるわ》を設けている城があるのに気づいた。亀山城がそうだったように、防御機能の集約点を設定することによって、全体の防御力を飛躍させようとしているのではないか。気になって探すと類例はいくつもあった。ならば、百閒は一見にしかず、である。

1　南山城・鳶巣山城―「土塁囲みの小郭」

南山城のプラン

この種の遺構が最も固まって分布しているように見えたのが、広島県の山間の三次《みよし》地域だった。中でも、広島県の悉皆調査報告書に奇妙なプランが載せられていた城が気になっていた。それが南山《なんざん》城である。実際に城跡に立ったのは、二〇一〇年の三月のことだった。春はまだ浅く、数日後には中国から黄砂が吹きつけ、近くの山もかすんで見えた。

城はⅠ～Ⅳの四つのまとまりに分散している（図4－1）。それぞれの結び付きはルーズで、特にⅡとⅢの間の谷に対しては、はっきりした防御線が見つけられない。畝状空堀群がⅡとⅣにあるが、これらにはさまれたⅢは横堀で防御を固めていて、築城技術の上でも共通性が弱い。Ⅰにいたっては浅い谷間にあって、城外の北西側から見下ろされてしまう。それにもかかわらず、ⅡやⅣの塁線は何度も直角に曲がって火点《かてん》を造り出しているし、虎口から曲輪の外に出た地点a・bを周囲から独立させているのは、馬出と似た考えをうかがわせる。Ⅳにはc・dの二ヵ所に食い違い虎口があり、城外からの動線の側面には土

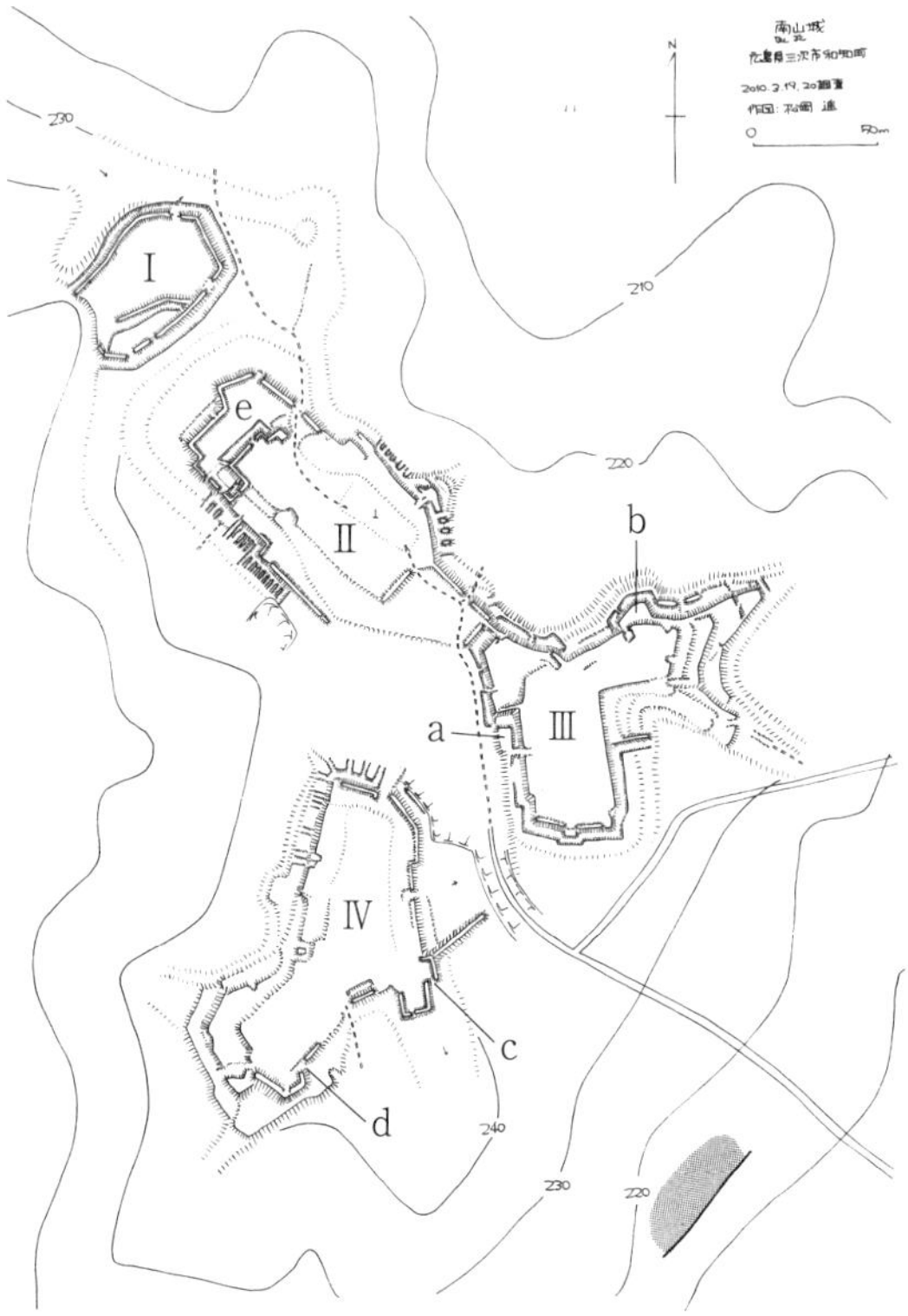

図4－1

図4－1　南山城（広島県三次市和知町、2010年3月調査）

塁を備えて曲輪が張り出し、容易に近づかせない。つまり、部分を取り出すと、築城技術の水準は高い。こういう全体のまとまりがなくて、部分的には高度な技巧を用い、そして普請も簡易、という城を見ると、縄張研究者は、例によって「陣城《じんじろ》」らしいプランと感じる。複数の横並びの軍団が、それぞれに近接して陣を取ると、こういう縄張になるのではないかと考えるのである。

中でも特筆したいのは、Ⅱの北西側に造られた土塁囲みの小郭《しょうかく》eである。ゆるく傾斜した丘陵の端を利用し、ここに向かって上がってくる動線をおさえようとしたものと見える。塁線は中央で大きく曲がって、火点を造り出している。この突き出した地点から見下ろされたら、Ⅰ方面からの突入はきびしい。突出した地点の南西側だけ横堀が見られるが、火点を避けて回りこもうとする進入者の脚を止め、火点からの面的な掃射を効果的にしようとしているのだろう。

この年の夏の全国城郭研究者セミナーでは、「横矢《よこや》がかりから考える」として、全国規模で事例を持ち寄ろうとしたが、関東地方以外では数えるほどしか事例がないことが、かえって浮き彫りになった。ところが、南山城には明らかに、塁線を人工的に曲折させて射撃の死角をなくす横矢がかりの考え方が見られる。eの部分だけではない、先の虎口c・dの側面の曲輪の張り出しも同じである。バラバラに造られているが、水準の高い築城技術は共通している。

では、一体いつ、だれが造ったと伝えられているのだろう。しかし、悉皆調査報告書にはまったく記載がない。この地域の近世地誌として第一に参照すべきなのは『芸藩通志《げいはんつうし》』

だが、これにも何の記述もない。ただ、和知《わち》村の図の中に「南山」と書き入れてあるだけで、これとて「古城跡」というような添え書きはない。これはどうしたものか。

鳶巣山城のプラン

しかし、そういうことはあとから考えることにして、同じように塁線の折れを伴う土塁囲みの小郭を構えた城がもう一つ、近くにあるので行ってみた。こちらは鳶巣山《とびすやま》城という（図４－２）。

丘の頂はまったく自然地形といってよいくらい、人工を加えた形跡が見当たらないが、一段下を土塁で囲んだ部分は、また極端なくらいテクニカルだ。まず、北側の尾根続きに面するaで、土塁をM字状に曲折させている。外側の堀切はこれに沿っていない。つまり、突出した部分を火点に使い、尾根続きからの進入者を見下ろして制圧しようとする構えである。これに対し、北西の短い尾根は二重堀切《ほりきり》で遮断する。そして、二つの尾根の中間の浅い谷に面して虎口bを設けている。動線となるスロープに対しては、二重堀切の付け根の部分cから俯射が可能、つまり横矢がかかる。

面白いのは、虎口bから入ると、土塁囲みの小郭の中にわずかな段差があって、低くなった通路を進んでいくと、おのずと丘の頂の主郭に相当する部分の虎口dへと導かれていくことである。高田徹《たかだとおる》氏は、織豊《しょくほう》系城郭の馬出は、よく見ると通路部分と陣地的な部分とに分かれていると指摘している（「織豊系城郭における馬出」前掲『新視点中世城郭研究論集』）。この城では、同じ工夫を、はるかに泥くさいプランで実現している。何より、丘の上と土塁囲みの小郭とでは普請の度合いがまったく違い、その強烈なコントラストが、このような曲輪を防御の集約点として使いこなすことこそ、築城技術の柱だったのをまざまざと示している。ところでその築城者だが、国衆・和智《わち》氏の一族とか小川氏とか伝えている。どちらにせよ、あまり勢力の広がりはない。

さらに類例

三次地域で、もう一つ類例を紹介しておこう。備後の三次から江《ごう》の川を下って隣の安芸側に入ると、すぐの谷あいにある奥垣内城《おくがきうち》（図4－3）である。伝承によれば、和智氏の支城という。

主郭のみといってよい小さな城で、東面には畝状空堀群が設けられている。主郭の南側

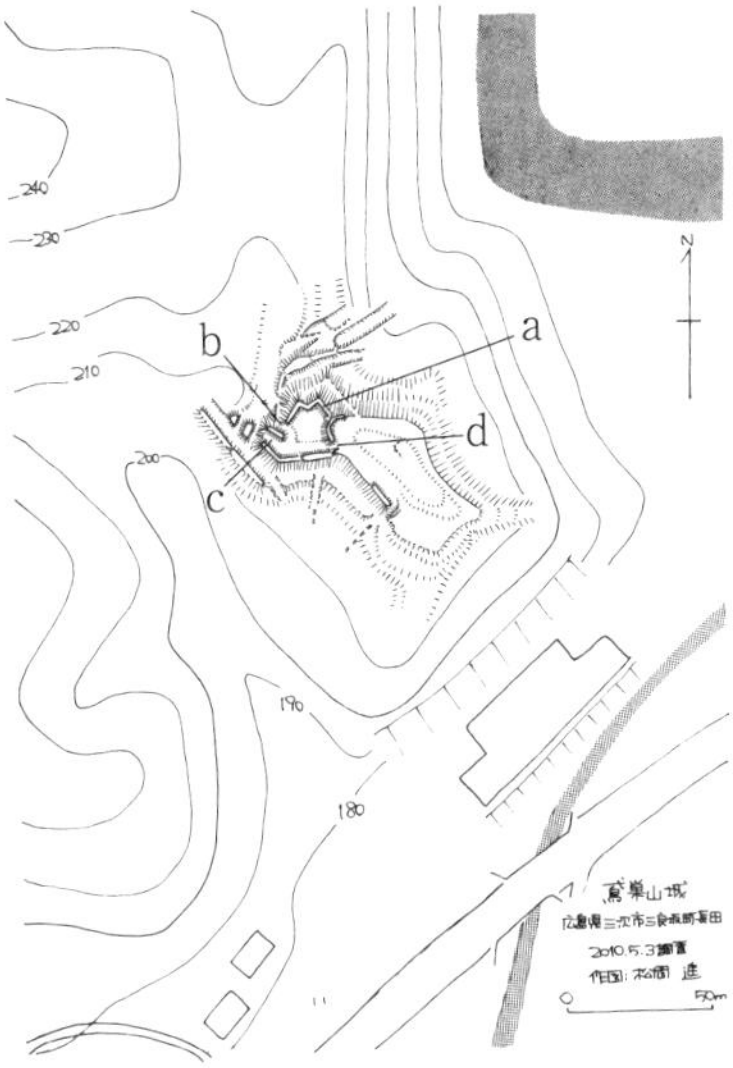

図4－2

図4－2　鳶巣山城（広島県三次市三良坂町長田、2010年5月調査）

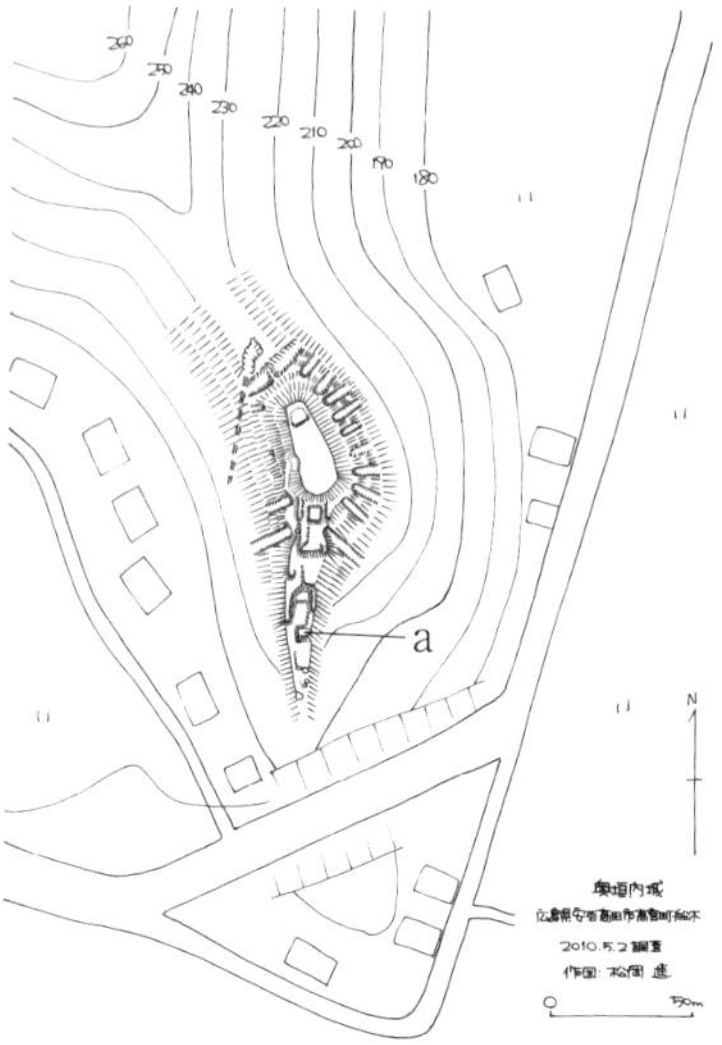

図4－3

直下にもうすい掘り込みが二条あり、曲輪として広く使うよりは、竪堀《たてぼり》で刻む方を優先しているように見える。あとは尾根筋に沿って階段状に削平しているのだが、先端のaだけ、周囲を土塁で囲み、下から登ってくる進入者に向かって開口している。土塁の先端は方形に少し広がり、裾まわりには石が貼ってあるのが見える。狭いけれど、何かを設けた跡だろう。

前の二つと比べると、横矢がかりのための塁線の曲折がなく、はるかにシンプルだが、主郭にも土塁を造っていない中で、一ヵ所だけ最前線に土塁囲みの小郭を造り、主郭を含めた全体の防御のキーポイントにしているのは共通している。鳶巣山城やこの城では内部を動線が通過するが、南山城では違うので、虎口曲輪という表現は一律には当てはまらない。もちろん、枡形でも馬出でもない。こういう施設を城造りのかなめとし、有効に使い

図4－3　奥垣内城（広島県安芸高田市高宮町船木、2010年5月調査）

こなそうとする築城技術のパターンが、三次地域にあるのは明らかである。
うれしくなった私は、中世城郭研究会の例会で、これらを「堡塁《ほるい》」と呼んで報告したところ、近代要塞の用語の「堡塁」とは違いすぎると三島正之《みしままさゆき》氏に猛烈に批判された。私はじつは近代の軍事史の知識がないので、批判には素直に従って、これらを「土塁囲みの小郭」と呼び直すことにしたが、ともあれ、進入者を効果的に迎え撃つ中世独自のしかけは検出できた。しかも、すでにふれたように、こういう土塁囲みの小郭は広島県内にもいくつもあるし、岡山県や兵庫県にも認められる。

他県の事例

岡山県児島半島の基部にある黒山《くろやま》城は、その一つである（図4－4）。ごく低い丘の上に築かれた、ほとんど単郭の城だが、尾根続きになる東側に、堀切をはさんで土塁囲みの小郭aを構えている。開口部はなく、虎口曲輪の機能は持たない。中央を大きく突出させているのは、もちろん火点であり、最小限の装備で最大の効果をあげることを追求した結果である。

突出部の前面には堀切を掘っていない。周囲には、尾根上の広い平坦地に接する側だけに横堀を掘り、進入者がまわりこむのを阻止するために、そこから竪堀を落としている。築城者は、相手の攻撃を正面から完全に遮断するのではなく、広い尾根の上面から少し端に寄せて土塁囲みの小郭aを造り、火点から制圧して相手の動きを封じようとした。aからの射撃を逃れて前進しても、主郭のbあたりから迎撃される。竪堀と竪土塁を伴った遮断線は、長く丘を下って行き、迂回攻撃を許さない。もしaだけに主力を集中していれば、そこを突破されるとあとがないが、これなら兵力を節約しながら連携で高い防御効果をあげられる。

主郭との間は、堀切の端に設けた細い土橋でつなぎ、城外に堀切を開口させず、土橋まで含んでひと続きの防御ラインを形成している。多田《ただ》暢久《のぶひさ》氏は、こういう土橋を「閉塞土塁」と呼んだ（「中世城郭における防御ラインの形成について」『続文化財学論集』文化財学論集刊行会、二〇〇三年）。土橋を渡って主郭に到達すると、すぐ塁線が曲がり、堀切と南側

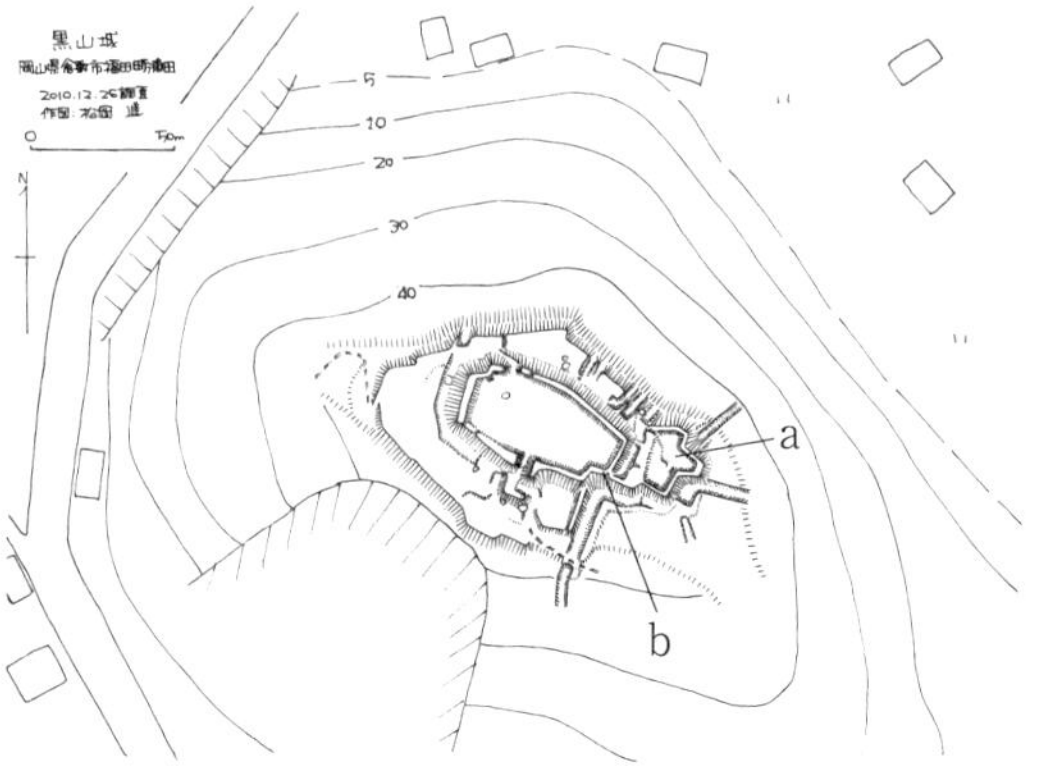

図4－4

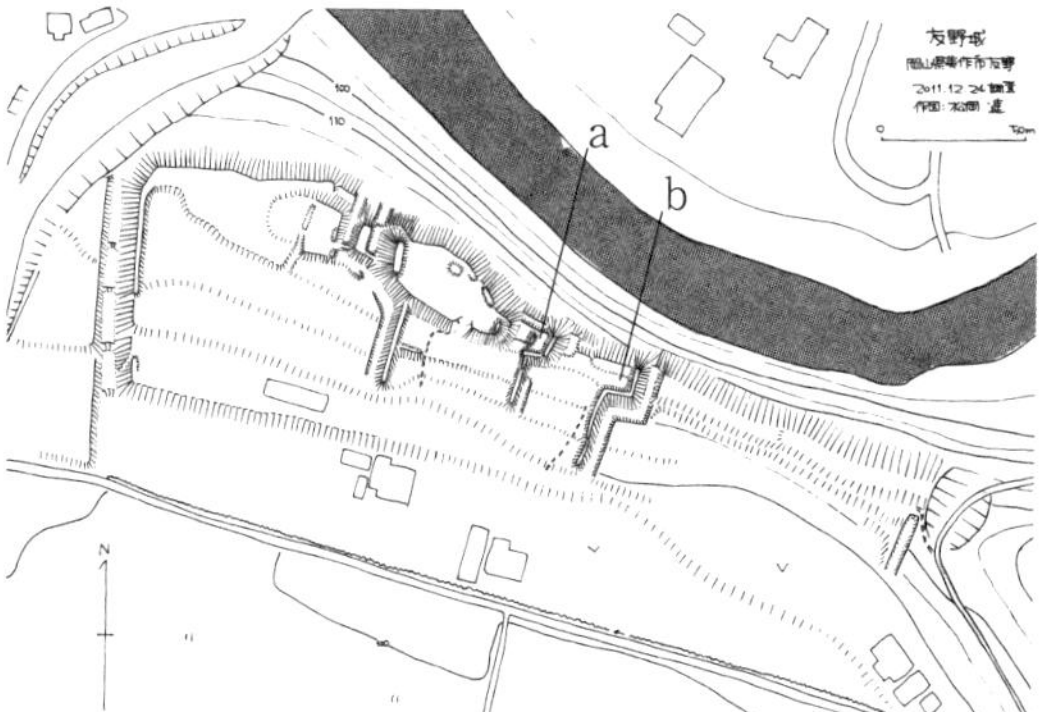

図4－5

図4－4　黒山城（岡山県美作市友野、2011年12月調査）

図4－5　友野城（岡山県倉敷市福田町浦田、2010年12月調査）

の竪堀がずれてつながるのは、先にコラム3で見た福島県の牛越《うしごえ》城などと同じ技巧で、土橋を渡った箇所bから前方全体を死角のないように見渡す工夫である。火点を絞りこんで、効率的な防御を可能にするために、築城者が考え抜いたのがよくわかる。そのプランの不可欠の構成要素になっているのが、土塁囲みの小郭なのである。伝承によれば、城主は三村氏の臣・内田氏、その後は毛利氏の支城。

友野《ともの》城は、同じ岡山県でも内陸の美作《みまさか》市にある（図4－5）。吉野川沿いから上がってくる常福寺《じょうふく》坂という古道をおさえこみ、三星《みつぼし》城など領域の主城が存在する美作市中心部方面への進出をはばもうとした城である。全体はごく小規模だが、常福寺坂のある東側に、まず主郭直下では土塁囲みの小郭aを造り、さらにその東のbにも塁壕を設けて、進入者に対する火点を二重に配置している。土塁には開口部がなく、中を通すことは考慮されていない。二ヵ所とも尾根を断ち切る堀切と、斜面に掘った竪堀がずれていて、パターンに基づいて築城されているが、この形態が黒山城と共通するのも、たやすく看て取れるだろう。反対の主郭西側でも、堀切の間を少し広げて防御の足がかりとしているように見える。伝承上の城主は三星城主の臣・江見氏、その後は宇喜多氏の支城。

山陽地方には、おそらく土塁囲みの小郭の持続的な展開がある。内部に動線を取り込むものもあれば、そうでないものもある。前面の堀の掘り方も、ない場合も含めて多様である。それらは、基本的なアイテムがさまざまに応用された結果と考えることができるだろう。なお、このとき私は失念していたのだが、二〇〇一年の織豊《しょくほう》期城郭研究会で、村田修三氏が、西国での縄張の発達の重要な特徴の一つとして、防御目的に特化した「土塁囲みの曲輪」をあげられていた。氏は、結局このときの報告を活字にしないままにされてしまい、およそ一〇年経って、私は遠回りのあげくにようやく同じ地点に到達したわけである。碩学《せきがく》、恐るべし。

さて、それでは、南山城にあるもう一つの目につく工夫、食い違い虎口はどうか。

2　ハチガ檀城

プランの特徴

前章でもふれたが、西日本では虎口の発達が進まず、東播磨では織豊政権下に入ってはじめて食い違い虎口が出現するといわれていた。ところが、南山城には二ヵ所も食い違い虎口がある。それどころか、そのすぐそばに、土塁を食い違って設けた虎口を九ヵ所も造った、とんでもない城があった。ハチガ檀城である（図4－6）。

主郭Ⅰは、ゆるい傾斜を持った山の広い頂上を、そのまま大きく使っている。周囲には土塁がだいたい取りまいているが、ひとつながりではなく、それぞれ直線的な土塁を造っていって、一見したところ、ずれた継ぎ目を食い違い虎口にしたようにも見える。虎口の数が多く、ほとんどが食い違いである。東側から南側にかけて、狭い空堀が土塁の外に伴っているが、ほかではあまり認められない。

その空堀のない北側に、隣り合って造られたaとbは、虎口曲輪である。特にaは、北西側の食い違い虎口を通るルートと、東側のbから来たルートとの合流点にあたり、周囲は土塁で固めている。つまり、またも土塁囲みの小郭である。

一方、南側にはゆるい傾斜面をそのまま囲んだⅡがあり、前方に二ヵ所の食い違い虎口を設けている。このスケールでも塁線をひとつながりにしないのは、築城技術のアイテムとして、やはり食い違い虎口がすでに確立しているからだ、と考えないわけにいかない。そもそも、塁線を直線的にするのも、縄張研究の常識では新しい。ルーズな現場合わせではなく、きちんと設計してから施工しないと、こういうプランは実現できない。Ⅰの東側の斜面の下にも、帯状に続く曲輪cがあるが、これを限る横堀と竪堀までが、ともに食い違いになっているのは、築城者の強い意識を示している。

ただし、目を西側の尾根続きに移すと、堀切や横堀で区画されたⅢとⅣがあるが、これらには土塁がほとんどなく、食い違い虎口もまったく認められない。Ⅳは横堀が半分しかなくて、西南に下っていく尾根には堀切もなく、自然地形のままにしている。まるで築城の途中で終わったように見える。私はこの部分の堀の規模が大きいのも気になった。遮断するための基本的な要素が、ⅠやⅡでは土塁だったのに、考え方が違っている。同時期でも南山城のように築城者が違うのか、それとも新旧二つの時期の遺構が同居しているのか？

ともあれ、この大規模な城は、ゆるい傾斜面をそのまま囲んでいることといい、広い頂部を分割せずに全部を主郭にしていることといい、特定の領主によって日常的に使われたものとは考えられない。南山城もそうだが、山容がなだらかで、ふつうに城を築く山とは

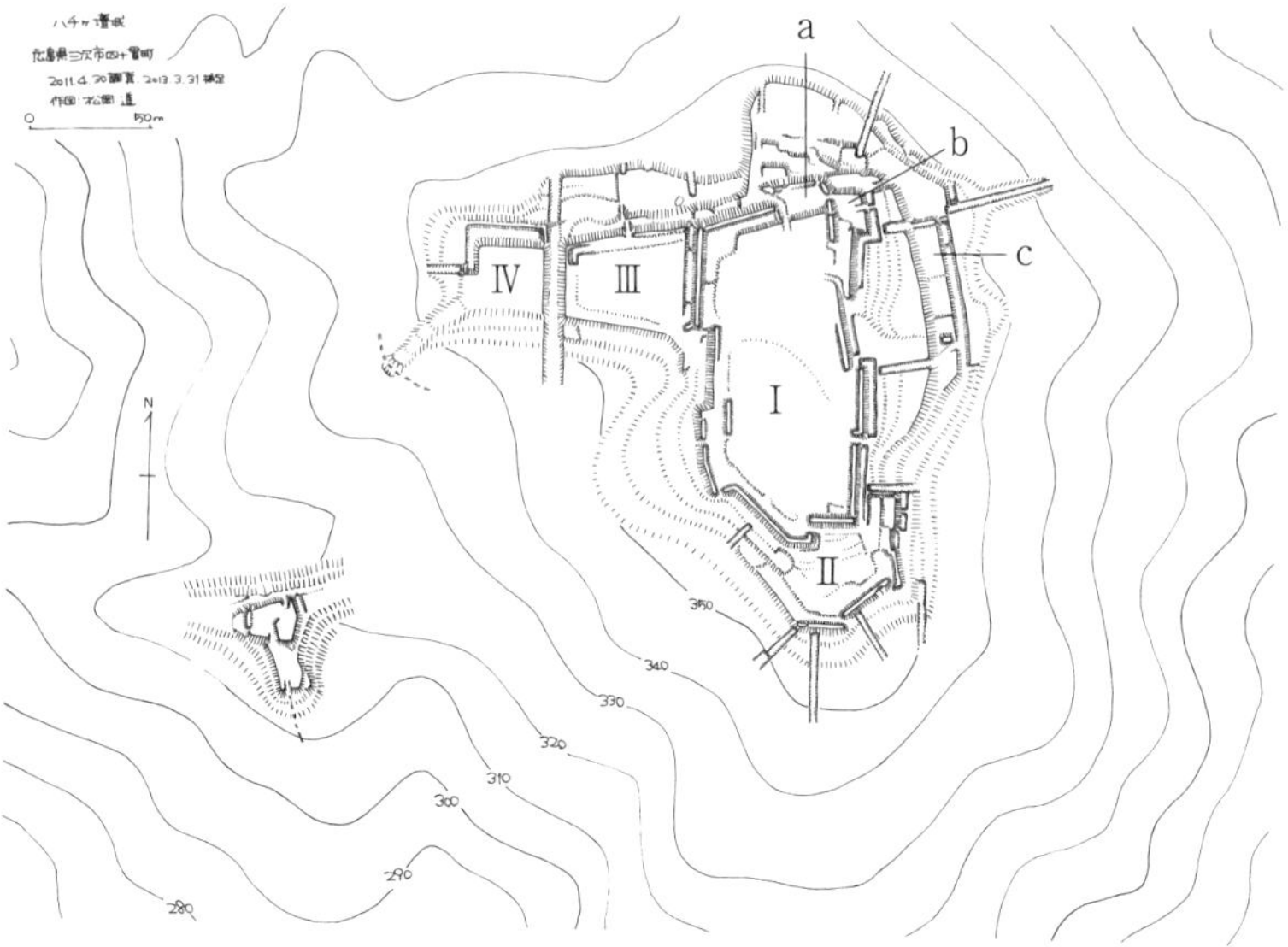

図4－6

違う。戦時に大勢力が駐屯することを目的とした城、そして南山城と比べて、プランの統一性が高く、規模も大きいので、大軍の中枢となる陣営と見るのがふさわしい。そして、それを立証する同時代史料があった（以下、史料は『三次市史』Ⅱ古代・中世文献資料編による）。長谷川博史《はせがわひろし》氏が論文「大永七年備後国和智郷細沢山合戦と陣城遺構」（『芸備地方史研究』二三〇、二〇〇二年）の中で書かれているように、そのことに最初に気づいたのは、地元の城を長く歩き続けてこられた新祖《しんそ》隆《りゅう》太郎《たろう》氏である。

大永七年の陣

島根県の山あいに岩屋寺という寺院がある。そこに快円という僧侶がいた。大永七年（一五二七）、本堂を建てるため、快円と本願の道清は、大名尼子《あまご》氏らの寄付を求める旅に出た。尼子経久《つねひさ》が備後和知に出陣中だったか

図4－6　ハチガ檀城（広島県三次市四十貫町、2011 年4月調査・2013 年3月補足）

らである。「和知ノ八千タン二尼子伊予守殿、御座《ご ざ》候《そうろう》」（『岩屋寺快円日記』）。新祖氏は、長谷川氏が活字にされたこの史料を目にして、「八千タン」とは「ハチガ檀」にほかならない、と考えた。ハチガ檀城は尼子氏の陣だ、しかも大永七年の。

それだけではない。この大永七年八月九日、和知の細沢山というところで、大内・毛利両氏が尼子氏の軍勢を破ったことが、多数の感状によって確かめられる。毛利元就は興奮をそのままに副詞に繰り返し符号を重ね、「なかなかなか言の葉も及ばないことだ」と家臣に書いた（『萩藩閥閲録』一六）。この合戦の場所を、新祖氏は、南山城の北東の麓にある「細蔵《ほそぞう》」に比定された（「三次市和知町における中世山城城郭について」『芸備地方史研究』一一四、一九七七年）。ぴったり同じではないが、和知の周辺に「細」と付く地名がほかにないし、発音してみると確かに似ている。そして、南山城は先に見たとおり、大軍の陣営と考えられる。そのすぐ北、道路一本をはさんで、中国自動車道で発掘された城跡の一つを「陣山城」という。さらにその北の尾根続き一帯が国広山城、そして谷をはさんだその北西隣がハチガ檀城。すべてが臨時的な「陣」の色彩を帯びている（地図4－1）。

まだある。南山城から今度は南へ向かうと、茶臼山城がある（図4－7）。遺構は東西二つのピークに分かれていて、別の城と考えた方がよさそうだが、西側の「瀬戸山」と呼ばれた方の山頂に、これも築城途中の陣営かと思える、わずかな土塁と堀がきれぎれに残っている。その土塁が明らかに食い違いになっているのである。さらに、ここから山一つはさんだ西側にある城も、陣山城と呼ばれる（後述）。

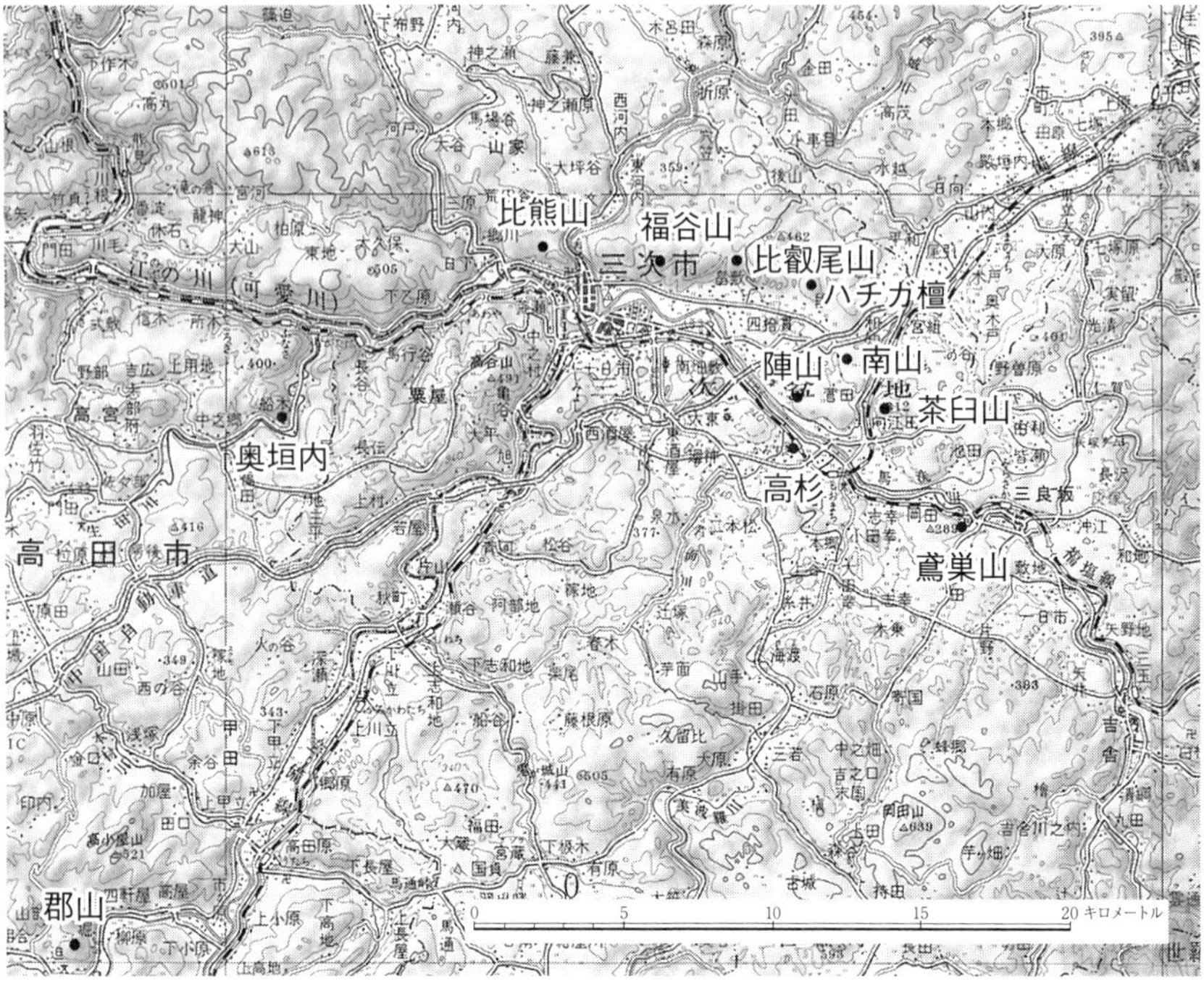

地図4－1

地図4－1　三次地域の中世城郭（国土地理院20万分の1「高梁」「浜田」に加筆）

ふたたび三次へ

これらの城の多くは、公刊された近世地誌には出てこない。私は新祖氏に手紙を書き、地元の伝えなどを教えてもらおうと考えた。東日本大震災のあと、二〇一一年の晩春のことである。城跡を歩くのを不謹慎と感じてしまうことはどうやらなくなっていたし、余震もとりあえず東京ではそれほど心配しないでよさそうだ。萎縮していないで、自分なりの活動をしよう、と思った。大ベテランだと勝手に思い込んでいた氏から、気さくに携帯電話で返事をいただいて、私はまた三次へ向かった。

　新祖氏はもとJRに勤務されていた由で、じつに若々しく、率直な感じの方だった。氏の友人の加藤光臣《かとうみつおみ》氏と三人で、一日、ハチガ檀城を歩いた。遺構の話をしているうちに、ごく何気なく「去年のセミナー（前述した二〇一〇年の全国城郭研究者セミナー）も出たけど、地域の歴史に位置づけようとしないパーツ論じゃ、

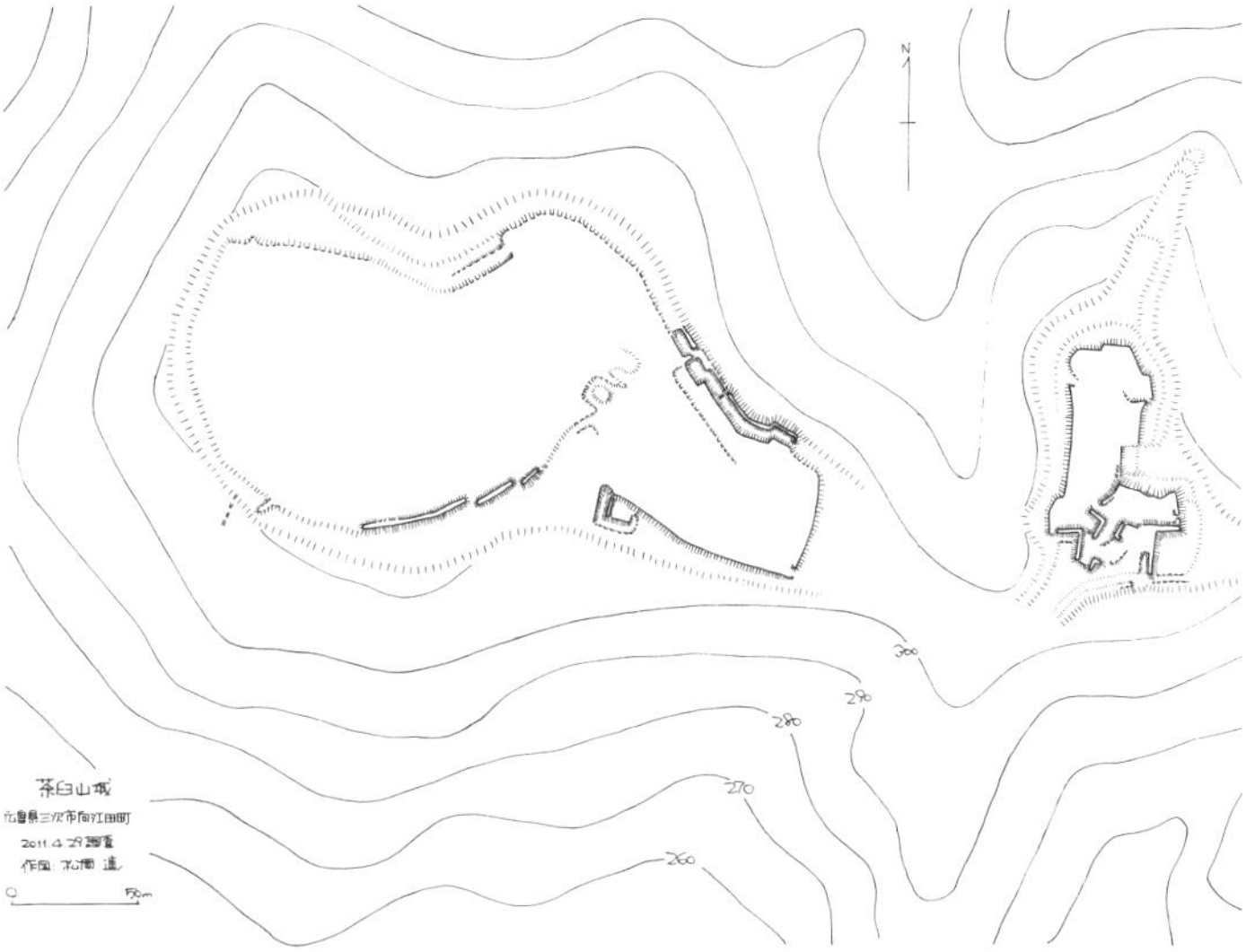

図4－7

図4－7　茶臼山城（広島県三次市向江田町、2011年4月調査）

つまらないなあ」などと鋭いコメントをされる。

宿に帰って、三次の名物という「ワニ」、つまり鮫の刺身をごちそうになりながら、南山城は何か近世の地誌に記載がないのですか、と聞いた。氏は楽しそうに、「あれ、ワシが見つけたんだ」と笑う。茶臼山城も同じ、間違っていた国広山城の位置を正したのも同じ……。

どの山もほとんどが城跡というすさまじい状態は、じつは新祖氏の精力的なフィールドワークがあって、初めて明らかになったことだったのである。氏と加藤氏たちは、古墳の探索を主目的として、山という山を歩きまくっているらしい。以前に福島克彦《ふくしまかつひこ》氏から、京都の亀岡で尾根一本もらさずに山歩きをしている方がいて、自治体史の調査でとてもお世話になった、と聞かされたことがあるが、ここにもそういうすごい人がいるのだ、と驚嘆した。

すべてが同時期か

ただ、私には引っかかる点がある。同じ陣営としての城といいながら、同時にできたものと判断するには違いが大きい。食い違い虎口はハチガ檀城では完全にパターンとして使いこなされていて、ほとんど築城工事が進んでいない茶臼山にあるのも同じ考えからだろう。しかし、ほかの事例は南山城のⅣの部分と、陣営群の東南隅らしい寺町古城くらいだ。畝状空堀群は、南山城には当たりまえのように使われているが、ほかにはやはり寺町古城のみ。そして、先にハチガ檀城のⅣで看て取った、遮断のために広い横堀を掘る考えが、別の城にも見られる。南山城より南、馬洗川《ばせん》に沿った丘陵にある陣山城である（図4―8）。

この城は、県の悉皆調査報告書にはⅠの部分だけが出ている。しかし、最初に南山城を見てからここまで歩いて行った私は、尾根続きの北側から山に入ったため、この部分を見つけられなかった。目に入ったのは、丘の裾を取りまく広い横堀である。悉皆調査報告書と全然違う、と怪しみながら堀を追いかけていくと、北東に伸びる主尾根を断ち切って、そのまま緩斜面までえんえんと続いていく。しかし、堀の内側であるⅡは、その主尾根部分に塚を利用したような虎口ａができあがっているほかは、城内の古墳の周溝《しゅうこう》がそのまま残っているように、曲輪として成形された形跡がない。

さすがにおかしいと思い、次に訪ねたときは、支尾根に見当を付けて分け入ると、確かに堀切があった。しかし、幅が狭く、高低差もあまりない。Ⅰに近づくにつれて、三重あるいは四重の堀切は深さを増し、曲輪の縁《ふち》には土塁が切れ目なく盛られ、尾根続きを見通せる位置には櫓台《やぐらだい》も造られていた。つまり、このⅠは堀切の外をまったくの城外と見なしていることになる。

もう一つ面白いのは、Ⅰの南東側に掘りこまれた虎口があり、その外側に土塁で半分囲んだｂが造られていることだ。動線はこの中を経由しないで、端をかすめて通る。ふつう、こういう施設は武者隠《むしゃがく》し、あるいは武者溜《むしゃだま》りと呼ばれるが、虎口の前面に設置して、中へ進ませないために火点として活用するという意味では、これまでさんざん見てきた土塁囲みの小郭と通じる面がある。こういう細かく造り込まれたⅠの部分と、自然地形を広い横堀でただ区画したⅡの部分とは、同時に築かれたとは考えられない。常識的にはⅠが古く、

図4－8

大規模なⅡは新しい。

三次地域の中世史料で見ると、大永七年の大内・毛利対尼子の対陣のほかに、この付近に大規模な軍隊が駐屯した可能性のある機会が、もう一度だけある。天文二二年、江田氏の拠る旗返山《はたがえしやま》城・高杉《たかすぎ》城を攻めるため、毛《もう》利元就《りもとなり》・隆元《たかもと》父子が出陣した際である。激戦地となった高杉城は、陣山城からは川の対岸に見下ろせる。とはいえ、このときに北方のハチガ檀城あたりまで陣所に使うことがありうるだろうか。それに、この時期を採ったとしても天文末年であり、これまでの縄張研究ではほとんど想定しなかった早い時期に、技巧的な築城技術が多彩に使いこなされていた、と想定しなくてはならないのは確かである。三次地域のほかの城、特に普請が応急的でない城はどうなのだろう。

図4－8　陣山城（広島県三次市向江田町、2010年3月・2011年4月調査）

3 空間—三次地域

三吉氏の本拠

三次の町は、馬洗川・西城川・可愛《えの》川が合流して江の川になる地点にできている。町の北側に沿って、文字どおりそそり立つように山並みが続く。西寄り、市中心部の背後の目立つ山にあるのが比熊山《ひぐまやま》城、比高一六〇メートル。東寄りの市街地のはずれにそびえるのが比叡尾山《ひえびやま》城、比高二三〇メートル。両者の中間あたりに福谷山《ふくたにやま》城、比高一七〇メートル。ハチガ檀城の比高が一三〇メートルだから、どれもそれ以上に高く、規模も大きい。これらはどれも国衆《くにしゅう》・三吉《みよし》氏との関係が伝えられている。この地域は三吉氏の本拠なのである。

比熊山城は、浅い谷をまたいで南北二つのピークを城域にしている（図4-9）。南側の主郭Ⅰの南西隅には、天守台といいたいような大きな櫓台aがある。虎口は土塁で防御したbとcで、とくにbはここまで見てきた土塁囲みの小郭の一例である。主郭部分はb・cを両端として完結していて、東側に続くⅡは、前面に空堀と土塁を設けて独立的な形態を取る。谷をはさんで北側に造られたⅢも独立性が高い。西側尾根続きに備えたdは、やはり土塁囲みの小郭で、南側を畝状空堀群で固め（口絵6）、北側に虎口を開く。この城での土塁囲みの小郭は、もっぱら虎口曲輪として使いこなされている。ただ、城域全体では土塁や壁が低く、簡素な普請で一挙に造られた印象を受ける。三吉氏はここを天正一九年（一五九一）に本拠としたといわれているが、関連史料はなく、何か契機になりそうなできごとも知られていない。それまでの本城とされるのが比叡尾山城である。

この城をぜひ見なさい、と強く勧めてくれたのは、例によって新祖氏である。地元の方々が草刈りや案内板の設置でずっと努力されてきたので、かつてを知る者には信じられないほど見やすくなっている、という。陣城を追いかける方にばかり目が行っていた私には、ありがたいアドバイスだった。氏はこのときはほかの用事があって途中で山を下りられたが、こまめに携帯電話にかけてきて、励ましてくださった。初日の夕方、もう一日はまるまる必要なので明日も登ります、と伝えると、氏は安心したような声になって、「そうでしょう。あの城を一日で描きあげたら、……ズルいよ」と笑った。無邪気に本音がのぞいて、私も思わず大笑いしていた。

遺構の残りはすばらしい（図4―10）。長大な竪堀をはじめ、規模や切岸の高さなど、スケールも圧倒的だ。ただ、畝状空堀群が主郭Ⅰの北西と、やはり独立的なⅡの東側にあるだけで、食い違い虎口や土塁囲みの小郭はない。また、新祖氏があらかじめ教えてくれたのだが、主郭の虎口ａのまわりには石が貼ってあるのが見え、かっちりと方形に整えられて、近世城郭のように見える。豊臣期にこの部分が改修されているのは確定的といってよい。それは三吉氏の本拠の城として、威儀を整えたものと見なすのがふさわしい。だとすると、比熊山への本拠移転といわれていることがらの実像は何だったのか、と考えざるをえない。じつは、近世の三吉氏の系譜類でも比熊山ではなく、比叡尾山城主と書かれているのである。

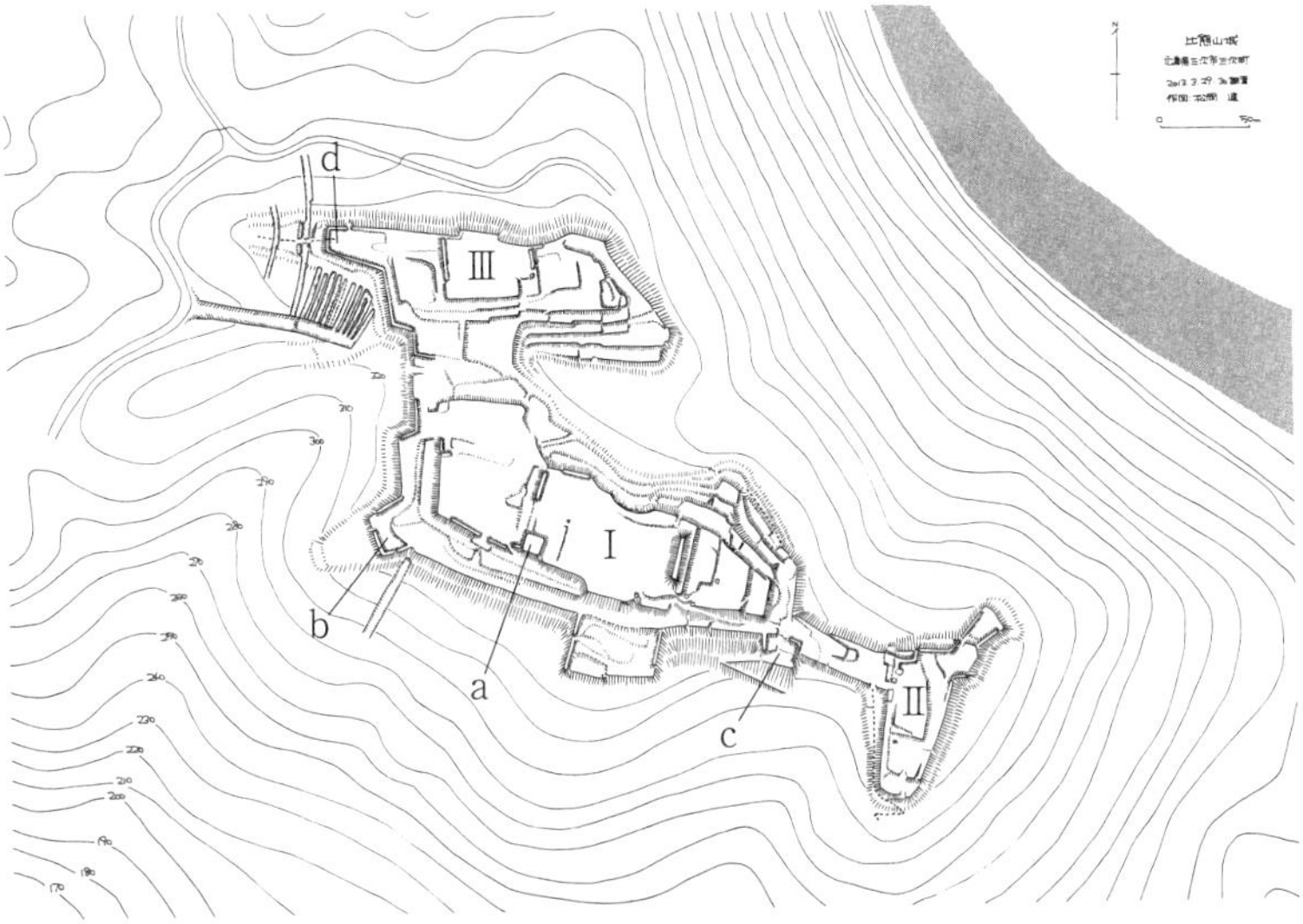

図4－9

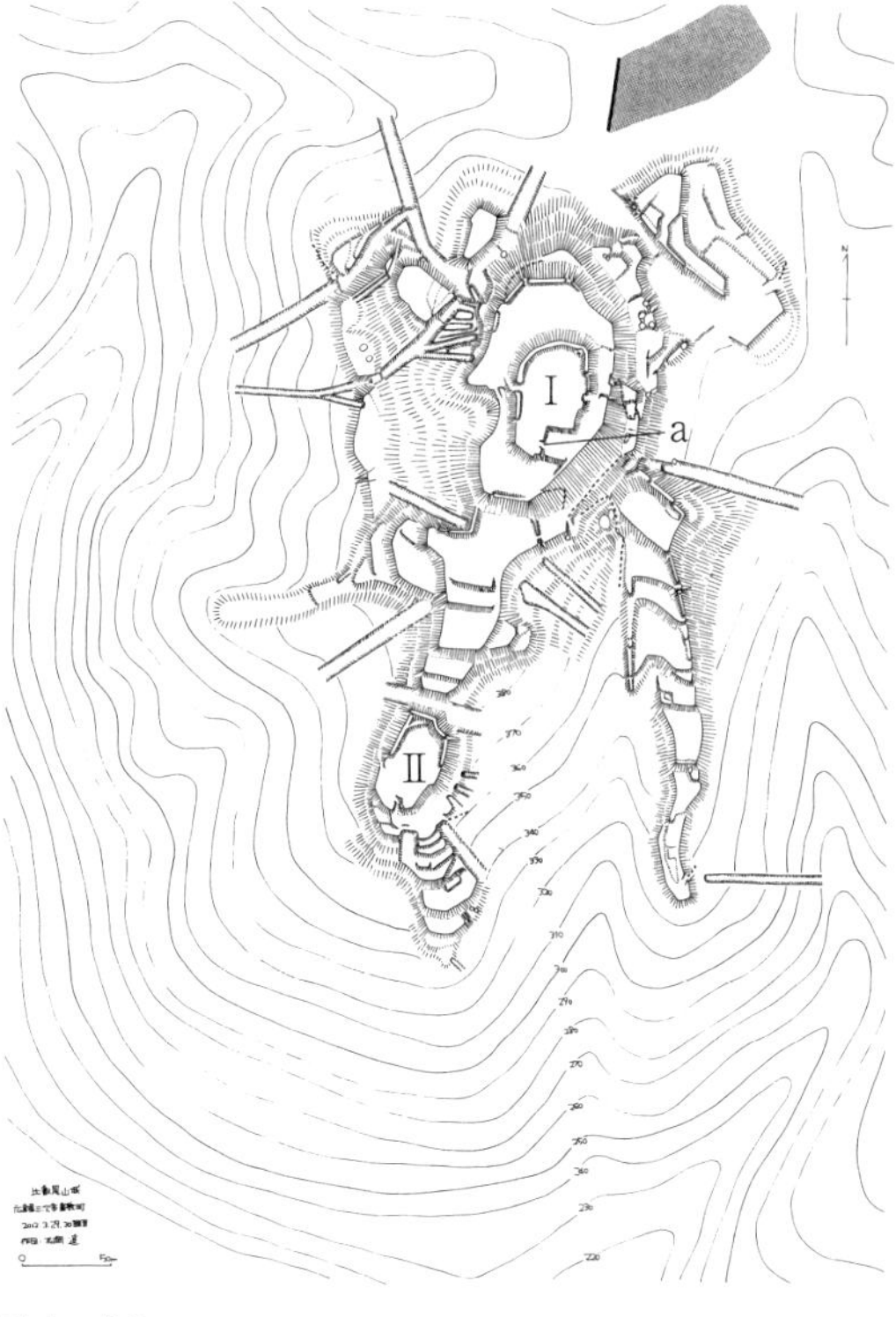

図4－10

図4－9　比熊山城（広島県三次市三次町、2013年3月調査）

図4－10　比叡尾山城（広島県三次市畠敷町、2012年3月調査）

次に福谷山城（図4－11）。三吉氏の臣・泉氏の城という。山頂部と中腹部に分かれていて、前者では虎口aの外の動線が鋭く曲がり、その間に、先の陣山城にあったのと同じような武者隠しがはさまっているのが目を引く。主郭後ろの鞍部《あんぶ》も複雑に加工されていて、主郭直下の堀切bは武者隠しのように見える。

一方、中腹部は自然地形を最大限利用していて、壁面を削っていない部分も多い。つまり、応急的な普請である。山頂部との間をつないで進入者の動きを限定する竪堀c、鋭く塁線を曲折させた火点d・eが特徴的である。ここまでの登城ルートは、西側の谷を上がるものだったのだろう。山上側に対する火点dは、この部分に独立性を与えている。

そして、炯眼の読者は、山頂部の鞍部周辺に畝状空堀群が見られること、また、中腹部の火点eあたりの土塁と虎口の形態がハチガ檀城とよく似ていることに、すでにお気づきだろう。ハチガ檀城では、食い違い虎口の前後の土塁の間をカギ形に曲げた土塁でつなぎ、開口部を狭めている箇所が、主郭Ⅰに三ヵ所、副郭Ⅱに一ヵ所あった。そういえば、虎口を入った地点が掘り窪めたようになって、動線が限定されていたのも同じである。これは、内側から土を寄せて土塁を造る応急的な工法の副産物かもしれないが、結果的にでも、持ちえた効果に注意する価値はある。

ここでもう一度、最初に見た南山城に戻ってみよう。その曲輪Ⅳにあるdの食い違い虎口の形態は、内側の窪みまで含めて、ハチガ檀城・福谷山城のそれと酷似している。さらに、比熊山城の虎口bもこれらに近い。南山城もまた、この地域での多様な城造りの技術を基盤としているのは明らかである。

比高と規模のグラフから

ここで、前章で利用した比高と規模をそれぞれx軸とy軸にとったグラフを作ってみよう。一見して明らかなように、この地域では規模の数値四万を越える大規模な城と、一万に満たない小規模な城とが、それぞれブロックを形成している。両者の中間に相当する事例は、現状ではまったくない。

大規模城郭のブロックは、比高はいずれも九〇メートル程度以上あるが、規模では三位

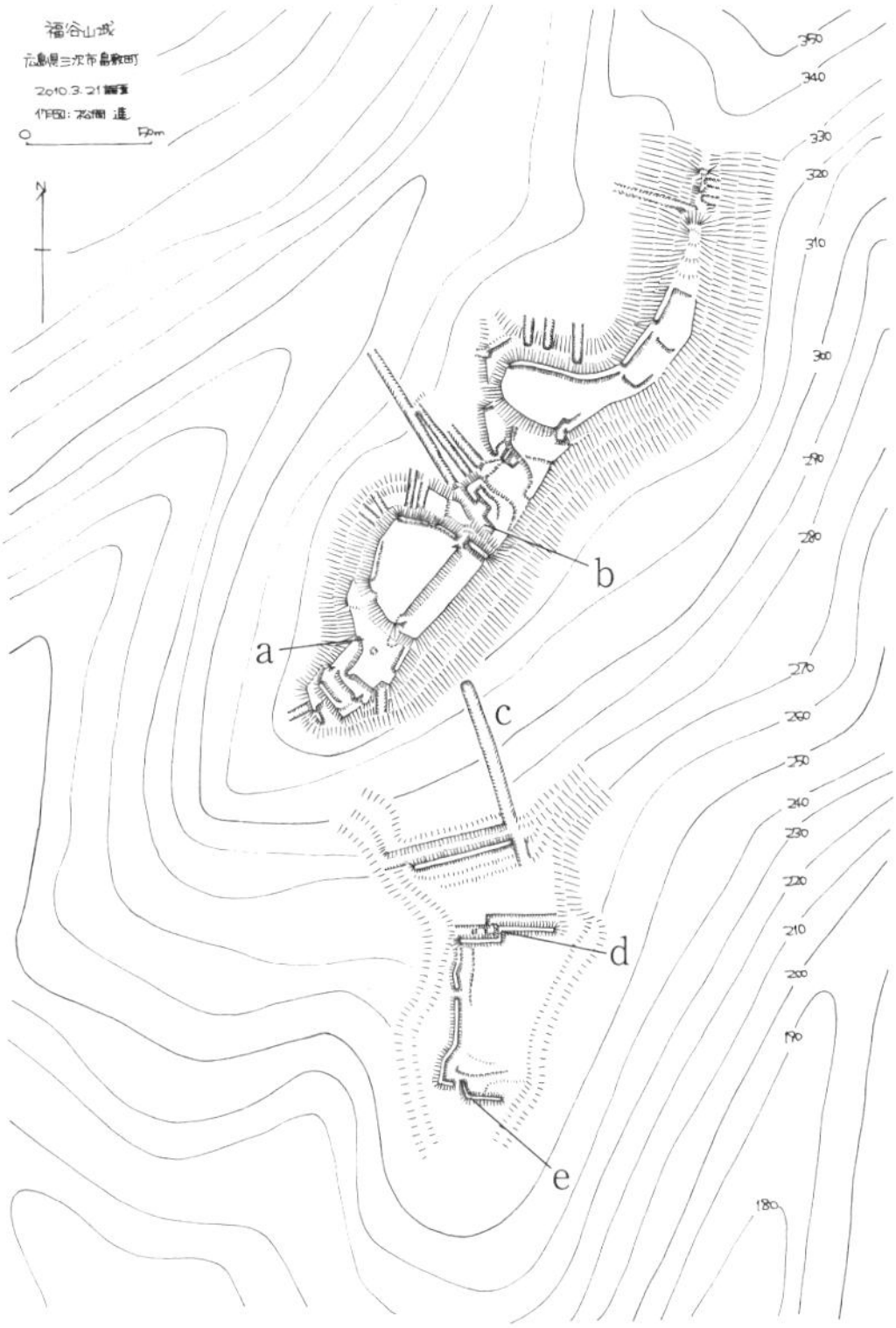

図4－11

図4－11　福谷山城（広島県三次市畠敷町、2010年3月調査）

の南山城は五〇メートルほどにとどまる。この城が、四つのそれぞれあまり大きくない部分の集合体であることと照応するようである。一方、最大規模の比熊山城以下、規模で二位の比叡尾山城・四位の福谷山城が、比高の面でも一体のグループをなす。先に考えたように、比高がその城の戦略的意義と結び付くとすれば、外部の大勢力によって陣営が多数築かれる状況であっても、この地域の戦略的中枢は国衆・三吉氏が掌握していた、と判断してよさそうである。とはいえ、三つの城のどれも、多少とも独立性を持った部分を城内に抱えこんでいるから、そこに異質な軍団が配置されている可能性はある。一方、比高が抜きんでた小規模な城が存在しないことは、総社地域と似ている（もっとも私が調査して

表4-1　三次地域の城郭

	城郭名	比高（m）	東西長（m）	南北長（m）	規模（㎡）
1	比熊山城	160	400	300	120000
2	比叡尾山城	230	260	450	117000
3	南山城	50	280	360	100800
4	福谷山城	170	160	360	57600
5	茶臼山城	140	400	140	56000
6	陣山城	90	290	160	46400
7	ハチガ檀城	130	210	210	44100
8	国光城	90	80	120	9600
9	鳶巣山城	40	90	80	7200
10	重広城	50	80	70	5600
11	寺町古城	40	80	70	5600
12	的場山城	70	60	80	4800
13	高杉城	5	60	70	4200
14	井上土居屋敷	5	50	70	3500
15	奥垣内城	80	30	110	3300
16	新宮山城	10	40	80	3200
17	日原城	70	30	90	2700

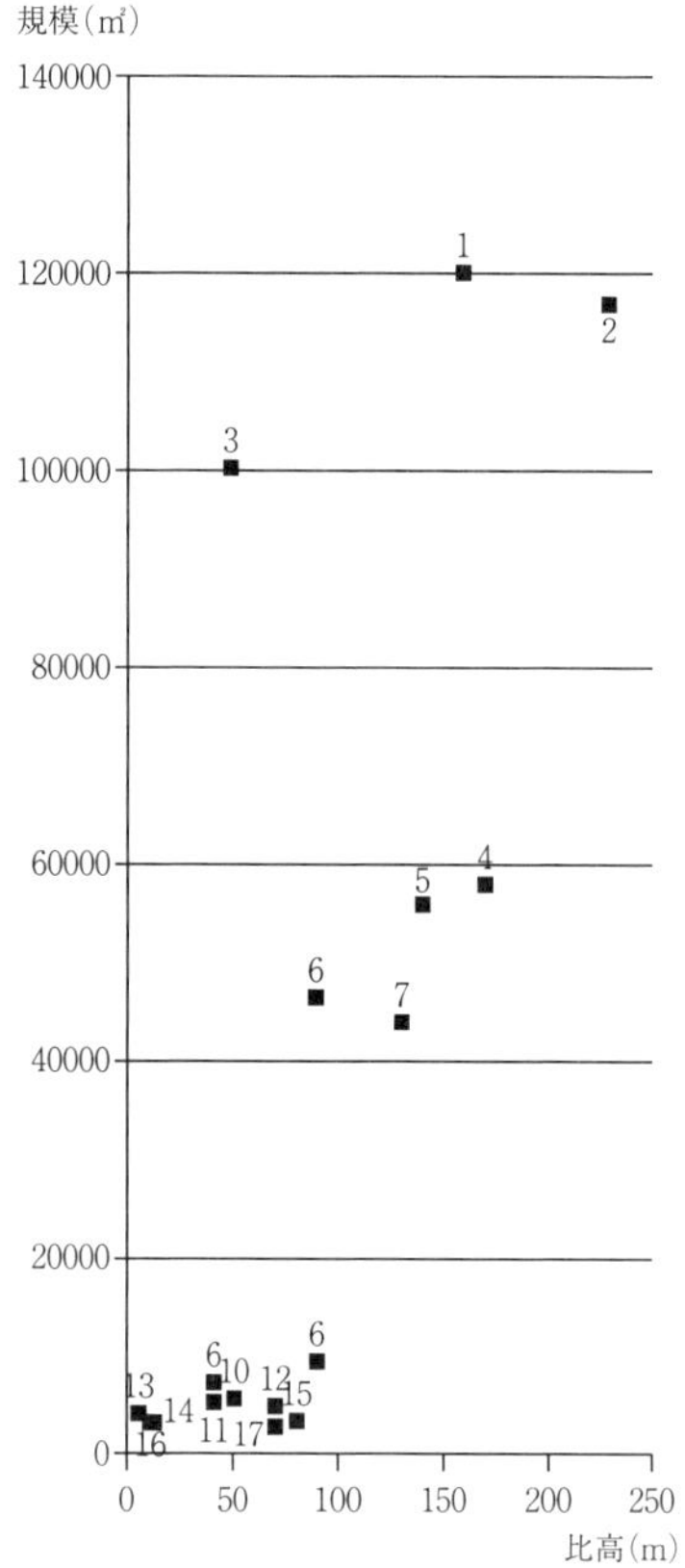

グラフ4-1　三次地域の城郭分布状況

いないだけかもしれない。新祖氏は目下「村の城」を追いかけておられる)。小規模な城は、先に見た鳶巣山城・奥垣内城をはじめ、国光《くにみつ》城・重広《しげひろ》城など軍事的色彩の強いものが多い。

本拠と陣営群

『三次市史』によると、比叡尾山城から比熊山城にかけての山裾、馬洗川沿いの平地に、今市・五日市・十日市・七日市・四日市と「市」の付く地名が分布している。これらは三次という現在の町の成り立ちにつながるもので、河川交通との関係など、成立事情は多面的に考察されていかねばならないが、全体として三吉氏の本拠というイメージにはふさわしい。ところが、そこに、単一ではなく、複数の大規模な山城が林立し、その中には外部勢力の陣営となった城と共通する、かなり特異な技巧も認められる。しかも、陣営群はすぐこれらに隣接している。福谷山城の中腹部は、陣営と同水準の粗放な普請である。これらをどう考えるべきか。外部勢力から国衆に対して、技術伝播を含む軍事的統合がなされていたのだろうか。それとも地域の技術を外部勢力が取り込んだのか。

ただ、それ以前にまず、この事例で認識しておくべきなのは、戦略的要衝であれば、戦時に入ってきた外部勢力が、補給に便利な市町にアクセスできる位置に独自に陣営を構えることもあるし、それでも国衆の主導権は必ずしも否定されていない、という事実であろう。大規模城郭群を小規模城郭が補完する国衆の本拠に、陣営が接して築かれ、ほとんどの山も城になっている異様な景観。陣営となった城の使用が一回限りではないことは陣山城で見たとおりであり、外部勢力が帰陣したのちも何らかの形で保全されていた可能性を考えねばならない。軍事技術が交流され、市町は国衆ばかりでなく大勢力の兵站《へいたん》を支える役割を果たした。そう考えると、城も市町も、この本拠が示す姿は外部勢力の進出を契機の一つとして成り立ったといえる。

私は、国衆や大名の本拠を、一元的な中枢となる傑出した大規模城郭があるべきだとか、領主権の貫徹した自己完結的な領域とかいう先入観で見るのは、やめるべきだと思う。本拠とは、軍事的に徹して考えれば、戦略の中心であり、そこに国衆の大規模城郭と大名の陣営が林立しても、その限りでは何の不思議もない。コラム3で見た相馬氏の本拠の場合でいえば、小高城《おだか》は、城郭群の一部をなすものとしてとらえることで、はじめて本拠としての姿を示すし、牛越城は、城下町と一体化した大規模城郭ではない。多元的な城郭の群像の中で、個々の本拠の実像を探らなくてはならない。

そこでまた、城と町・市が一対一で対応する、という通念も疑ってみるべきだろう。そうすることで、多元性を特徴とするとされる「戦国期城下町」の実像にも、かえって近づきやすくなるのではないだろうか。第二章の冒頭でふれたように、縄張研究にはかつて境目に注目した時期があって、本拠はそれとの対比でイメージされてきたきらいがあるが、その実像に正面から迫る必要があるだろう。

コラム4 中世武士の「館」

第二章でふれたように、橋口定志《はしぐちさだし》氏は、鎌倉武士の「館《やかた》」とされてきたものに、考古学的調査の成果をふまえて、きびしい批判の目を向け、土塁・堀は一四世紀以後の所産と指摘された（前掲「中世居館の再検討」ほか）。それなら、土塁も堀もない武士の住宅を「館」と呼ぶ根拠は何だろう？

「館」「居館」は、戦闘に使われる「城」と違い、平時の武士の居所で、防備もごく軽易なものだった、というあたりが通念と思われるが、戦国期にはそうした施設は、「屋敷」と呼ばれていた。鎌倉期の武士の譲状を見ても、表記はほぼ「屋敷」である。「館」「居館」が、都市邸宅や農村の有力者の屋敷とは違うものなら、それに見合った別の特徴をはっきりさせなくてはならない。しかし、中世成立期の溝や削り落した崖、植え込みなどで区画された武士住宅から、戦国期の大名や有力国人クラスの居所まで、武士以外の「屋敷」とは明確に区別できる一貫した特徴を見出すというのは無理であろう。そして、そうとすると、武士の居所というつながりから、城と一つにして「城館」と呼ぶ研究上の用語にも根拠がなくなる。

鎌倉期から戦国期まで、「館」という字は「タチ」と読んでいたようだ。それは身分のある人の居所で、実態としては城も屋敷も含む。中世の文献史料では、「居館」の字を「イタチ」と読んでいた（三浦和田中条氏文書の明応九年一〇月廿日付け斎藤珠泉・平子朝政連署状に「居たち」という表記がある。『新潟県史』資料編4）。一方、「ヤカタ」は本来、仮設の建物を指し、都市に集まる家臣の住居などを意味する。夏の風物詩の一つ「屋形舟」も、この「仮設の建物」という語義から出た語である。鎌倉幕府の『吾妻鏡』から、室町期の有力守護・大内氏の『鹿苑院殿下向記《ろくおんいんでんげこうき》』まで、このような用語の使い分けは広く確認できる。中世後期の守護の異称である「屋形」も、京都で将軍に奉公する際の役宅の呼称から来たのではないか。近世地誌でも、最古の部類に入る『筑前国続風土記』や、官選地誌として有名な『新編武蔵国風土記稿』『新編相模国風土記稿』では、「館」の用例は限定されていて、一般の中世武士の居所は「宅」「屋敷」あるいは「居」と呼ばれている。

つまり、在地の武士の屋敷を「やかた」と呼ぶのは、中世には一般的ではない。漢語らしく見える「居館」にしても、漢字の「館」は、元来は常住する人のいない建物を指しており、だからこそ「旅館」のような熟語が成り立つのである。「居館」は、漢語としてはありえない和製語にほかならない。古代の国司の「館《たち》」、つまり在任期間中だけの貴人の居所がもとになって生まれたことばであろう。

それなら、「館」と見られている遺構の実態はどうか。埼玉県熊谷市の別府城は、戦前の『埼玉県史』（一九三三年）以来、鎌倉期の武士の館の姿をよく伝えるものと評価され、埼玉県教育委員会『埼玉の中世城館跡』（一九八八年）の一覧表でも「館」に区分されている。しかし、今日残る遺構（図4－12）は、「館」の通念に合うような、簡素な防御形態ではない。主郭の直進を阻む虎口《こぐち》aや、コーナー部分の土塁を広げて櫓台《やぐらだい》に仕立てている点に、それは明らかだろう。主郭の外側にも部分的に土塁が残り、西側の道のクランクbとかみあっていて、防御を配慮した外郭の存在が容易に推察できる。東の香林寺は「別府氏城」などと呼ばれて区別されるが、両者をつないだ溝が現存していて、明らかに一体をなす。一五世紀後半の関東地方の基本史料である『松陰私語《しょういんしご》』のうち、失われている巻三で唯一残っている目次に、別府の地に陣が存在したことが記されている。現存の遺構は、この陣であった可能性が考えられる。もちろん、さらにその後に改修が加えられていることもありうるだろう。

陣として使用されたらしい平地の「館」の例は、ほかにも少なくない。最も著名なのは、鎌倉期の河越氏館とされてきた山内上杉氏の上戸《うわど》の陣（埼玉県川越市）である。第二章でふれた、伊達《だて》政宗《まさむね》の陣と伝えられる郷主内《ごうしゅうち》城・矢ノ目城も同じ。平地に土塁・堀を設けた施設は、それだけで高さの効果を発揮し、小さくない防御力を備えている。そうした施設であれば、一時的に布陣が行われたのち、何らかの形で保全されていたことも想像がつく。事実、関東地方では一五世紀から一六世紀にまたがって、同じ地名が大名クラスの陣として何度か登場する。そして、平地の城が陣の機能を果たしうると気づくと、次には、これまでの「陣《じん》城《じろ》」のイメージがいかに片寄っていたかにも思いいたる。

陣以外にも、平地の城の軍事的意義を示す例は少なくない。木部氏館とされてきた埼玉県美里町の土塁を残す遺構（図4－13）は、元亀元年（一五七〇）に年貢負担地だった「屋敷」を取り立てて、武田信玄に対する「寄居《よりい》」（砦）に転用したことが、同時代史料（五月五日付け北条氏邦朱印状、『戦国遺文』後北条氏編一四一七号）によってわかる。福島県福島市の鎌田館（図4－14）も、慶長五年（一六〇〇）の政宗の進攻の際、防御した上杉方が「古城」として利用したことを伝える同時代史料がある（伊達政宗最上陣覚書、伊達家文書、『山形県史』古代中世史料1）。

平地にある施設も、それぞれの局面で軍事的意義を担うことができる。これまで、その自明といってよいほどの事実を、山城を引き合いに出して、あまりに無造作に否定してきたのではないだろうか。その見方のほうが、近代の軍事のイメージによってゆがめられていたのではなかったか。「この程度の土塁や堀では守りきれない」という、一見常識的に感じられる判断の是非を、あらためて検討するべきだろう。「屋敷」の広がりの中に平地の「城」を置き直すことによって、これまで研究者に恣意的に「館」と呼ばれて一括りにされてきたそれぞれの意義が、初めて明確に見えてくる。さらにそれは、現実の城の遺構を、在地領主制の発展というストーリーに基づいて解釈する長年の慣習から、私たちを自由にするきっかけともなるはずである。

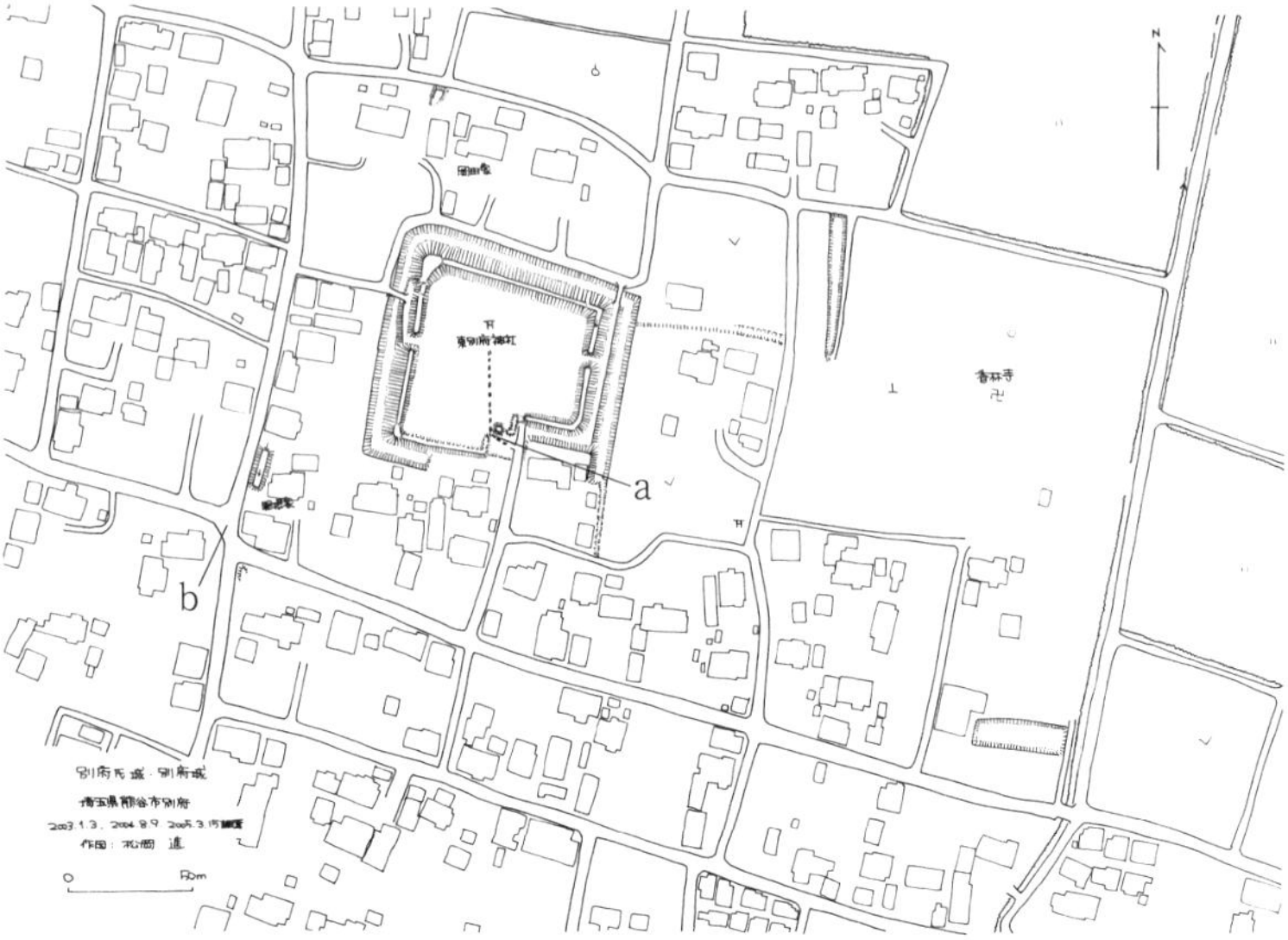

図4－12

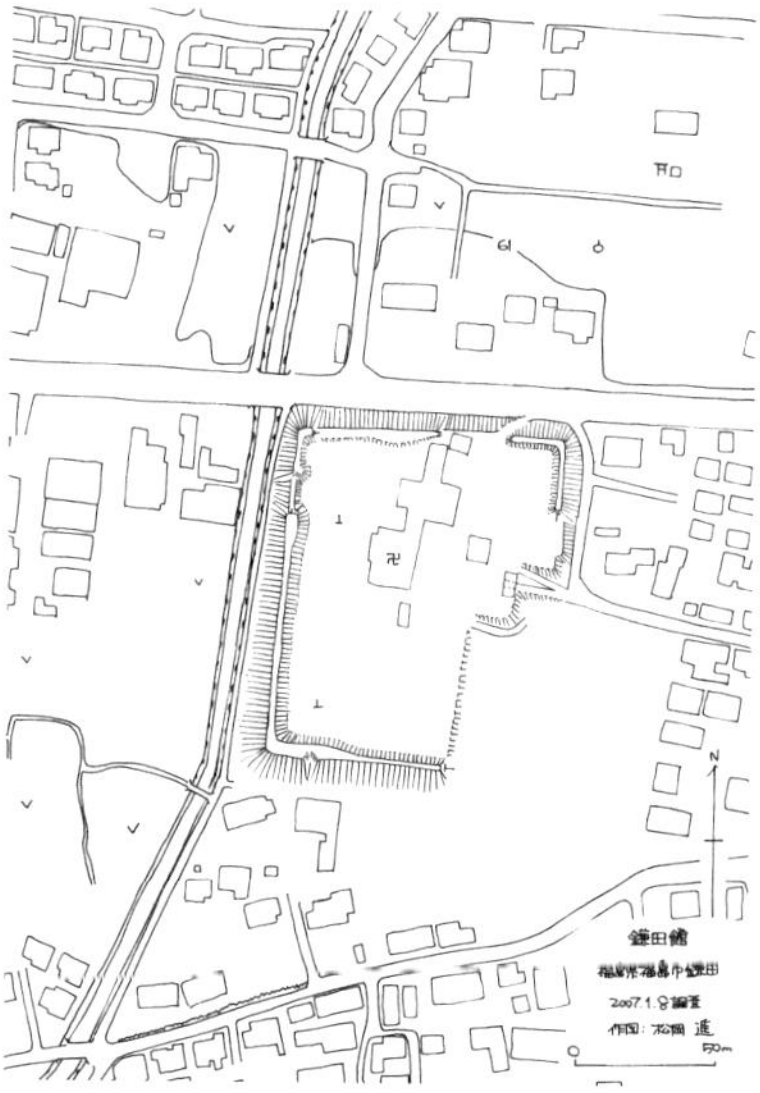

図4－14

図4－13

図4－12　別府城（埼玉県熊谷市別府、2003年1月・2004年8月・2005年3月調査）

図4－13　木部氏館（埼玉県児玉郡美里町木部、2004年4月・5月調査）

図4－14　鎌田館（福島県福島市鎌田、2007年1月調査）

V 埼玉県比企地域へ

埼玉県嵐山《らんざん》町の杉山城は、歴史的に無名でありながら、早くも一九四六年（昭和二一）に県史跡となっている。築城年代を最初に検討した伊禮正雄《いれいまさお》氏は、「一つの謎・杉山城址考」と題したその論考（『埼玉史談』一六―三、一九六九年）に「故寺島裕氏の御魂に献ぐ」と副題を付け、関東史蹟会会長として遺構の真価を見ぬき、史跡指定に力を尽くした同氏を讃えている。そして、それ以後、杉山城は縄張《なわばり》研究上で最も有名な城の一つとなってきた。よく残っているだけではない、見る者を感嘆させるようなテクニカルなプランだからである。

この論考で伊禮氏は、周辺の歴史から見て「十五世紀中頃には成立していた、と推測される可能性はあろう」（原文の歴史的仮名づかいを改め、必要に応じて読み仮名を付す。以下同じ）としつつ、縄張から見て「十六世紀後半を指示していないものはない」と判定され、水の手のしくみや、鉄砲以上に弓矢の使用に対応したスケールから、「天文末から永禄初めのほぼ十年位の間に創築された」という推定を導き出された。この時期は、天文二一年（一五五二）に関東管領・山内上杉憲政《やまのうちうえすぎのりまさ》が越後に没落し、同二三年には古河《こが》城に拠った前公方《くぼう》・足利晴氏《はるうじ》を北条氏が屈服させる、つまり北条氏による関東制覇の仕上げというべき意義を持つ。杉山城は、当時の北条氏の境目を固める城であっただろう、というのが氏の結論である。

とはいえ、立論はここへ向かってまっすぐに進むわけではない。たとえば、城内で同じパターンが繰り返されていることに注意して、氏はマンネリズムの表われを認め、「この城は中世城郭最高の傑作であろうが、それは既に中世築城術の最盛期を過ぎてしまっていたのである」と書かれた。それなら、一般的な意味での最盛期は天文期以前に求められるのだろうか？　次のような印象的な一節も、末尾近くにある。

又、戦国期に真に実戦用に築くか改造された城は（鉢形《はちがた》にしろ松山にしろ南方の小机《こづくえ》にしろ）、その土塁や空堀に（必ずしも規模の大小の問題ではなく）、一種の厳しさが感じられる。ところが、杉山城には、そのきわめて高度の発達にも不拘《かかわらず》、そういう感じは余りないのである。極言すれば、江戸時代に無用なまでに発達した軍学の研究者たちが、謂《い》わば演習用に、この山を利用して城取りの方法を実地に用いてみた、その遺構ではないか、とさえ感じられる。

むろん極論ではある。しかし、中世城郭のふつうの姿とは何かが違っている、それを形にしようとした思考の模索が伝わってくる。

私は中世城郭研究会で何度か伊禮氏にお会いしたことがあるが、じつに飄々《ひょうひょう》とした方だった。学問はまったくの独学、文章は歴史的仮名づかい、処女論文は哲学。対話形式の論文があるのは、プラトンがヒントになっているのだろうか。アナトール＝フランスとメリメがお気に入り、というのも、いかにもこの方らしい。しかし、ただのディレッタントではないのは、保存活動に熱心に取り組まれたことでわかる。私が初めて氏の名前を知ったのは、『読売新聞』に載った比企地域の城跡の保存を訴える署名記事だった。一九六〇年代から七〇年代、都市の近郊開発で、あるいは土取りや高速道路建設で、中世城郭はどんどん消えていった。公共施設や学校も、しばしば城跡に建てられた。悲惨な状況のただなかで、氏が発言し、行動したことは、後進として決して忘れられない。

さて、縄張研究の世界では、杉山城については、この伊禮氏の推定が関東の研究者によっておおむね継承されてきた。私も、永禄四年（一五六一）に始まる上杉謙信と北条・武田両氏による松山城攻防戦の時期まで含めて考えたが、大きく年代を改める必要があるとはまったく思わなかった。一方、関西の研究者は、その年代では考えられないプランであるとして、さらに新しい時期のものではないかと疑問を呈していた。

しかし、すでにふれたように、発掘調査の結果は、それらを大きくさかのぼる一五世紀末から一六世紀初頭という時期を打ち出した（嵐山町教育委員会『埼玉県指定史跡　杉山城跡第1・2次発掘調査報告書』二〇〇五年、『杉山城跡　第3〜5次発掘調査報告書』二〇〇八年）。齋藤慎一《さいとうしんいち》氏や竹井英文《たけいひでふみ》氏は、文献史料で一六世紀初頭に見える「椙山《すぎやま》之陣」が杉山城であるとする見解を示している（齋藤『中世東国の道と城館』東京大学出版会、二〇一〇年。竹井「戦国前期東国の戦争と城郭」『千葉史学』五一、二〇〇七年、同「その後の『杉山城問題』」『千葉史学』六〇、二〇一二年）。これらを縄張研究の側でどう受け止め、乗り越えていくのか。私はそれを「杉山城問題」と呼ぶことにした。自分の言葉の使い方にも少しブレがあったのは否めないが、元来、他分野の研究者との論争を指して、「問題」といったのではない。他分野でさらに深めていただきたいこともあり、それらを含めて全体は星雲状の問題群をなしてはいるが、肝心なのは私たちが自らの方法への疑義を正面から受け止め、次の段階への道をどう切り開いていくかであり、第一義的にはあくまでも縄張研究にとっての「問題」なのである。年代が決着すれば論争は終わるが、私たちにとっての問題は、それでは何も解決していない。

三次《みよし》地域への旅も、コラム4でふれた平地の城の調査も、あるいはその前提になった文献上の「陣」についての検討も、私にとってはすべて同じ問題を解くための試みであった。城郭を群としてとらえ、その空間としての特徴を考えるという方法自体もそうである。関西でも、九州でも、縄張研究者の間に、「杉山城問題」を契機にして、あらためて自分たちの方法を見つめ、あるいはこれまでの理解にこだわらずに新たな見解を打ち出す動きが広まっている。まだそれは一つの力強い結論にはいたっていないし、個々には一部後述するように異論を持つものもあるが、混迷はそうしたさかんな意見の提示によってのみ、乗り越えられるべきものである。

ここでこれまでの議論の中身を復習するのは煩雑にすぎる。それより、杉山城とはいかなる城なのか、比企《ひき》地域へ旅立つことにしよう。

1　杉山城

プランー主郭から南へ

東武東上線の武蔵嵐山駅から北西へおよそ二・五キロ、右手に低くうずくまるような丘が見えてくる。駅からの道筋は、中世の鎌倉街道上道《かみみち》とだいたい重なっている。これが杉山城である。ここを私が初めて訪ねたのは中学生のときだったが、当時は草木が密生していて見通しがきかず、友人と二人で空堀《からぼり》の中を歩いて縄張を確かめ、それでも、すごい、すごいと興奮したのを覚えている。今では国史跡に指定され、草刈りも行き届いてじつに見やすくなった。現地の案内板には、壁面を崩壊させないためのあれこれの工夫についても解説されているが、担当者やボランティアの方々のご努力に敬服するのみである。

丘は大きく見るとT字形になっている（図5－1）。T字の交点にあたる城内中央を占めるのが主郭Ⅰである。ここから、まず南側へ遺構をたどっていこう。Ⅰの南端は土塁で囲まれて細長く突出していて、その側面aが開口し、対岸のⅡに木橋を受けると見られる土盛りがある。木橋を渡ろうとする者は主郭から丸見えで、正面と左側（北西）から十字砲火を浴びる。典型的な横矢《よこや》がかりである。西股総生《にしまたふさお》氏は、この虎口《こぐち》を入るとすぐに左へ折れるように造られているのは、枡形《ますがた》虎口に通じる考え方と見て、「比企型虎口」と命名した（「後北条氏の築城技術における虎口形質の獲得過程」『織豊城郭』六、一九九九年）。枡形に区画する土塁や段差はないが、動線が同じように大きく折れ曲がる。ポイントは、曲輪《くるわ》の正面ではなく側面を開口していることである。

外からⅡへ入る虎口bを見よう。こちらは土橋だが、やはり対岸に土盛りがあり、Ⅱの

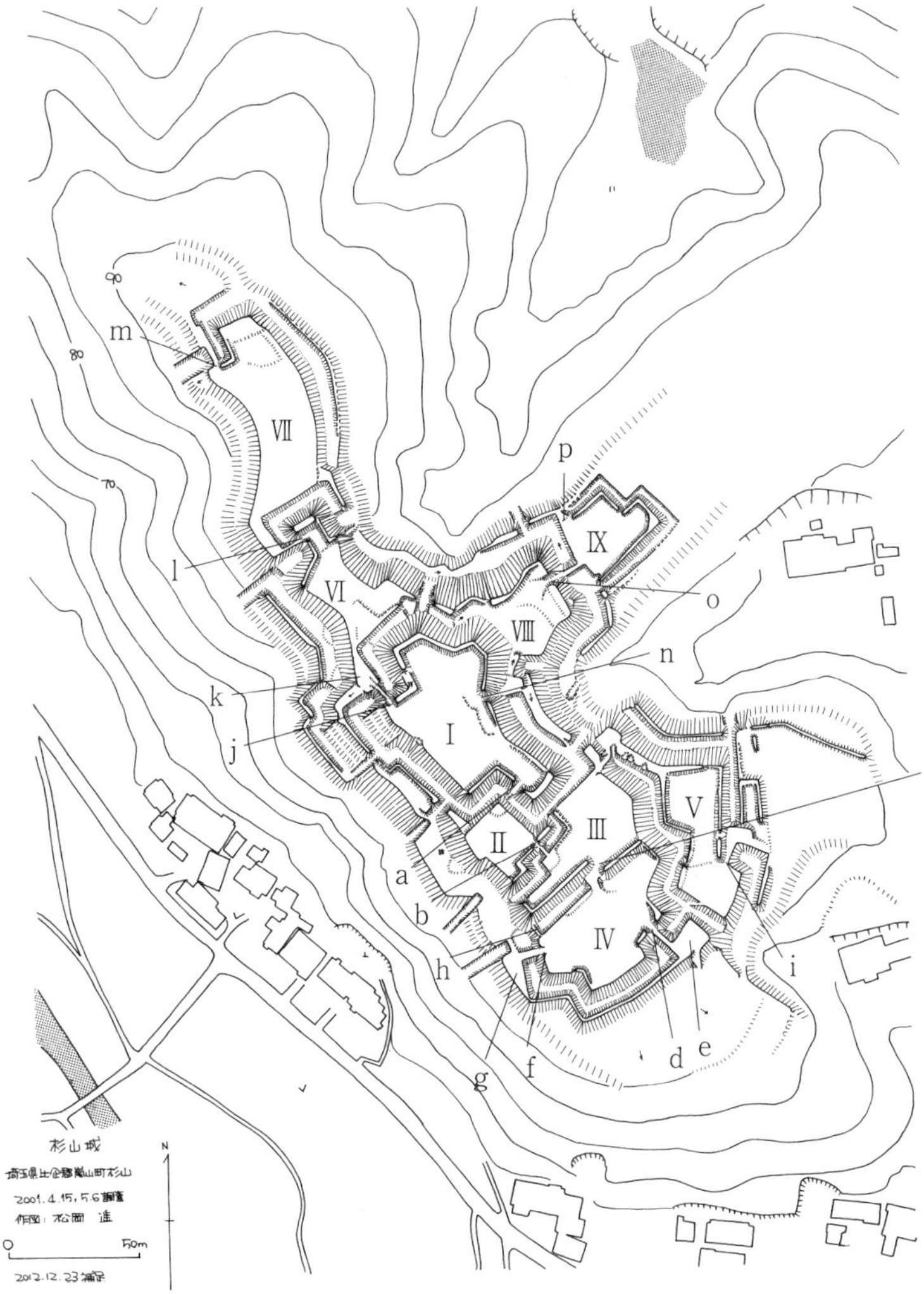

図5－1

図5－1　杉山城（埼玉県比企郡嵐山町杉山、2001年4月・5月調査）

南端の土塁が鋭く折れ曲がって、横矢をかけるようにできている。ただ、虎口は曲輪の正面にある。Ⅱは面積が狭く、発掘調査であらかた開けているが、遺構はほとんど検出されていない。馬出《うまだし》の機能を考えてよい曲輪である。

その外のⅢは食い違い虎口ｃから入る。Ⅱへの土橋との間隔が短く、前面の堀が東半分ははっきりしないこともあって、むりやり遮断線を造っているような印象を与える。外にあるⅣは広い。東側に土塁の間を開口した虎口ｄがあり、土橋にはやはり横矢がかかる。外に続く方形に整えられたｅ（口絵4）は明らかな馬出である。Ⅳの西側にも虎口ｆから土橋がかかり、その外の台地縁は竪堀《たてぼり》で仕切られて、やはり三角形の馬出状の空間ｇになっている。ⅢとⅣの間の堀は、ｇに面する部分に低い土塁ｈを造って止めた形になっていて、下まで進入した相手を一貫した防御ラインで見下ろすようにしている。これは、岡山県黒山城で見たとおり、多田暢久《ただのぶひさ》氏が「閉塞土塁」と呼んだ工夫である。

ここまでですでに、息苦しいほど多様なテクニックを盛り込んでいるのがおわかりいただけると思うが、特に注意したいのは、それらが狭い範囲に凝縮して、緻密に組み合わされていることである。この城は、丘の上に主郭を取って、まわりを階段状にならし、ゆるい斜面に堀を掘る、といったような現場合わせ的なやり方では決して造ることができない。ここまでにふれた虎口だけを取っても、木橋と土橋、横矢がかかるものとかからないもの、曲輪の側面か正面か、動線は直進か手前で曲がるか、すべて違いがあり、全部の要素が一致するものは一つもない。どの点から見ても隔絶性が高く、中へ進みにくいように造られているのは、主郭の虎口ａである。逆に、Ⅳから外に出る馬出は、二つとも土橋で直進するようになっていて、出撃の便が考慮されているようである。

ただ、杉山城の謎はむしろこれからである。まず、Ⅰの南東端の土塁に立ってみる。少し上幅が広く、曲輪の正面から迫る相手を威圧するような構えである。ただ、櫓台《やぐらだい》ではない。これは西股氏に教えられた点だが、杉山城には一つとして明確な櫓台はない。堀を隔てた外を見下ろすと、すぐ下にⅡの土塁の延長が張り出し、火点《かてん》として有効な範囲を狭めているのに気づく（口絵3）。このⅡから張り出した土塁は、それだけとってみれば有効な火点となりうるが、控えがまったくなく、ここで防戦する兵はほとんど決死の覚悟を要する。前面には横堀がまわっているが、狭く、浅い。そして、今そこを見下ろしている主郭土塁からでは、射線が重なってしまって、援護射撃ができない。

前述したように、Ⅲの食い違い虎口も、Ⅱの手前に無理にはめこんだような印象を与えるが、これらは主郭南側の縄張が全体として複雑すぎ、スケールとうまく照応していないことを示している。外周以外の横堀《よこぼり》の規模も小さい。技巧におぼれて、必要な内外の高低差や幅を犠牲にしたかのようだ。言いかえると、ⅡからⅣまでは本来一つの曲輪だったのを、強引に分割したように見える。じつは杉山城のプランについては、「中世城郭の最高峰」とする定評に対し、かねて「机上の計画が先走ったもの」「実戦で役立つとは思えない」という意見があり、本章冒頭に引いた伊禮氏の記述にもそれが反映しているのである。なぜこうなったのか？　それはこの城のプランの大きな謎である。

プラン—大手

目を転じて、次にV。一番外側に二重堀の痕跡らしいものが残されている点からもうかがえるように、旧状が損なわれている可能性があるが、それにしてもこの東側にある虎口i（大手とされる）は、何とも不規則な形態である（口絵5）。土塁の外側に狭い動線部分が接し、進入者と防御者はほとんど顔を突き合わせるような距離に近づいてしまう。外側の横堀を渡る土橋に対しては、横矢をかけられるように塁線が折れ曲がっているが、直進すればよさそうな動線がそこへ向けて曲がってくる。この突出したコーナー部分に防御者を配置しても、持続的な迎撃は困難だろう。

Vからは、馬出eに木橋で入れるほか、奥が横堀の外側に続いていって、Ⅲに回り込めるようになっている。南西側の腰曲輪《こしぐるわ》のように竪堀で切ってもよさそうに思うが、遺構かどうか不明確な浅い掘りこみが数ヵ所あるだけで、はっきりした堀はない。Ⅲの直下まで上がって、主郭の横堀の外周土塁に到達すると、初めて竪堀があらわれる。ここに木橋をかけ、主郭Ⅰに通じるようになっていたものであろう。

プラン—主郭から北へ

次に、今度はⅠの北側を見よう。まずⅠの北端部は、中央が大きく張り出して火点になっている。西側の脇に虎口jを設け、前面に土橋をかけているので、この方面からの進入者は、またしても正面と左側（東側）からの十字砲火にさらされることになる（口絵2）。外側土橋の手前のkは、主郭の横堀・竪堀と側面の崖にはさまれて馬出状の形態になる。

のⅥは、Ⅰの南側のように先端を土塁で囲んで突出させ、特に正面の土塁を少し高く、広くして火点としての機能を充実させている。その裾、つまり曲輪の側面に開いた虎口ｌからは土橋が伸び、竪堀をはさんだⅥの土塁の向こうから有効な迎撃が期待できる（口絵1）。つまり、虎口ｌのまわりのプランは、土橋と木橋の違い以外は、虎口ａのそれと酷似している。

その外は長大なⅦ。西側の壁の削り方、東側の横堀の普請（図5―2・3）、いずれも粗放な印象で、ここまで見てきた遺構の状況とは異なる。曲輪を造成したというより、遮断線を北側に増設したために、中間の尾根上が城内に取り込まれたにすぎないように見える。東側の横堀の下からは支尾根が派生するが、特に普請は行われていない。

北端の遮断線に開いた虎口ｍは、今度は直進してくる土橋を受け、その東側に大きな張り出しを造って、またもや横矢がかりを駆使したプランである。土橋の手前部分を、さらに北に延びる尾根続きと軽く切り離している点も含め、Ⅰの北端部の虎口ｊと同じしかけになっているのがよくわかる。さらに、虎口ｊ・ｌ・ｍのあたりだけを取り出してみると、すべて横堀をカギ形に曲げ、内側の曲輪の先端に設けた火点の横を進入者が通過した地点で、もう一度曲げ、あるいは竪堀に転化させて土橋を造る、という同一のパターンになっているのがわかる。伊禮氏がマンネリズムを看て取り、中世築城術の頂点ではあるが最盛期ではない、と判断したのはこの北側尾根のプランからだった。ただ、遮断線を直線にしないで火点をフルに使う技巧として見ると、これまで見てきた奥羽や山陽地方の事例よりも、動線の限定と一体化していて無駄がない。この尾根は少しずつ下がりながら、同じくらいの幅でさらに続き、東側にも幅の広い支尾根を派生するが、遺構はその分岐点の手前で終わる。二つの尾根が合流する地点まで警戒範囲を広げ、効率よく防御しようとする合理的な城域設定である。

図5－2

図5－3

図5－2　杉山城Ⅶ郭西側の壁（埼玉県比企郡嵐山町杉山）

図5－3　同東側の横堀（同上）

プラン―主郭から東へ

最後にⅠの東側。Ⅰの東北に開いた平虎口nは、発掘調査によって、側面に石を並べて補強したことなど往時の状況が明らかになったが、柱穴はなかった。ここからスロープでⅧに出る。この部分の動線は、側面に竪堀が掘られて狭く、主郭の突出した土塁直下を進むから、強力な防御ができるプランではあるが、堀の対岸の火点からの射撃を防御の中心パターンに据えたこの城の中では異質であり、素朴な印象を受ける（虎口nのすぐ外のテラスを、馬出に通じるような機能を持つ部分と見ることはできるにしても）。Ⅷの虎口oも、正面に開く平虎口《ひらこぐち》で、あっさりしている。その外のⅨは、堀の幅が狭く、Ⅶに近い付加的な印象を受ける部分で、横堀対岸からの動線を受けて側面に虎口pを設けている。尾根はまだ同じくらいの幅で続くが、これ以上の遺構は認められない。

小括―高度な計画性

さまざまな議論の対象になっているのを意識して、杉山城の遺構をくわしく見てきた。とりあえず、ここまでのまとめをしておこう。

まず、主郭の地位がはっきりしていて、全体がそこへ向かう動線を前提として設計されていること。南側はⅣ→Ⅲ→Ⅱ→Ⅰ、北側はⅦ→Ⅵ→Ⅰ、東側はⅨ→Ⅷ→Ⅰと動線が連なり、どこから城内に進入しても、重層的な防御線を突破しないと主郭に近づけない。さまざまなアイテムが、単発で終わるのではなく、重層的に組み上げられている。Ⅴだけが、馬出eのほかにⅢあるいはⅠへ直接つながるようになっていて、異質である。

次に、これらの動線に多数の虎口が設けられていて、その多くが進入者の直進をはばみ、あるいは堀を隔てた城内側から横矢がかけられるように設計されていること。これと不可分の特徴として、丘陵を最短距離で切断する堀切がまったくなく、ほとんどの堀が直角を基本としたコーナーを造って曲げられていることも、注目に値する。

虎口については、先にふれた四つの要素に注目して一覧表にしてみよう。すると、まず要素1の木橋／土橋では、ほとんどすべての虎口が土橋で、主郭南側の虎口aだけしか木橋がないことがわかる。このほか、先にふれたように、Ⅴからeへ、同じくⅤの奥から一段上がってⅠの腰曲輪へ、それぞれつながる木橋があったと考えられるが、全体として土橋が優勢なのは動かない。

次に要素2の横矢がかりの有無では、ほとんどの例で横矢がかかっていて、①馬出eから城外に出る虎口、②Ⅳから西の馬出gに出る虎口f、③Ⅷの平虎口o、の三つのみが例外となる。

要素3の正面／側面と要素4の虎口手前で動線が折れるか否かは一つにまとめ、虎口手前で曲がらずに曲輪の正面へ直進できる、最も単純な動線となる事例だけを抜き出すと、①馬出eから外に出る虎口、②馬出状の区画gから外に出る虎口、③Ⅴの前面の虎口i（ただし直進部分は短く、その手前で大きく曲がる）、④Ⅰから馬出状のkに出る虎口j、⑤Ⅶから馬出状の区画へ出る虎口m、の五つだけである。つまり、ほかはすべて動線が虎口の手前、または入ってすぐに大きく曲がるしくみになっている。直進型の虎口の場合、虎口・i以外のすべては馬出、またはそれに類似する小区画と結ぶものといえる。横矢がかり

表5-1　杉山城虎口の要素

	要素			
	木橋／土橋	横矢がかりの有無	正面／側面	虎口手前の動線
虎口a	木　橋	有	側　面	折れ曲がる
虎口b	土　橋	有	正　面	折れ曲がる
虎口c	土　橋	有	正　面	折れ曲がる
虎口d	土　橋	有	正　面	折れ曲がる
虎口e	(スロープ)	無	正　面	直　進
虎口f	土　橋	無	側　面	折れ曲がる
虎口g	土　橋	有	正　面	直　進
虎口i	土　橋	有	正　面	直　進
虎口j	土　橋	有	正　面	直　進
虎口l	土　橋	有	側　面	折れ曲がる
虎口m	土　橋	有	正　面	直　進
虎口n	(スロープ)	有	正　面	折れ曲がる
虎口o	土　橋	無	正　面	折れ曲がる
虎口p	土　橋	有	側　面	折れ曲がる

でも、かからない虎口三つのうち二つは馬出とからむものであった。したがって、これらの点から、馬出は出撃の足がかりとしての機能を強く負ったもの、という理解を導き出してよいであろう。そうである以上、この城では防御優先の虎口と、出撃優先の虎口が分けられていたという理解もまた、自ずと成り立つ。

第三に遮断線に着目すると、先に見たように、主郭の南側は突出して密度が高く、言いかえれば横堀が密である。あまりに短い間隔で横堀を入れているために、曲輪がまとまった空間として利用できないのではないかと思われるほどである。これに対し、北側は密度が低く、東側もこれに次ぐ。一方、遮断線の規模は、Ⅰの南側からⅢの外周までと、Ⅶ・Ⅸの外周は明らかに小さい。主郭南側は密度が規模を犠牲にしている形だが、Ⅶ・Ⅸからはそれぞれ北側・東側の城外に長く尾根が続く。これは何を意味するのであろうか？　私は、この方面の城外に味方が駐屯することが予定されていたのだろう、と考える。ⅦやⅨの普請が粗放なのは、駐屯空間との中間的性格を示しているのではないか。Ⅷの正面虎口ｏが例外的に単純な虎口になっているのも、駐屯空間とのつなぎが配慮されたからではないだろうか。

　遮断線に関連して、横堀の外周土塁にも注意したい。この城では、丘陵の斜面に横堀を掘り込んだとき、外側にできる土塁状の部分をきちんと成形し、通路として利用することが基本になっている。だから、馬出ｅと同様の空間ｇとは、横堀の外周土塁でつなげられているし、同様な流れを切断するための竪堀もあちこちに掘られているのである。藤井《ふじい》尚《ひさ》夫《お》氏は、かつてこのような工夫を一般化してとらえ、「崖縁入路《がいえんにゅうろ》」と呼んだ（「中世末期における城郭の運用変化とその形態」第七回全国城郭研究者セミナー、一九九〇年）。氏が指摘されたのは、馬出に相当するものは、関東地方の横堀の卓越した丘陵城郭の場合、しばしばこのような外周土塁を曲輪の開口部の手前で広げる、という共通の手法で造られている点であった。杉山城もその例にもれない。ただ、外周土塁へ直接導入する虎口はない。つまり、第三章で村田《むらた》修三《しゅうぞう》氏の見解として取り上げた「城虎口」に相当するものはなく、虎口の工夫はめざましいが、すべて「曲輪虎口」なのである。

　以上から確認できるのは、やはりこの城のプランの計画性の高さである。初めに見たように、個々の部分を取り上げてみると、生硬に感じられる部分や、イージーな繰り返しと見える部分もある。しかし、全体の中に置き直してみると、むしろそれらが合理的なものらしいと考えないわけにいかない。たとえば、Ⅷ・Ⅸあたりの簡素にも見えるプランは、外の駐屯空間とセットをなすものと考えるべきであるし、先に動線設定の甘さを指摘したVにしても、Iへいたるには木橋で竪堀を越えなければならない。木橋がこの城全体の中ではまれで、最も隔絶性の高い主郭南側の虎口aに用いられていることを考えると、これはこれで合理性が指摘できそうに思えてくる。伊禮氏がマンネリズムを見て取った北側の虎口群にしても、すべて同じパターンを繰り返しているのではなく、二つのパターンを交互に採用しているのであり、しかもそのうちの一つは虎口aとほぼ同じ最も隔絶性の高いもの、他方は直進して曲輪前面の馬出状の小空間をまっすぐ突き抜ける出撃性の高いもので、きわめて意識的な組み合わせと考えざるをえない。主郭南側のむやみに手のこんだプランにしても、それが計画性の所産であること自体は明らかである。

この城では曲輪の削平が完了していると見えるところは限られ、主郭すら自然地形に由来する傾斜がそのままになっている。Ⅶ・Ⅸの普請の粗雑さも、戦時対応としての性格を示すように見える。発掘調査では、主郭内には柱穴のそろった建物は出てこなかったし（壁土と一列の柱列の存在から、何らかの建物はあったのが確実だが）、東側の虎口nでは柱穴が検出されていない。総じて使用期間が短かったのは明らかで、齋藤・竹井両氏が指摘する「陣」の可能性はこれらの点からは裏づけられそうにも思えるが、陣とは、はたしてこれほどの計画的プランを備えたものなのだろうか？

2 陣の遺構をさぐる

他地域の陣の事例

まず、本書でここまでに登場した城の中から、陣営として築かれたと考えられるものを拾い出してみよう。初めに、第二章で見た冥護山館《みょうごやま》（西山館を含む）や陣林館《じんばやし》。これらについて共通して指摘できるのは、自然地形やそれに近い部分を駐屯部として確保していたことである。この点は杉山城と類似するが、複数の中心があって、一元的なプランとは評価できない点も特徴で、こちらは杉山城にはまったく当てはまらない。虎口はどちらの城でもテクニカルだが、中心的な曲輪ごとに単発的に造られていて、それぞれへの進入者をきびしくチェックするのが目的と見える。また、尾根上の平坦地は堀で分断するのを控え、なるべく大きく使おうとしていて、特に杉山城の主郭南側とは、対照的といってよい。時期は一六世紀の終盤と見られるから、杉山城の想定されている年代よりかなり新しくなるが、同一の機能を負って造られた城の発展した姿とは見えない。

第四章でも、広島県三次地域で、陣営として築かれた城をいくつも見てきた。これらは、ハチガ檀城の文献史料からすると、杉山城の発掘調査でいわれている年代と重なる可能性が高い。ところが、プランを比べてみると、ハチガ檀城や茶臼山城・陣山城の、まず広い平坦面の確保に力点を置いたプランは、やはり杉山城とは対照的である。重層的な遮断線が複雑にかみあう縄張は、これらの城には認められない。虎口や遮断線を構成する技術は発達しており、南山城《なんざん》はまるでその見本市のようだが、伊具地域の場合と同じく、すべてが単発で、杉山城のように一つの中心へ向かう動線に沿って組み合わされていく重層性は見出せない。そして、この城に特徴的な、中心が分散し、城域の境界が拡散したプラン。これがここでも陣営にふさわしいと見る根拠だったが、杉山城とは対照的である。

関東地方の陣の事例

次に、戦国前期の関東地方での「陣」を見てみよう。実例としては、コラム4でふれた上戸陣《うわど》（河越氏館）など、平地に方形を基本として構えられた遺構や、五十子陣《いかっこ》・小篠塚《こしのづか》城・山下長者屋敷《やましたちょうじゃやしき》があげられる。しかし、やはり隔たりの大きさは明らかである。まず、一五世紀後半の上杉氏の陣だった五十子陣。地表で確認できる遺構は消滅してしまったが、一九五四年に山崎一《やまざきはじめ》氏の踏査された図が残されている（『群馬県古城塁址の研究』補遺編・下、一九七九年）。舌状台地の先端を独立させる堀の南端に突出部を造り、土塁をめぐらす。虎口の位置は明確ではないが、突出部のすぐ北に道が通っており、あるいはこの地点であろうか。外には多数の溝が発掘調査で検出されており、溝の方向に一定の規格性が指摘されている（太田博之「『五十子陣』研究ノート」『群馬考古学手帳』一五、二〇〇五年）が、杉山城の緊密なプランとは比すべくもない。

小篠塚城（図5－4）は、和気俊行《わけとしゆき》氏の研究（「下総国篠塚陣についての基礎的考察」佐藤博信編『中世東国の政治構造』岩田書院、二〇〇七年）によって、文亀二年（一五〇二）から永正元年（一五〇四）に足利政氏《まさうじ》・高基《たかもと》父子がいた「篠塚陣」であることが判明した。主郭の突出部は、宗教団体によって一部損傷してしまっているが、旧状をたどれる程度には遺存している。その北側に土塁の切れ目があり、虎口を形成する。副郭以下が外に並列し、さらに隣接する丘陵にも城跡の存在が伝えられる。つまり、ここにも伊具地域や三次地域で見た、中心の拡散したプランが認められる。

山下長者屋敷（図5―5）は、永正七年の権現山《ごんげんやま》合戦の際の上杉憲房《のりふさ》書状写に見える

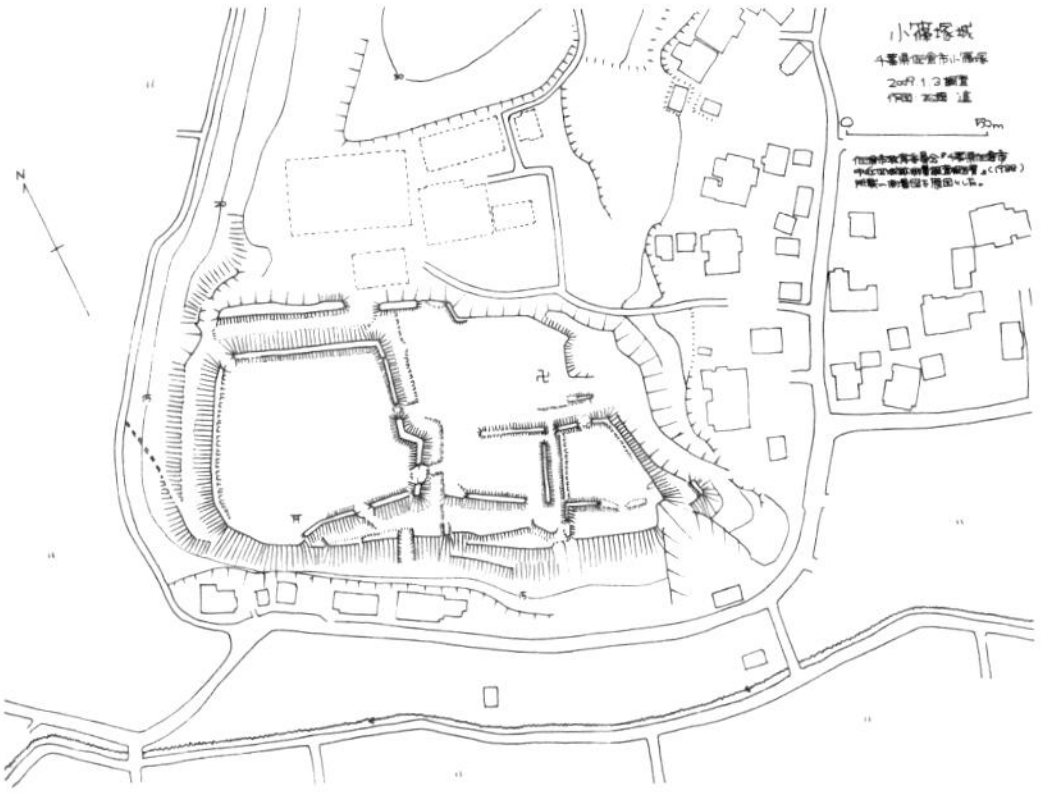

図5－4

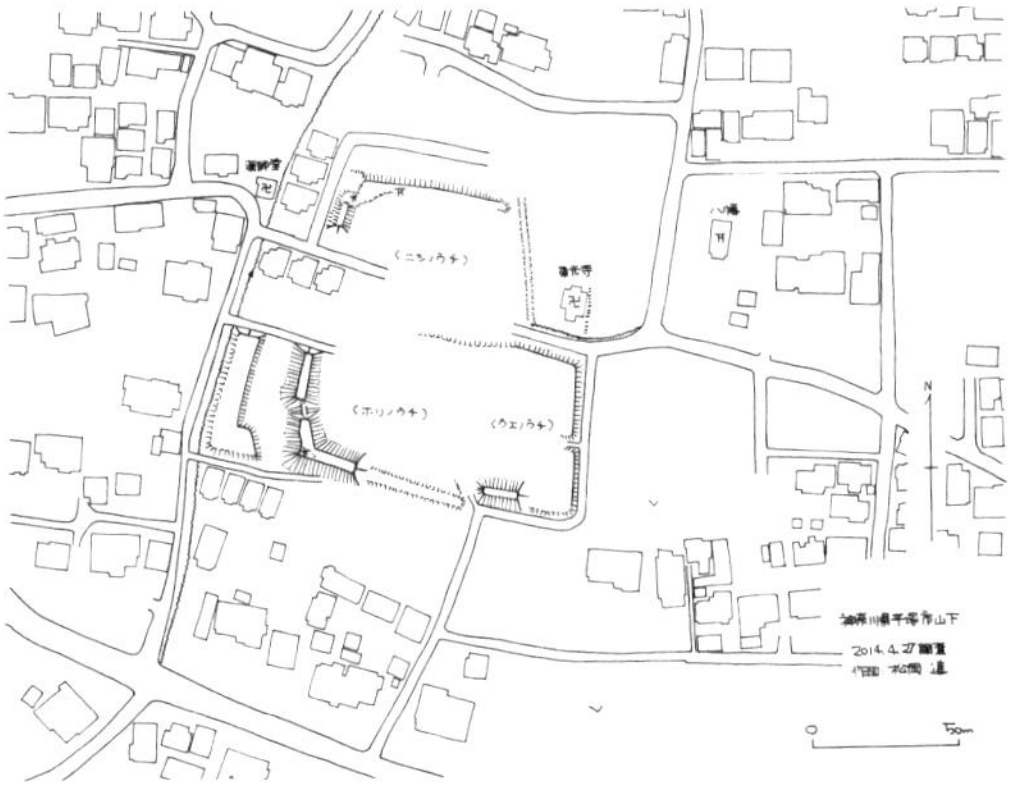

図5－5

図5－4　小篠塚城（千葉県佐倉市小篠塚、2009年1月調査）

図5－5　山下長者屋敷（神奈川県平塚市山下、2014年4月調査）

「住吉之古要害」に比定される（『日本城郭大系』六、一九八〇年）。『鎌倉大草紙』で、結城合戦の際に上杉持朝が陣したと見える「高麗寺の下徳宣」は、隣接する地名・徳延に当たるが、そこには城跡の存在が伝えられていないので、この遺構を意味する可能性が高い。「古要害」の表現はこれをふまえたものであろう。南東部の塁線が大きく突出し、現状ではその脇と、南側に開口部がある。後者は食い違い虎口になっているが、プランの基本は五十子陣・小篠塚城主郭と同様と見てよい。つまり、横矢がかりを施した主郭が突出し、周囲が駐屯の場となる、という縄張である。上戸陣など「方形館」のパターンと理解されてきたプランにも、おおむね同じ評価が当てはまる。

さまざまな陣

「陣」には、ほかにも注意すべき形態がある。そのうち、第三章でも少しふれた織豊《しょくほう》系「陣城《じんじろ》」については、次節で述べる。ここでは、何の遺構も残らない「陣」にふれておきたい。たとえば、小牧長久手の戦いと同時期に、関東戦国史の総決算ともいうべき対決の場となった下野《しもつけ》の沼尻《ぬまじり》の陣（齋藤慎一『戦国時代の終焉』中公新書、二〇〇五年）。齋藤氏にご教示いただいたところでは、現地には陣にまつわる地名が集中的に分布しているが、遺構と見られるものは確認できない、ということだった。毛利氏が尼子氏を追いつめた富田《とだ》月山《がっさん》城の包囲戦の際、本陣とされたという出雲の京羅木山《きょうらぎ》にも、人工的に削り立てた壁さえ見出せない。大きな山系としてとらえると、尾根の先や登り口の近くなど数ヵ所に、畝状空堀群《うねじょうからぼりぐん》を駆使した遺構が点在している（三島正之「京羅木山城塞群」『図説中世城郭事典』三、新人物往来社、一九八七年）が、山頂部には普請をしていないのである。同様の例は、ほかにも少なくない。上杉謙信の書状に、味方の救援（後詰《ごづめ》）に駆けつけて敵をたたこうとすると、相手は陣所に門や塀をしつらえ「陣城」を構えていて、付け入る隙がなかった、という記述が見られる（天正二年閏霜月廿日付け書状写、名将之消息録所収文書、『上越市史』別編1）。裏返すと、門も塀もない野営こそが、当時のふつうの陣の状態であったのだろう。

この対極には、すでにできあがっている城に着陣する場合がある。自然地形のままの野営から、完成した城まで、史料上確認できる「陣」にはいくつもの形態があった。つまるところ、「陣」とは大軍が着陣した場を指し、その限りで施設の内容とは関係がなく、ただの野原や丘陵から完成した城まで、すべてが「陣」と呼ばれうる。ただ、その中に「陣」としての使用を第一義として構築された遺構が、かなり多数存在し、それらの共通項も抽出できる。自然地形に近い状態のままでの広い平坦面の確保や、中心の分散、技巧的な要素の単層的な導入である。「陣」が新たに普請される場合、こうした特徴が見られるのは、大将の陣所の周辺に部将や兵士たちが蔟集するという性格から、整合的な説明が可能である。

杉山城は、第二章で説明した類型ではCbにあたる。通常いわれる「陣城」を含む類型であるが、そのとき注意したように、この類型に属する城のすべてが「陣城」に当たるわけではない。確かに、曲輪Ⅶなどは平坦面の確保を優先したといえるが、主郭への求心的なプランの一環として、統一的な水準で造り込まれている。縄張研究の流れのうえでは、早くに八巻孝夫《やまきたかお》氏が、この城は「あえていえば陣城と考えることもできる」と指摘されており（「後北条氏領国内の馬出」『中世城郭研究』四、一九九〇年）、これは杉山城の機能を考えるうえで重要な一歩だったが、第二章で述べたように、縄張研究で日常性の対極をなすものとして陣城が位置づけられていたことを反映した表現であり、つまり、日常的性格の低い城、というくらいに受け取るべきだろう。

単一の主郭への求心性を周到な計画によって達成し、その一環として城域の末端を広げ、平坦面を取り込んだ杉山城。特に重要なのは、伊具地域でも三次地域でも、高水準の技巧が認められても、それらが動線を介して立体的に組み合わされることはなく、（しばしば複数の）中心部を単層的に防御するプランになっていたことである。縄張の重層性という面で、両者には決定的な差がある。発掘調査によって、杉山城は一回だけ普請されて現状の遺構ができ、きわめて短い期間で廃絶したことが明らかになっている。つまり、この遺構が「椙山之陣」なら、「陣」として築かれてなお、ほかとは対照的な緻密なプランが必要であったことになる。その類例としてあげられる可能性があるのは、現状ではただ一つ、織豊系「陣城」である。

3　織豊系「陣城」とは似ているか

玄蕃尾城との類似とは

中井均《なかいひとし》氏は、杉山城のプランと似た城として、賤ヶ岳《しずがたけ》合戦の際の柴田方の拠点として知られる玄蕃尾城《げんばお》（滋賀県長浜市・福井県敦賀市）を取り上げ、杉山城を織豊系「陣城」として考えるという視点を示された（「検出遺構よりみた城郭構造の年代観」峰岸純夫・萩原三雄編『戦国時代の城』高志書院、二〇〇九年）。織豊系「陣城」は確かに技巧的なプランを誇るものが少なくない。たとえば、第三章で取り上げた牛神城にしても、極小規模ながら横矢がかりを意識し、前後に塁線を張り出すテクニカルなプランであった。次に、この点について、私なりの検討を試みたい。

中井氏は、二つの城の類似点を、次のように述べている。「土橋に対する横矢、曲輪を巡る横堀、馬出、急峻な切岸など非常に類似した構造であることに気がつく。さらに内郭に比べて外郭ラインが極めて雑に、いわば手を抜いているところまで類似している。こうした内郭と外郭の差こそが陣城の特質であり、さらにその外郭の外側には広大な自然地形が展開している。こうした二元的構造は、司令部と兵の駐屯地からなる陣城の特質である」。

初めに列挙された土橋に対する横矢、曲輪をめぐる横堀、馬出、急峻な切岸《きりぎし》という四点については、杉山城にあるのは確かだが、氏は別の箇所で、それは「とても十五世紀末から十六世紀初頭に出現するものではない」、つまり「十六世紀後半の発達した縄張」にしばしば見られる特徴と指摘している。したがってこれらは、二つの城に特に共通する点ではない。

氏が強調されるのは、引用文にも明らかなように、内郭と外郭の普請の度合いの差である。具体的にはⅦ・Ⅸあたりの普請を指しているのであろう。前節で見た、広い平坦面の確保という「陣」の基本的特徴を実現する一つの形態といえる。ただ、引用文にもあるとおり、これは大軍の収容を必須とした陣城に普遍的な特質であって、杉山城が玄蕃尾城のどこと特に似ているのか、氏の論述では結局はっきりしなくなってしまう。

玄蕃尾城のプラン

そこで、実際にプラン（図5－6）を見てみよう。横堀やきびしい切岸が共通して存在するのは明らかだが、これらは一般性が高く、ことさら類似点とはいえないので詳述しない。土橋に対する横矢がかりは、ⅢおよびⅥに進入する土橋の場合に明確で、特にⅥは杉山城の虎口aを連想させる。しかし、杉山城の徹底ぶりと比べると、量的には少ない。馬出も確かにあるが、Ⅱは開口部の外に堀がなく、類似したⅥは外周土塁が接続し、ともに周囲からの独立性が十分ではない。なお、Ⅱ・Ⅵとも土塁で囲んでいて（口絵7）、一方の杉山城のeやgには土塁がないが、この点は、千《せん》田《だ》嘉博《よしひろ》氏が早くに指摘されている（前掲『織豊系城郭の形成』）。

注意すべきは、Ⅱ・Ⅲ・Ⅳ・Ⅵ・Ⅶで、動線がすべて曲輪の側面から入るように設定されていることである。玄蕃尾城では、この結果として横矢のかかる虎口が一部に出現した、と見た方がよい。先の表で明らかなように、杉山城の虎口は正面から入る方が主体であり、横矢をかけるためにその脇で横堀を直角に曲げ、火点を造り出している。玄蕃尾城では、横堀に同様の曲折はきわめて少ない。両者のプランの基本的な道具立てははっきりと異なる。

さらに、主郭から土橋で出た箇所は、馬出Ⅱや類似のⅥばかりか、外への動線がないⅤまでも土塁で囲まれている。つまり、土塁囲みの小郭《しょうかく》を集約的な火点として設け、効率よく防御しようとする、第四章で見てきた築城技術が、玄蕃尾城には流れ込んでいるのである。なお、賤ヶ岳合戦に関連する織豊系陣城群では、羽柴方の賤ヶ岳砦にも、同様の事例が見出せる（高田徹「賤ヶ岳砦」中井均編『近江の山城ベスト50を歩く』サンライズ出版、

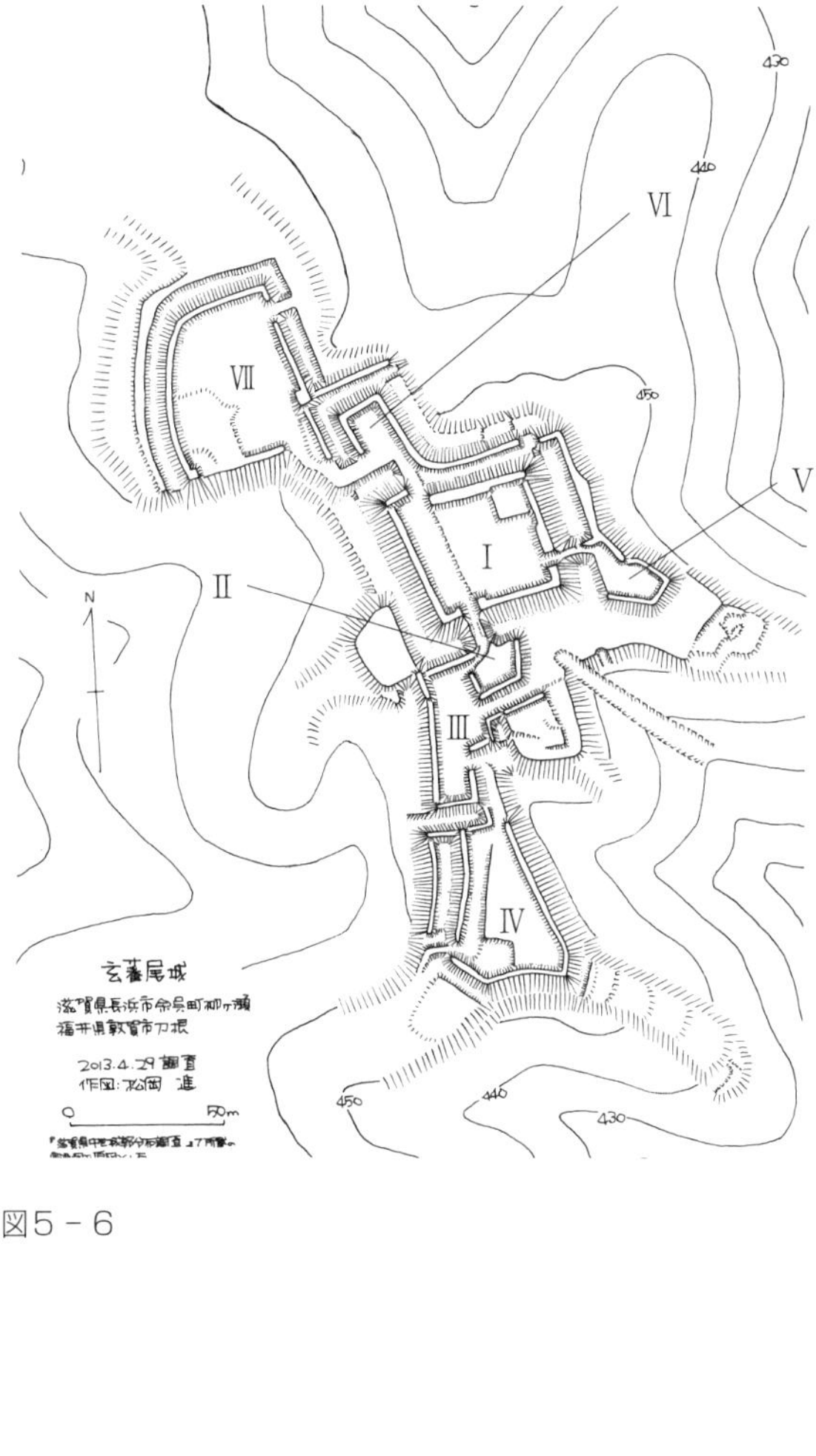

図5－6

図5－6　玄蕃尾城（滋賀県長浜市余呉町柳ヶ瀬・福井県敦賀市刀根、2013年4月調査）

二〇〇六年)。一方、杉山城では、ほとんどの曲輪で前面に土塁がめぐらされているが、土塁囲みの小郭に類似するものはまったくない。結論として、二つの城を技術的に共通の要素からできあがっていると評価することはできない。

賤ヶ岳合戦の陣城

中井氏は『近江の城』(サンライズ出版、一九九七年)の中で、玄蕃尾城を含む天正一一年(一五八三)の賤ヶ岳合戦における「陣城」群の縄張をくわしく分析されている。以下、その要旨を紹介する。

玄蕃尾城は、柴田勝家方では突出して規模が大きく、複雑で巧緻なプランを誇る。それは、北の庄《きたのしょう》(福井市)の勝家と、長浜《ながはま》城(滋賀県長浜市)の養子・勝豊との連絡線を確保する目的で、合戦前から入念に構築されていたからであろう。柴田方のほかの「陣城」は、攻撃用の駐屯地にすぎない。一方、羽柴秀吉方の「陣城」群は、第一線には精妙なプランを持つものが配置されたが、第二線は単純で、未完成に終わった可能性がある。第一線のものも、塁壕の規模が小さく、これで防御できるのかと疑われるほどだが、同じ特徴はほかの地域に残された織豊系「陣城」にも共通する。城内には部将と重臣がこもり、兵士は城外に駐屯したのだろう——。

これらのうち、部将と重臣だけがこもって防御を優先にプランニングされた、秀吉方第一線の「陣城」こそ、中心部の精緻なプランと粗放な外郭という構成の点で、杉山城と似ている。しかし、どうかすると跳び越せそうに見えてしまうこれらの城の堀や土塁とは、相違が明らかである。プランの基本的な要素も、玄蕃尾城と同じく、土塁で囲んだ馬出、側面から入る虎口、虎口を限定する土塁をめぐらした曲輪、といったものである。一方、玄蕃尾城は、急峻な切岸など、これら「陣城」群の中で唯一、普請のレヴェルで杉山城との共通性を示すが、氏の推論に従えば「陣」として築かれた城ではなく、本来、織豊系「陣城」の一特徴を表わしたものとはいえない。ほかはどれも普請が小規模かつ応急的で、周囲に軍勢が布陣したうえで、陣城群をなしてはじめて機能する。そこには、織豊政権の機能的で分節化された軍団の構造が見え隠れする。前節で見たほかの地域の「陣」と、はっきり違う点である。しかし、杉山城には、群を構成する同格の城は見出せない。

「陣」の遺構の多様な形態の中で、杉山城に最も近いものを生み出したのは、確かに織豊系大名たちだった。この点に着目し、論争のさなかに勇気を持って一石を投じられた中井氏には敬服する。しかし、それでも、杉山城を共通の築城者が想定できるほど似ている、とは評価できない。したがってまた、前節での検討を含めると、杉山城のプランを、「陣」として築かれたものと理解しようとする試みも、結局、一つも類例を見出せないのがはっきりする。そうである以上、縄張研究の立場からは、違った機能を負っていたと考えざるをえない。ここで、比企地域に戻り、あらためて空間の中で杉山城を考えてみることにしたい。

4　空間――比企地域

杉山城の構成要素の広がり

伊禮氏の著書『関東合戦記』（新人物往来社、一九七四年）に、杉山城と、この地域の主城である松山城を取り上げた章がある。その中で氏は、「不思議なことに、この地方には素晴らしい城址が集中的に遺存し、その遺存状態もなかなかよい」として、いくつもの城の名を列挙している。比企地域は、関東地方でも屈指の見ごたえある中世城郭が、群をなして残っている地域なのである。そして、先述したとおり、西股総生氏は、北条領国内の城に枡形虎口が出現する前提として、この地域に特徴的な虎口パターンを「比企型虎口」と命名して位置づけた。杉山城では、主郭の虎口a、Ⅵの虎口lがその事例である。曲輪の正面ではなく、側面を開口し、動線にきびしい横矢をかけ、曲輪内に入ったところでさらに方向転換を強いる。これは、動線だけ取り出してみれば、典型的な枡形虎口とひとしい（念のために書いておくと、これは比企地域特有の虎口ということではない。コラム2でふれたように、宮城県にも類例はあるし、側面から入る虎口は、織豊系城郭の段階的な変化の過程にも特徴的に現れる）。

それでは、その実例は、ほかにこの地域のどこに認められるのか。例によって地図に落としてみると地図5－1のようになる。腰越城《こしごえ》・四津山城《よつやま》・小倉城《おぐら》・大築城《おおづく》と杉山城を含め、大まかにいって中央部に集中しているのが明らかであろう。先にふれたとおり、杉山城は鎌倉街道上道に沿っており、分布域はその沿道地帯といってよい。

次に、これも杉山城に特徴的な、直進するルートに対して、横堀を折り曲げて横矢がかりの張り出しを形成するプランの分布を見てみよう（地図5－2）。こちらはやはり小倉城・大築城に認められるほか、松山城・青鳥《おおとり》城・菅谷《すがや》城・青山《あおやま》城・中《なか》城が加わる（ほかに高谷《こうや》砦にも類似の遺構があるが、張り出しの前面に横堀がない）。こちらは地域全体の南寄りに広がり、大きくは都幾《とき》川・槻《つき》川の流域に沿って分布する。

この二つの要因、すなわち鎌倉街道上道と都幾川・槻川のそれぞれの影響が複合して形成されたのが中世の比企地域である、と私は考える。後者は自然環境の形成要因であり、都幾川水系の谷こそがこの地域でまとまった最大の平地を形成する。谷が広がり出すあたりの北岸にあるのが青鳥城であり、さらに大きく広がって越辺《おっぺ》川と合した先は、荒川の氾《はん》濫原《らんげん》に連なる。領域の主城であった松山城は市野《いちの》川に接しているが、この川の浸食力はあまり大きくなく、沿岸に平地をほとんど作り出さないまま、松山城の地点でこの氾濫原に流れ出す。

都幾川水系の谷底平野に戻ると、全体の扇の要の位置にあるのは菅谷城であり、その背後の槻川の屈曲点を占めるのが小倉城である。他方、小川町の市街地は、これより上流の盆地にあり、そこからさらに上流にさかのぼって秩父地域に向かうところで、槻川がふたたび大きく屈曲した地点に腰越城がある。現在、その南側にある切通しに、一九一六年（大正五）の「開峡道記」の碑が建っているが、川がヘアピンカーブするこの地点では、

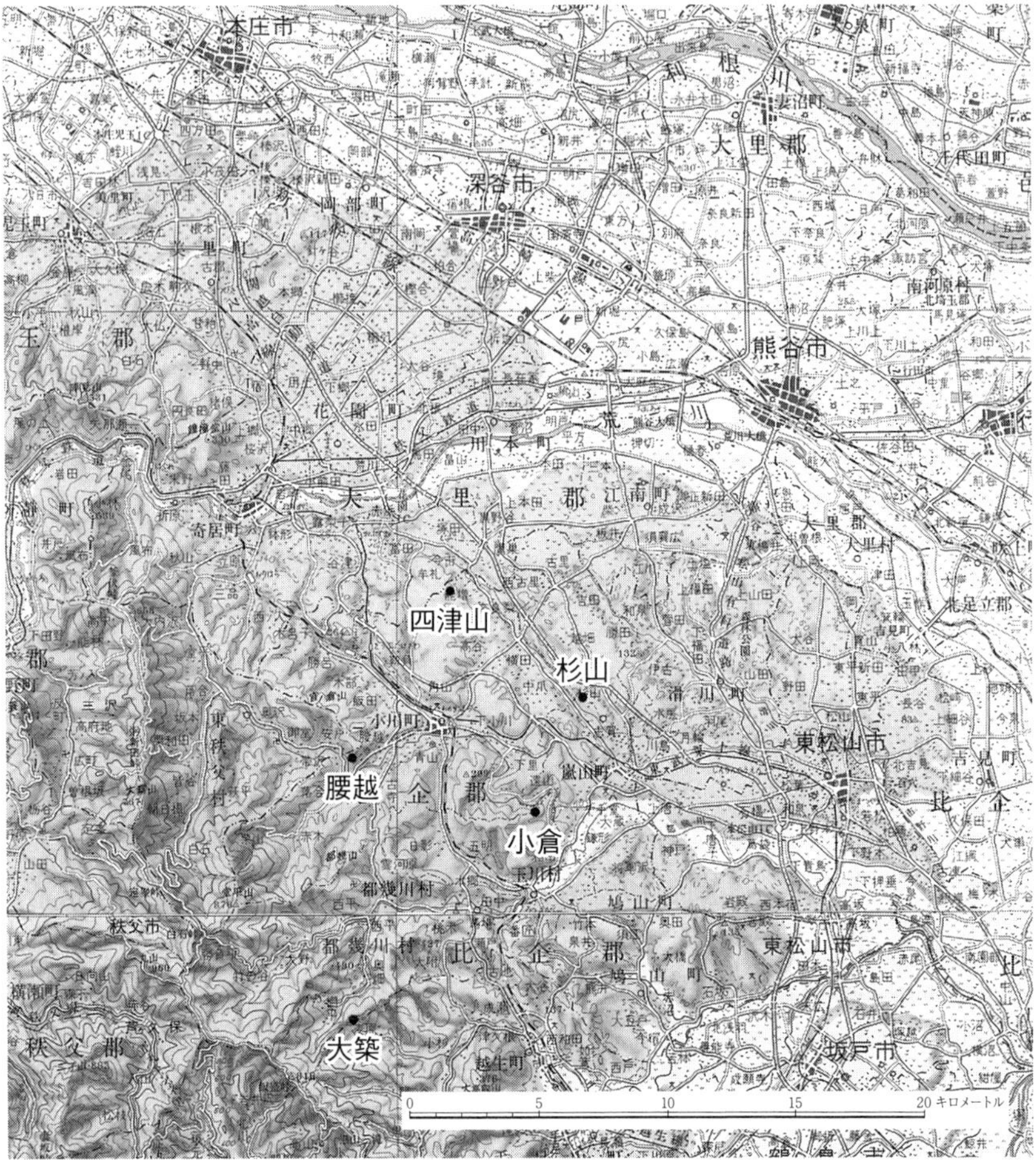

地図５－１

地図５－１　比企地域の比企型虎口の分布状況（国土地理院 20 万分の 1 「宇都宮」「東京」に加筆）

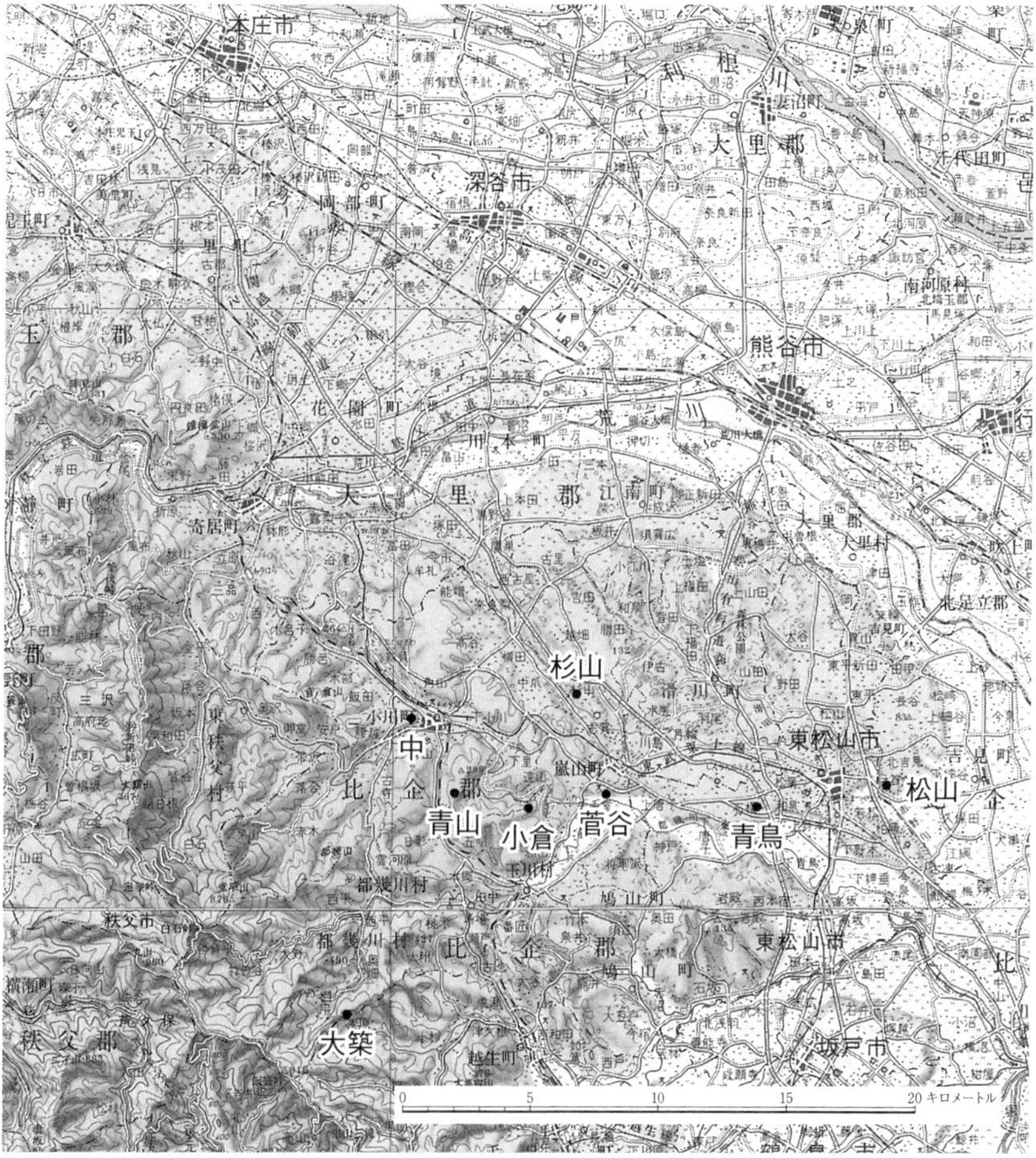

地図５－２

地図５－２　比企地域の横矢がかりの張り出しの分布状況（同前）

道は水害を避けるためにも尾根筋に上がるのがもともと必須だったはずである。この城と小倉城の立地は、谷底平野を縫う道に視点を置くと、ほとんど相似である。なお、試みに戦国期の板碑《いたび》の分布を調べてみると、比企地域（東秩父村を含む）で大永年間（一五二一～二八）以後の紀年銘を持つ板碑は七三基にのぼる。このうち鎌倉街道上道に沿った小川町下横田《しもよこた》・鳩山町泉井《いずい》・同町小用《こよう》と、東武東上線の走る兜川の谷筋の小川町靱負《ゆきえ》にそれぞれ一基ずつあるほかは、すべてこの水系の谷と氾濫原の中の微高地に分布する（埼玉県立歴史資料館『板碑』Ⅲ、名著出版、一九八一年による）。

他方、鎌倉街道上道は、中世前期以来の地域間の大動脈である。齋藤慎一氏は、大永年間ころから、これより西の「山の辺の道」にその役割が移り、上道はいったん衰微したと推測された（前掲『中世東国の道と城館』）。しかし、永禄五年に、この道が荒川を渡る地点である赤浜（寄居町）で、松山城に籠城していた越後上杉勢と、攻撃する北条側の上田氏とが合戦したことが、同時代史料で確認できる（七月廿七日付け太田資正感状、道祖土文書、『東松山市史』資料編Ⅱ）。沿道で少ないながら板碑が造られ続けていることから見ても、上道は一貫して基幹的な交通路であったと考えてよい。この道こそ、比企地域の人文環境の最大の形成要因である。そして、上道が都幾川の谷を横切る地点、そこにまたしても菅谷城があることに気づかされる。

菅谷城と一六世紀後半の城

この城（図5－7）は、都幾川によって作り出された崖を南側の城域の区画に利用し、河岸段丘上に大きく築かれている。雄大な規模に加え、副郭に付属する馬出aや、曲輪内への目隠しとなる土塁b（一般に「蔀《しとみ》」と呼ぶ）、外郭の塁線に見られる直角の折れなど、技巧的な要素も多い。ただ、側面から入れて方向転換を強いる「比企型虎口」は存在しない。文献史料では、一六世紀初頭まで山内上杉氏がこの地域での拠点的城郭として利用したことが確かめられている。主城となるにふさわしい地点を占めている、という自然環境・人文環境からの推測は、間違っていなかった。しかし、遺物のうえでは一六世紀後半のそれが欠落しており、したがって一六世紀初頭段階で廃絶したと考えられている（水口由紀子・栗岡眞理子「菅谷館跡出土遺物の再検討」埼玉県立歴史資料館『研究紀要』二五、二〇〇三年）。

それでは、比企地域で一六世紀後半に存続していたのが確かな城はないのか。もちろん、ある。同時代史料によれば主城の松山城、考古学的には、今後増える可能性もあるが、現状では青鳥城と小倉城である。

松山城（図5-8）は、先に見たとおり、比企地域の中心というには、荒川の氾濫原に寄りすぎた立地である。もちろん自然堤防を縫って河越から北進する道（齋藤氏が前掲書でいう「鎌倉街道上道下野線」）があり、それに結び付いているのだが、地域全体からすると限られた影響圏しか持てない。そして縄張はといえば、藤井尚夫氏の試算（『東松山市史』資料編Ⅰ）に従うと、丘の面積の半ばを堀で掘削したという、異様なほど遮断性の卓越したものである。主郭Ⅰの虎口aとⅣ郭の虎口bは横矢がかりの張り出しの脇を直進するタイプ、Ⅱ・Ⅲ郭は横堀の崖縁入路に形成された重ね馬出c・dから入る。これらの虎

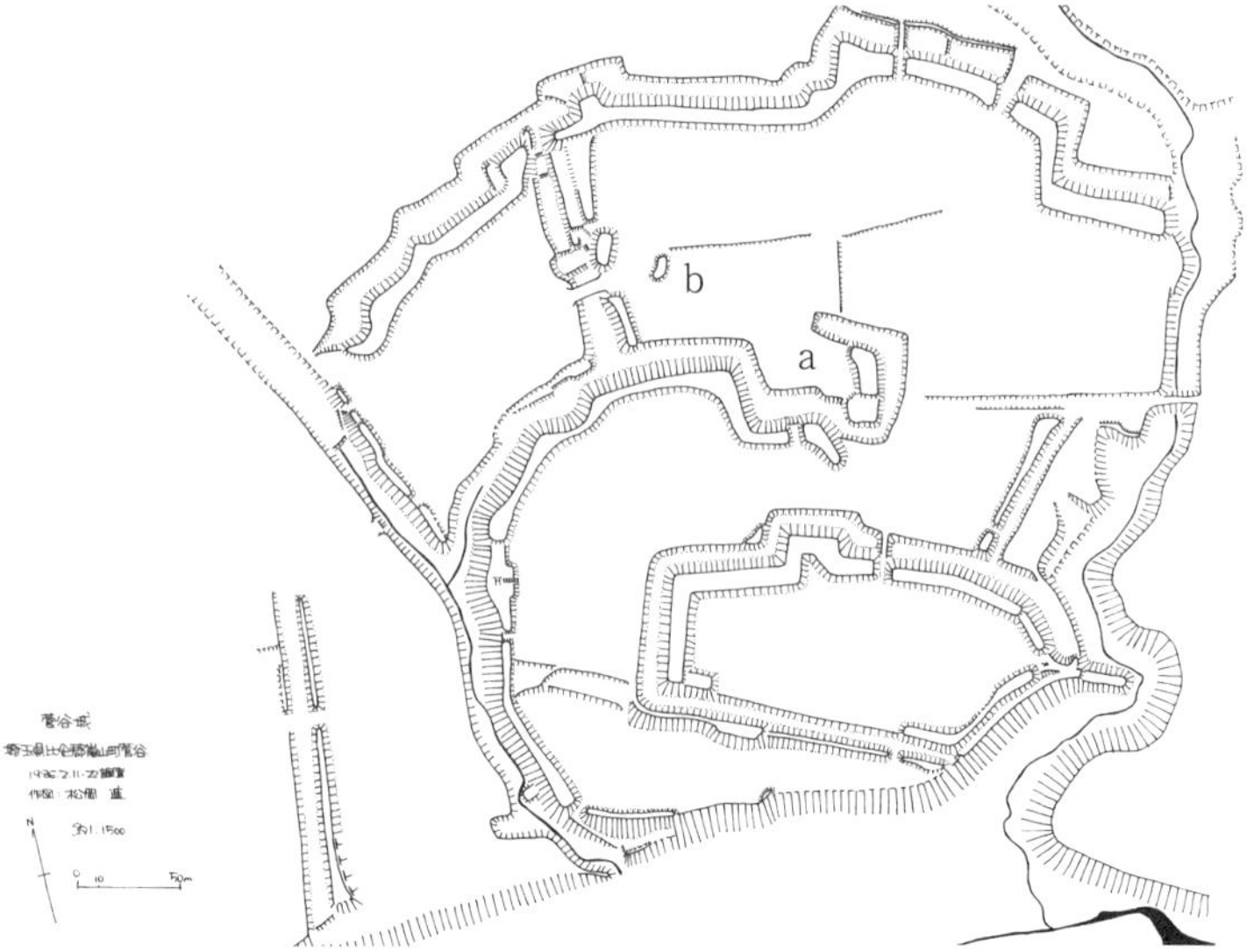

図5－7

図5－8

図5－7　菅谷城（埼玉県比企郡嵐山町菅谷、1986年2月調査）

図5－8　松山城（埼玉県比企郡吉見町南吉見、1986年2月調査）

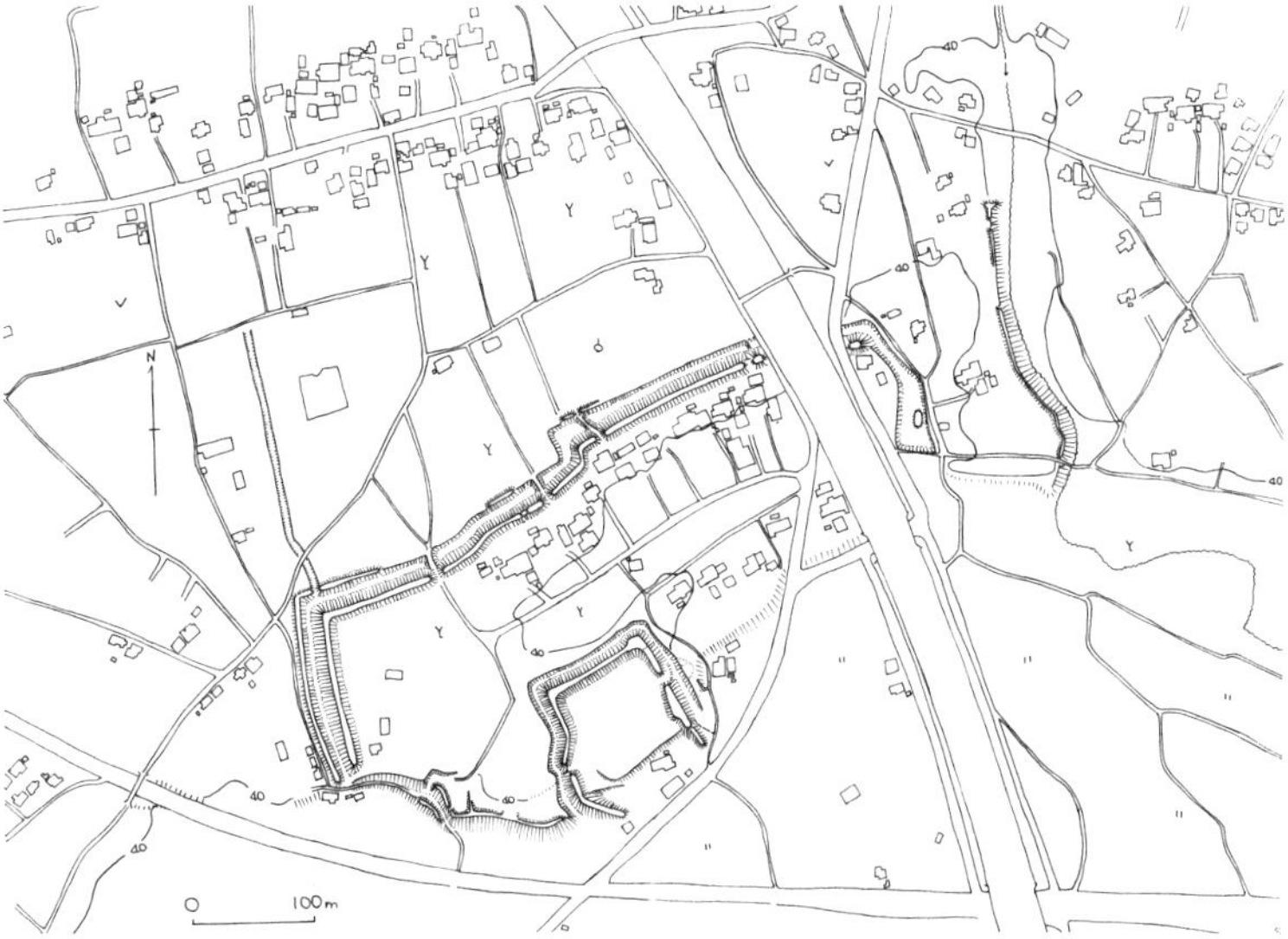

図5－9

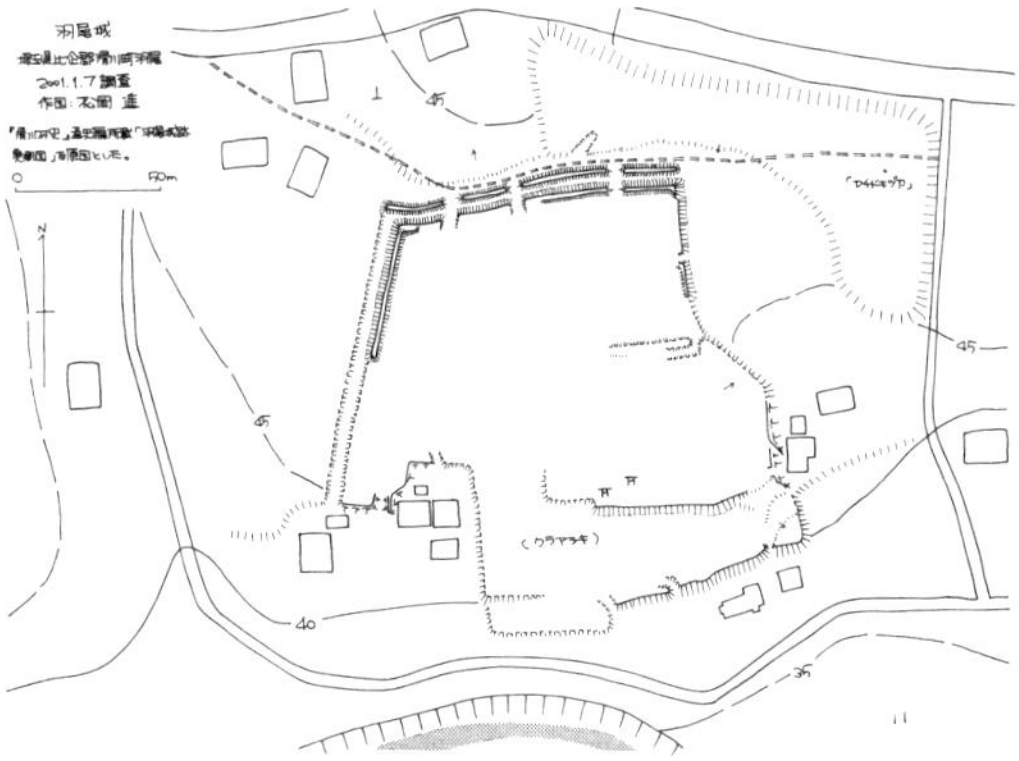

図5－10

図5－9　青鳥城（埼玉県東松山市石橋、1986年2月調査）

図5－10　羽尾城（埼玉県比企郡滑川町羽尾、2001年1月調査）

口に見られる技巧は、杉山城との共通性が強い。主郭南方の斜面は、かなり乱れた形態だが畝状空堀群を設けていたと見られる。その東の、現在削平されて武蔵丘短期大学が建っ

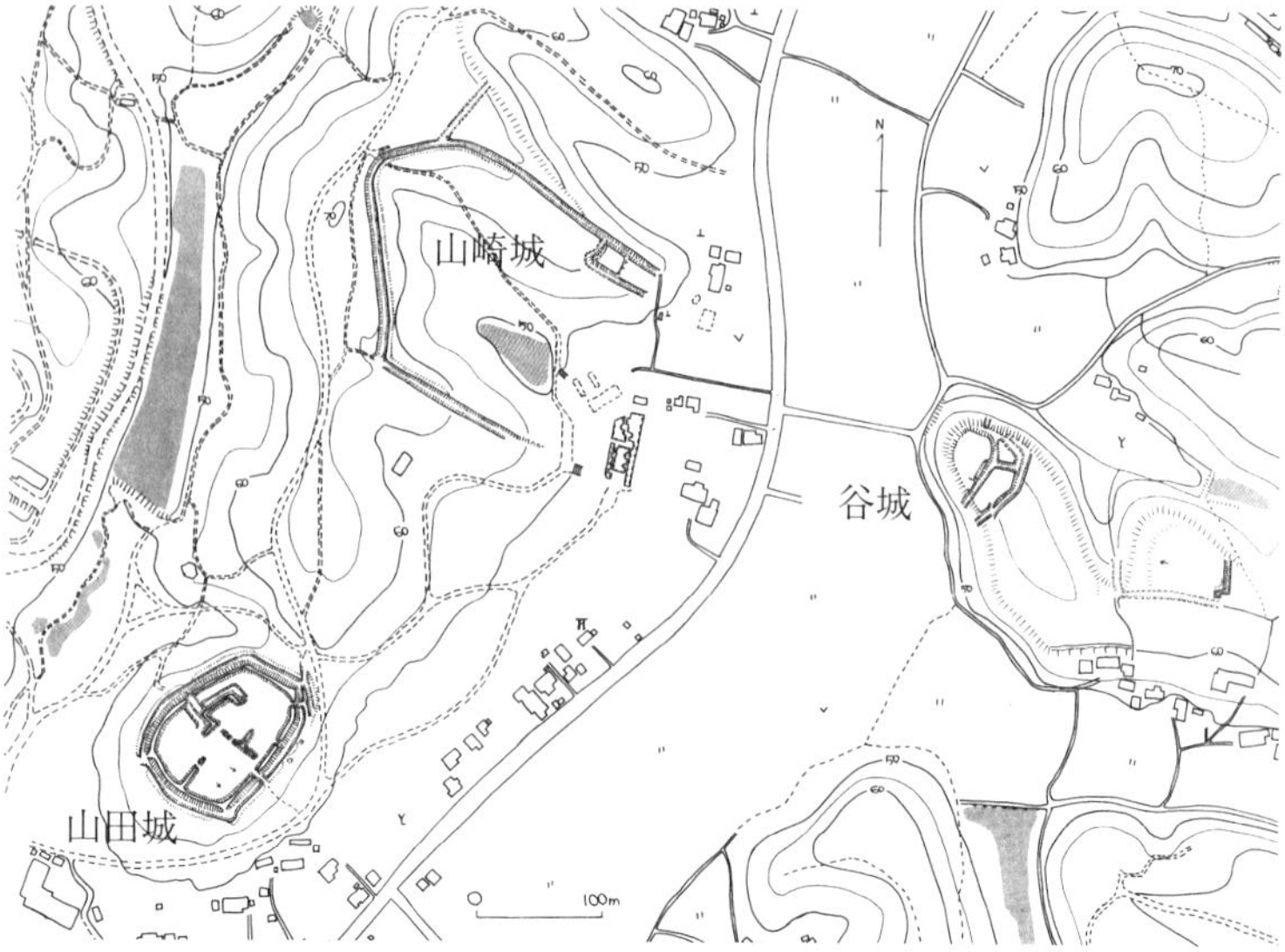

図5－11

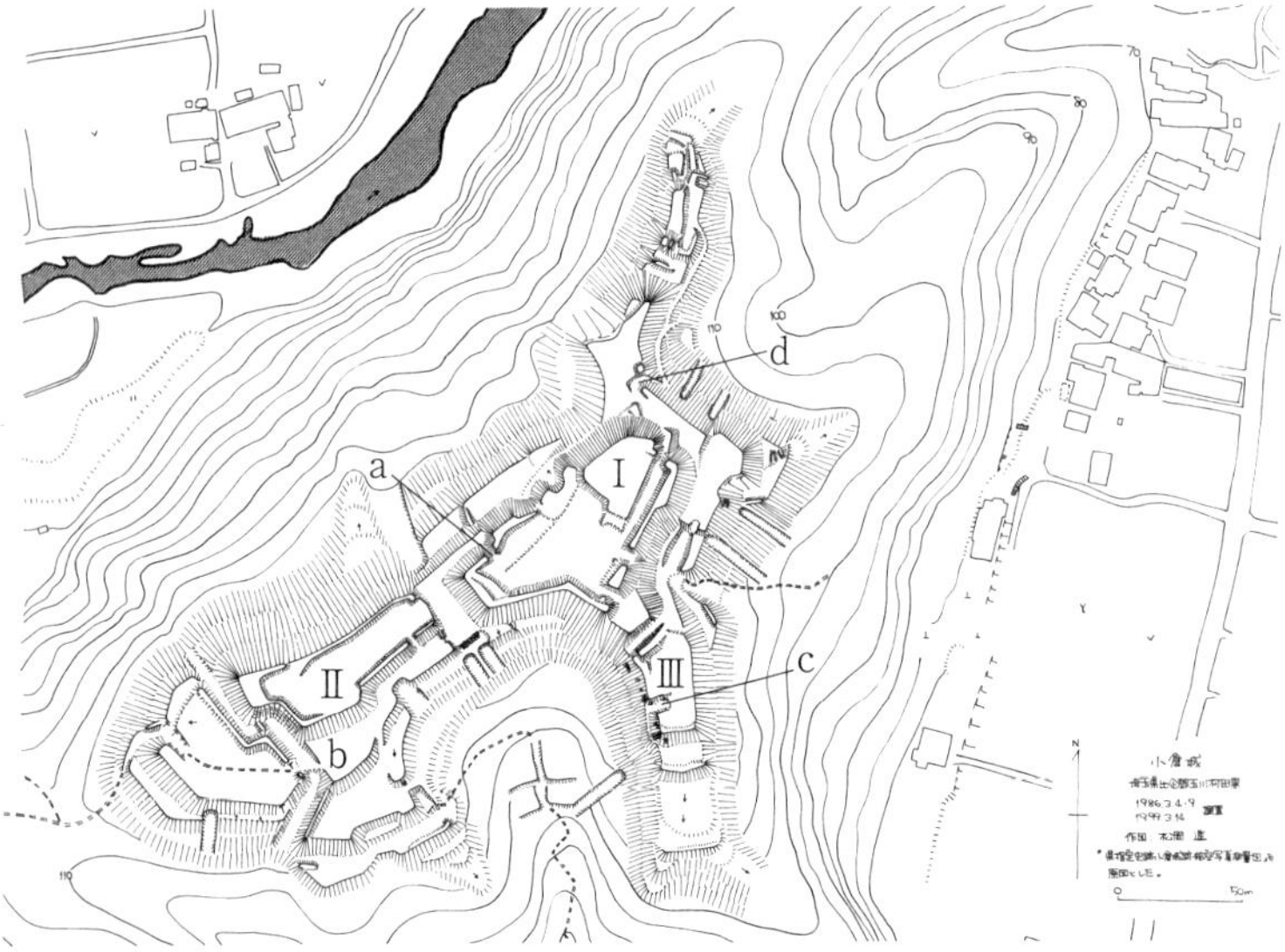

図5－12

図5－11　山田城・山崎城・谷城（埼玉県比企郡滑川町山田、1985年2月・1986年3月・1991年6月調査）

図5－12　小倉城（埼玉県比企郡玉川村田黒、1986年3月・1999年3月調査）

ている隣接地は、かつては自然地形の丘で、食い違いを複数備えた横堀が取りまいていた（図中には、本田昇氏の調査成果に基づいて、点線で記入している）。この城は、私の分類ではCaである。戦時対応の要素が強く押し出され、ふつうの主城のような日常的に必要な施設を配置するゆとりが足りない。

青鳥城（図5－9）は、菅谷城をしのぐ広大な面積を誇る。副郭の虎口に横矢がかりの張り出しが付いている。大規模だが実にシンプルなプランで、駐屯地の保全という機能に特化している。類型に分ければやはりCa。この城の起源は一五世紀の陣と見られ、鎌倉街道の支線（齋藤氏は先の「下野線」が東方の吉見経由から移ってきたと推定されている）が、付近を通過している。しかし、上道の衰微が論証できない以上、この支線の評価はデリケートな問題である。

沿道には羽尾城《はねお》（図5－10）や山田城・山崎城・谷城《やつ》（図5－11）があるが、いずれも応急的な普請の城で、技巧的な要素も特に見出せない。羽尾城は、「太田道灌状」（『北区史』資料編　古代中世2）に見える「羽生峰」の陣や、大永四年（一五二四）の上杉憲房の「羽尾峯」の陣（石川忠総留書、『東村山市史』六）との関係が考えられる。山田城は築城途中の遺構を残す特異な城で、山崎城は北に隣接し、谷城は道をはさんで東に向かい合う。いずれも日常的居住の場としての性格が乏しく、戦時対応に限定した性格が推定される。この支線は、もう一つの幹線として上道と並行していたと考えるのが妥当ではなかろうか。村上伸二《むらかみしんじ》氏は、青鳥城の北に「宿」の付く地名が東西に連なることから、この城は上道と下野線（つまり支線）をつなぐ道をおさえていたのではないか、と論じられている（「青鳥城」峰岸純夫・齋藤慎一編『関東の名城を歩く』南関東編、吉川弘文館、二〇一一年）。聞くべき見解であろう。

次に、小倉城（図5－12）。主郭Ⅰ西北部の虎口aと曲輪Ⅲの虎口cが「比企型虎口」、副郭の虎口bは大規模な櫓台の脇を抜ける形態で横矢がかかる。というより、これだけ圧倒的な櫓台に制圧されては、近づくのも容易ではあるまい。主郭東下の虎口dは、掘り込みによる枡形である。菅谷城の背後に連なる道をおさえる地点を占め、都幾川の谷全体への見通しもきく。この城には、ことさら戦時対応と見られる普請のあまい曲輪はなく、類型に区分するとBである。しかし、山麓に都市的な要素を持つ集落は想定できない。菅谷城の支城としてなら、申し分のない立地である。

私たちは、またしても一六世紀後半において中心となるべき地点が空洞になっている現象にぶつかったようである。第三章では、それを備中国府域の自律性の作用と考えた。今度はいったい何か？

菅谷城の空白期とは

菅谷には、確かに鎌倉街道上道の宿となる町場が存在した。けれども、同時代史料の内容や板碑の分布からすると、この地域で都市的発展を遂げた第一は、やはり松山である。しかし、その城には地域全体の主城としての性格が欠けている。松山の町は、城から見て市野川の対岸にあり、新宿が城寄りに誘引されても、対岸にあった事実は変わりない。町が自治性を堅持したこともすでに指摘されている（藤木久志『戦国史をみる目』校倉書房、一九九五年)。

そこで考えてみるべきは、菅谷城が一六世紀後半に遺物の空白期を持ったという意味だろう。城が廃絶したという推定は確かに成り立つが、私は、それ以外の推定の余地もあると考える。比企地域の北に隣接する寄居町に、花園城《はなぞの》という規模の大きい山城がある。その麓の末野《すえの》にいた鐘打《かねうち》にあてて、北条氏照《うじてる》が、飛脚《ひきゃく》役と合わせて山の管理を命じた天正一七年の印判状の末尾に、「花薗山」も申し付ける、と記している(『戦国遺文』後北条氏編三四一一号)。当時花園城は使用されていないことがこの表現にも明らかだが、大名と特別の関係を持つ人々に委ね、名をあげて管理を命じる対象だったのもわかる。じつはこれと同じような管理が、近世に「古城」となった城跡でも広く行われている(拙稿「『新編武蔵風土記稿』にみる古城と近世社会」『中世城郭研究』一一、一九九七年)。

そこで、菅谷城についても、大名北条氏の軍事的中継点(つまり「陣」)となる可能性のある施設として、空けておかれたという可能性が考えられてよいのではないか。コラム4でふれたように、平地の城が、上位者の「陣」としての利用に備えて確保されていたと見られるのと同じである。小倉城は、その保全のための手段として理解できる。小倉城主と伝えられるのは江戸衆の遠山氏で、同時代史料で証明できないとはいえ、戦国後期に松山領の支配者となった上田氏との関係は伝承されてもいない。

上田氏の領域構成

上田氏は、東に寄った松山城を拠点としたが、一五世紀後半には小川に拠点があり(「太田道灌状」)、松山に進出してからも、この地域の西部と関係が深い。槻川上流の浄蓮寺《じょうれんじ》(東秩父村)との密接な関わりは、板碑や文書によって知られる。ところが、浄蓮寺と同じく日蓮宗の題目板碑を残す東松山市域の西部、神戸の妙昌寺《みょうしょうじ》は、門流が違い、上田氏の関与を確認できない(『東松山市の歴史』上、一九八五年)。文献史料でも、松山地域と浄蓮寺ばかりに同氏の関連史料が残っている。まるで領の中央部が欠落しているかのようである。それは鎌倉街道上道やその支線の通過する地域にほかならない。

ところで、齋藤氏は、小川町の市街地から腰越城を経て安戸《やすど》城にいたるルートが、鉢形城と結び付く「山の辺の道」ではないかと考証されているが、私は、このルートから二本木峠を越えて秩父側に入った地点に、永禄期の同時代史料(『戦国遺文』後北条氏編七四〇・七四一号)に見える千馬山《せんばやま》城が存在することに注目する。つまり、秩父という他地域とつながる主要道なのである。戦略的な本拠・松山城を前線において、上田氏の領編成は、腰越城を軸とする槻川上流域を後背地とし、さらに背後の秩父との連絡線を確保しているように見える。ちょうど第二章で見た伊具地域と同じ、拠点―後背地―後背地(としての他地域)という三層構造である。腰越城は、発掘調査では一六世紀前半どまりの遺物しか出ていないが、このようにとらえると、上田氏の後背地戦略の拠点とする西股総生氏の考察(「上田朝直と青山・腰越城」『城館史料学』五、二〇〇八年)は、魅力的な仮説といえる。

比高と規模のグラフから

次に、例によって比高と規模のグラフを作って、これまで見てきた点をさらに掘り下げてみよう。

まず、比高のばらつきが少ない。これは丘陵地帯だからには違いないが、比高一〇〇メートルを越える山城に大規模なものがないのは特徴的である。それは、この地域の戦略的中枢が、丘や平地に営まれた城にあることを意味する。なお、段丘面や平地に築かれた城では、外郭が失われた事例も少なくないと想定されるが、規模は現状で遺構が確認できる範囲で概算している。

そこで、規模を見ると、青鳥城、次いでは菅谷城が桁外れに大きく、第一章で見た小国《おぐに》城と同じか、さらにその倍近い規模を誇る。小国城は近世初頭まで使用され、山麓まで堀を普請したプランだったから、この二つの城は近世城郭なみの規模といってよい（ほかとまったく隔絶しているので、グラフでは除外している）。このうち菅谷城は、前述のとおり、この地域の本来的な主城と理解できるが、青鳥城はなぜこれほど大規模なのだろうか。やはり、鎌倉街道上道や支線を利用して北方に出撃する駐屯拠点の意義が、一六世紀後半に重要だったから、と考えなくてはなるまい。そこに駐屯地に特化した超大規模城郭を築く北条氏の戦略的思考の徹底ぶりにも注意しておきたい。

次は一〇万から六万のグループで、これまでの他地域の例でも、だいたいこのクラスが大規模な中世城郭といえる。比企地域では、松山城（外郭を含む）・小倉城・杉山城が属する。なお、山崎城も同レヴェルだが、前述のように応急的な普請で、斜面に切り込む堀の内部に平坦面がほとんどないので、共通する性格は考えられない。次いでは五万から二万のグループで、この地域で一つだけ比高が飛びぬけて高い大築城をはじめ、軍事的色

表 5-1　比企地域の城郭

	城郭名	比高(m)	東西長(m)	南北長(m)	規模(㎡)
1	青鳥城	10	660	500	330000
2	菅谷城	10	410	440	180400
3	松山城	40	350	270	94500
4	小倉城	70	260	290	75400
5	山崎城	20	230	280	64400
6	杉山城	40	220	280	61600
7	大蔵館	5	200	230	46000
8	大築城	240	200	220	44000
9	腰越城	140	130	220	28600
10	谷城	30	160	160	25600
11	羽尾城	10	160	150	24000
12	四津山城	100	120	190	22800
13	越畑城	50	120	190	22800
14	青山城	150	120	150	18000
15	高坂館	10	130	130	16900
16	山田城	20	140	120	16800
17	野本館	10	150	100	15000
18	岩殿山城	10	170	80	13600
19	中城	20	130	100	13000
20	大堀館	0	180	70	12600
21	三門館	20	100	100	10000
22	泉福寺	15	50	110	5500
23	高谷砦	50	40	130	5200
24	安戸城	100	60	70	4200

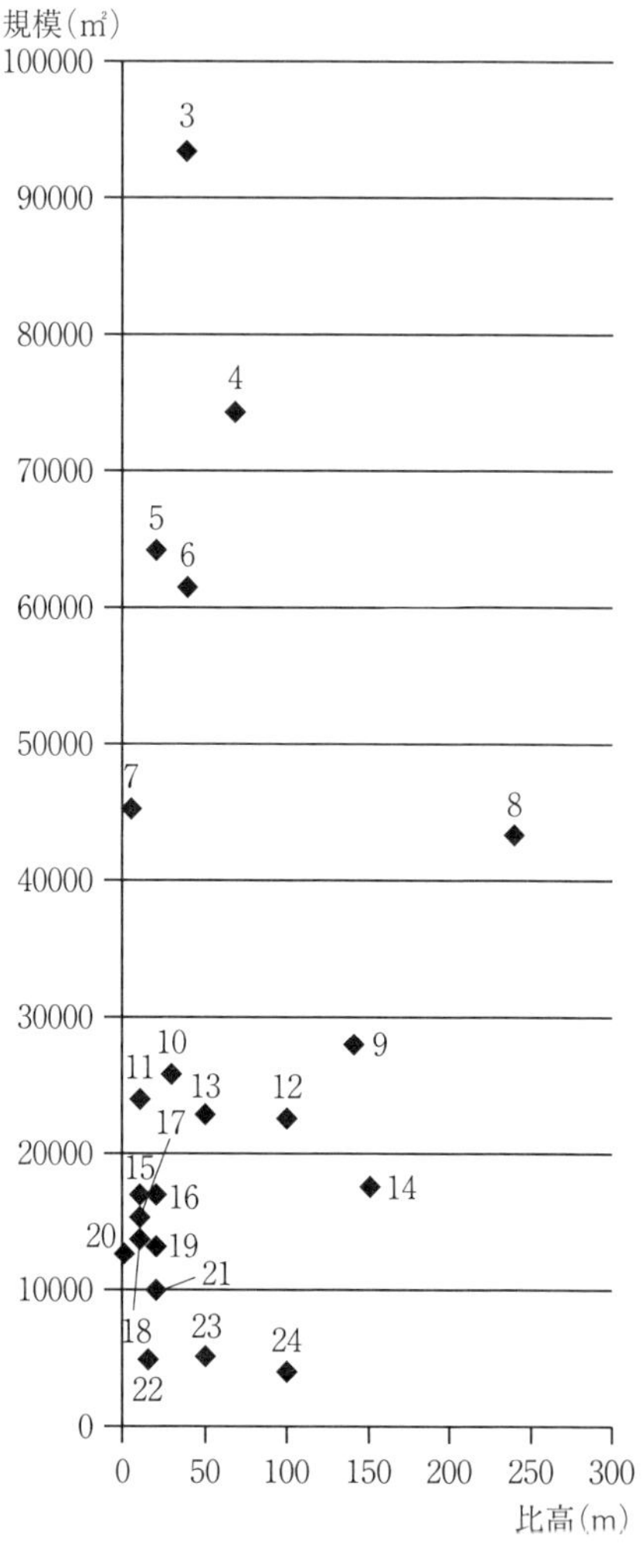

グラフ 5-1　比企地域の城郭分布状況

彩の濃いテクニカルな城、あるいは戦時対応の応急的な城が並ぶ。

さらに二万未満のグループがある。前のグループとはだいたい接続し、青山城のようにテクニカルな山城も含まれるが、比高の低い城が急に増えることから、別のグループに分けた方が適切であろう。注意したいのは、最上地域や伊具地域で見出せた、小規模で比高の高い城が見当たらないことである。安戸城はそれに最も近く、プランも簡素で、あるいは「村の城」かとも思えるが、西から見るとよく目立つ丘で、麓には「宿」の地名もあり、秩父にいたる三層構造のうえで欠かせない要衝を占める。比高も地域全体の中では特に高くはない。

このグループでは、先の山崎城と同じように、斜面に切り込む形態で堀を造っている例として、岩殿山城《いわどのやまじょう》や三門館《みかど》がある。これらは中世前期以来の屋敷の形態を引き継ぐものとも考えられるが、前者について足利基氏《もとうじ》の陣との伝承があるように、陣営の可能性もある。野本館《のもと》は、永享一二年（一四四〇）の結城合戦の際に、上杉憲実《のりざね》が陣を取った跡と見られる。したがって、この最小規模のグループにも、下からの主体性を明示するような城跡は乏しい。この地域全体の後背をなす秩父地域には、多数の極小規模の山城があることが知られており（関口和也「秩父地方の小規模な山城について」『中世城郭研究』一、一九八七年）、下からの主体性は、それらにおいて姿を現したととらえるべきであろうか。

やはり比企地域は、境目の特質を色濃く帯びた空間である。しかも、上田氏を主体とした三層構造という、これ自体が上からの軍事的な規制であるもののさらに上に、鎌倉街道上道を軸とした大名レヴェルの軍事的要請が、それと合致しない形態でかぶさっている。

この地域の城郭群は、東西に連なる三層構造と、南北に縦断する幹線道路の作用によって、いわば十字形の軍事的空間を形成しているのである。西股氏が指摘したように、この地域の城郭の多くに強い戦時対応の性格が認められ、「中小規模の平凡な縄張の城」が見出せない（「比企地方における城郭の個性」藤木久志監修『戦国の城』高志書院、二〇〇五年）のは、こうした空間の性格を反映している。

そこで、ふたたび杉山城である。この城のプランが、北と東の尾根に軍隊を駐屯させる構想に立脚しているのは前述した。一方、技巧に走ったとも見える南側は、味方との連絡線であり、だからそれに乗じられないための工夫を凝らしたと見るべきだろう。つまりこの城は、鎌倉街道上道の北方に主敵を想定して、南から進んできた勢力によって築かれた、最前線の拠点と見なすのが、一番ふさわしい。この城の南で最も近いのは菅谷城。しかし、その前哨となる支城として築かれた、ととらえるには、普請が粗くて、類似の性格が考えられる小倉城と大きな差があるし、城外を含めて駐屯可能な空間が広い点でも差は大きい。しかも、全体の規模はこの地域での主城クラスと遜色がない。とすれば、菅谷城の空白期のどこかで、その機能を戦時に代替すべきものとして、この城は築かれた、と推測する余地があるのではないか。しかし、それはなぜか、いつか、誰によってか？　それを考える以前に、まだ注意を払わねばならないことがある。

コラム5 似ている／似ていない

前章で繰り返し「杉山城と似ている」「いや、やはり似ていない」と議論してきた。注意したつもりだが、あるいはそれをまったく主観的に感じられた読者もいらっしゃるかもしれない。

そもそも、人はどういう状態を「似ている」と受けとめるのだろう。「Aさんと Bさんは顔が似ている」と他人にいわれても、ピンとこないことは誰にでもあるはずだ。しかし、「目もとが似ている」と、部位を限定されると納得できる場合もある。「似ている」は簡単に計量できないから主観的になりやすいのだが、単独の要素を取り上げた場合と、全体を取り上げた場合と、少なくとも二種類ある。じつは、これらは縄張研究の原理的な大問題なのである。

城のプランは、元来一つとして同じものがない。だが、すべてが個別的では研究にならない。同じ要素を見つけ出すことで、一般性を持った研究対象になる。この「同じ要素」として、まず注目されたのが、虎口《こぐち》の形態だった。枡形《ますがた》や馬出《うまだし》のような、近世城郭に見られるアイテムをいち早く実現している土の城がある、それを拾い出してみると、たとえば半円形をなす丸《まる》馬出《うまだし》は武田氏の進出地域にかたよって分布する、といったように。次には畝状空堀群《うねじょうからぼりぐん》が注目の的になり、初めは上杉氏と関係があるのでは、といわれていたが、日本海側をはじめ、各地で幅広く見つかるようになり、すると武田氏の城郭と見られるものには、その代わりにもっと本数を絞った放射状の竪堀《たてぼり》がある、ということもいわれるようになった。つまり、単独の要素を取り上げて「似ている」、あるいは「似ていない」と見ることによって、築城主体としての大名の存在が浮かび上がってきたのだ。これが、齋藤慎一《さいとうしんいち》氏の手きびしい批判によって有名になった「戦国大名系城郭論」の骨格である（前掲『中世東国の道と城館』）。

齋藤氏は述べる。個々の特徴がその大名に固有だということが証明されていない、そもそも事例がその大名によるものだという論証が十分でない、強力な戦国大名という通俗的なイメージに寄りかかっている、と。いわれてみるとそのとおりなのだが、私には核心をついた批判には思えなかった。

縄張《なわばり》に正面から向かい合い、そのものとして研究するためには、どこかで「似ている」点を見出さなくてはならない。地形や地質のせいで似ている、というのではなく、意図的に造られたものを取り出して、「似ている」点を明らかにするのは、研究を進めるうえで欠くわけにはいかない。丸馬出は武田氏だけでなく、徳川氏も築いていたのが明らかになった。それは研究の発展であり、戦国大名系城郭論の破綻ではない。畝状空堀群への注目が、特定の大名の関与を否定する方向に向かったのも同じである。確かに、研究者の中に「このプランを実現できるのは武田だけだ」というたぐいの憶断が横行していたのは、反省しなくてはならない。しばしば「似ている」点の列挙に終わって、演繹的に体系化する努力も不足していた。問題は、何をもって「似ている」とするのか、そのうえで、なぜ「似ている」のかを考えることにある。集積されたデータを違う角度から読み直す作業に取り組むべきなのである。

齋藤氏も信頼に足るとしている唯一の「大名系城郭論」が、織豊《しょくほう》系城郭論である。中井均《なかいひとし》氏は、裏込《うらご》めを持った高石垣、礎石建物、瓦の使用の「三点セット」が、織豊系城郭をプランの次元まで含めて特徴づけたとされ（「織豊系城郭の画期」村田修三編『中世城郭研究論集』新人物往来社、一九九〇年）、織豊期城郭研究会での系統的な検証を経て、この認識を確立させた。ここには学ぶべき点がある。それぞれの特徴を並列的に列挙するのではなく、プランの次元で体系的に結び付ける視点である。堅固に積まれた高石垣は、直上に耐火性のある瓦で葺いた重量の礎石建物を建てることを可能にした。それがつまり高櫓や多聞櫓《たもん》であり、その火点《かてん》としての効果を活かすことで、横矢《よこや》がかりや枡形を駆使したプランが発達する。

つまり、単独の要素だけで「似ている」と判断を下す前に踏みとどまって、何と組み合わされてどういう軍事的課題を達成しているかを見なければならない。その際には、目立つ点だけを取り出すのではなく、全体的な関連を見きわめる必要があるだろう。言いかえれば、個々の技巧の背後に、固有の軍事史的段階を見通す努力が必要である。なお、本書では「パーツ」ということばを使用していない。それは、部分だけを取り上げるのではなく、全体的な関連を踏まえた「構成要素」として、技術的に卓越した遺構をとらえたいからである。「アイテム」ということばを使っているねらいは、そのようなものと了解されたい。

前章で杉山《すぎやま》城と玄蕃尾《げんばお》城の比較を試みた意図は、両者を構成する技巧をできるだけ全体的に対比することであった。その結果は、「似ていない」。部分的に確かに「似ている」ところはあるが、玄蕃尾城は曲輪《くるわ》の側面から入る虎口と、土塁囲みの小郭が基礎となるのに対し、杉山城は正面から入る虎口と横堀《よこぼり》を駆使した横矢がかりのセットを主とし、側面から入る「比企《ひき》型虎口」をこれと組み合わせる。いずれも進入者に対して火点を設定する方式に関わっているが、要素にもそれらの比重にも大きな差がある。同じ課題を解決するやり方が違う以上、両者を構成した技術体系は、やはり別ものと判断すべきである。

全体を取り上げて「似ている」とする視点として、ほかに曲輪配置があげられる場合がある。しかし、私はこれを過大視するのはどうかと思う。古い段階、あるいは権力編成が一揆的な結合を取り込んでいる場合、城のプランがルーズで「似ている」といわれるのだが、新しい城でも、陣営として築かれた城では中心が拡散しがちなことは見てきたとおりである。「群郭式」などといわれた曲輪間の序列の不明確な城でも、ていねいに見れば序列はあるし、そもそもその分布域の多くは、南九州や北奥羽・長野県佐久地域など、火山灰台地が広がる地域である。防備を強化しようとすれば、掘りやすい土質を活かして巨大な堀を掘り、一見ルーズなプランになっても何の不思議もない。これを一方の極に置いて、近世城郭への道を、権力編成の集権化と対応した集中的プランの形成に見るのは、直線的な論理が勝ちすぎて、軍事史的段階の認識が不十分になっているように思える。

この場合もそうだが、「似ている」ことを体系的に明らかにする際には、城を取りまく地域、つまり空間全体に注意する必要があろう。杉山城の技術体系は、前章末尾で見たように、比企地域という空間の中で共有される点を持っている。齋藤氏も、地域の中で個々の城の特徴をとらえる意義を指摘されていた。そして、そう考えてみることではじめて、杉山城ほどに残っていなくて全体の技術体系を問題にできなくても、たとえば横矢がかりをうかがえる堀の断片しかない城でも、等しい資料的価値を持つことがはっきりする。

そこで横矢がかりを造り出すクランクした横堀に注意すると、関東地方全体に広く分布しており、次章でもふれるように、関東管領や北条氏固有のアイテムではない。しかも、西国での事例は少ない。つまり、大名系城郭とは、地域・地方での工夫も引き継いで、多様な軍事的要請に対応できる技術の引出しが形成された産物、と考えられるのではないか。そうであれば、第一章・第四章でも述べたとおり、かなり発達した技巧と見える場合でも、国衆か大名かを判別するのは簡単ではない。かつての「戦国大名系城郭論」は、この点であまりに不用意に大名の主導性を想定していた。それは、本書でここまで繰り返し指摘してきた、下からの主体性を初めから考慮してこなかった、ということでもある。

VI 空間と時間

1 大名と地域

これまで五つの地域を取り上げる中で、地域の城郭群が形成された要因として、上からの要因と下からのそれとの重なり合いに注意してきた。まず、それらをまとめ、そこから引き出される問題点を考えよう。

山形県最上地域

大名側の上からの要請をふまえつつ、在地の領主連合の主導性のもとに、城郭群が「多核構造」をなして形成された。特徴的な技術である畝状空堀群《うねじょうからぼりぐん》や多重の横堀《よこぼり》は、地域全体に分布し、新しい段階の工夫された虎口《こぐち》とも共存する。

宮城県伊具地域

大名同士のぶつかり合いに伴って、拠点—後背地—後背地（としての他地域）という三層構造が形成された。後背地の小規模城郭群、さらに拠点や交通路から遠い地域に成立した城に、下からの主体性が反映している。特徴的な技術である連続虎口は、拠点地区の要衝を占める城を中心として分布し、後背地にはわずかしかない。

岡山県総社地域

伝統的な都市域を囲んで城郭群が成立し、大名はその地域構造に規制されて争奪戦を展開しながら、周辺を取りまく、あるいは陣営を築く形で築城を展開した。突出した部分を土塁で囲んで火点《かてん》とする技術、枡形虎口《ますがたこぐち》や畝状空堀群などが散発的に見られるが、地域全体で特徴的な技術は見出せない。

広島県三次地域

都市域を踏まえて国衆《くにしゅう》の本拠の城郭群が成立し、その中心性を侵害しない形で、外来の大名たちの陣営が隣接して築かれた。食い違い虎口や土塁囲みの小郭《しょうかく》、畝状空堀群が特徴的で、国衆の城にも外来勢力の陣営にも事例が存在する。

埼玉県比企地域

国衆による拠点—後背地—後背地（としての他地域）の三層構造が成立し、さらにこれと重ならない形で大名の戦略的な城郭配置が実現し、全体として十字形の空間構造をなす。特徴的な技術である「比企《ひき》型虎口」や、直進する動線への横堀を駆使した横矢《よこや》がかりは、前者は大名サイド、後者は国衆の三層構造に伴う傾向があるが、接点となる城も複数見られる。

空間構造論

これらから確認できるのは、まず、大規模な戦乱を契機に、それまでにあった地域構造を否定して、大名が一元的な編成を実現した例はない、ということである。毛利氏と織田政権との対決、あるいは伊達氏と相馬氏の直接対決のような状況があっても、それを契機にして地域内の軍事的・政治的集中が一挙に進む、というようにはならない。第二章で引用した、御館《おたて》の乱の際の上杉景勝《うえすぎかげかつ》の注意のように、常に集中とはうらはらな多元性が再生産されていく。戦国期の主流となるのは、池上裕子《いけがみひろこ》氏が流通について指摘されているのと等しく、集中ではなく分散なのである（『戦国時代社会構造の研究』校倉書房、一九九九年）。

多元性の基盤にあるのは、下からの主体性である。特定の国衆が卓越している場合、三次《みよし》地域や比企地域のように、大名の築城と空間的には分離する形で、国衆の拠点を中心とした城郭群が下からの主体性を表現する。国衆と大名の築城の間には、技術的交流が認められる。一方、卓越した勢力が存在しない場合には、最上地域や総社地域、伊具地域のうちの後背地に見られるように、多核的で技術的には対等な城郭群が成立する。最上では高い水準で対等であり、総社や伊具では逆にそうした技巧性を見出しがたい点で対等といえる。前者では、領主連合がほかの大名との直接対決の前線に立たされたが、後者ではそうではない。築城技術の格差は、この点から説明がつく。

ただ、このように整理すると明らかなように、どの地域でも在地領主制や国衆の地域支配に基づいて、普遍的に同様の城郭群が形成される、という議論は成り立たない。領主支配の段階的発展を基礎として戦国期の城郭群をとらえようとする視角は、かつて一般的であったし、今日も影響力を持っているが、根本的な再検討が必要である。同様に、「村の城」がどこにでもあるような見方も観念的である。

時間的変遷という視点からは、一度できあがった空間の構造は、戦国末期の大名間戦争の戦場になってすら、変化していないといえる。第三章で見た総社地域はその好例であり、幸山《こうざん》城・福山城を潜在的な中心とし、高松城と猿掛《さるかけ》城を東西の軍事的集約点とした構造は、室町期から織豊《しょくほう》期まで変わらない。ただ、その間に新たな城が付加され、城郭群の密度が濃くなり、それに対応して、宗教的な神聖性に閉ざされていた空間の周縁部が世俗化していく。伊具地域の場合も、天文一七年（一五四八）に伊達《だて》稙宗《たねむね》が丸山城に隠居したのは、南部が大名の軍事拠点となって相馬氏と対峙する構造の確立と評価できるから、北部と南部が対照的な様相を見せる城郭群の起源は、少なくともこのときまでさかのぼる。三次地域の陣城《じんじろ》群の起源と考えられるのは、すでに見たように大永七年（一五二七）。比企地域では一五世紀末の長享《ちょうきょう》の乱以来、鎌倉街道上道沿いで激しい合戦が繰り返され、杉山城の築城もそれらの中に位置づけようとする齋藤慎一《さいとうしんいち》・竹井英文《たけいひでふみ》両氏の見解が提示されている。この地域の十字形の空間構造の起源が、この時期にあるのは少なくとも間違いない。

城郭を群としてとらえ、その形成する空間の構造を認識しようとすると、戦国前期、あるいはそれ以前からの規定性の大きさを見出さないわけにはいかない。

周縁部の世俗化については、里山が築城の対象となり、さらには用材の確保がたえず必要になってくるところから、戦国期の築城は、それ自体いかに一過的な現象であっても、自然と人間の関係を変化させる契機となったと想定できる。それは城をめぐる不可逆的な変化のうち、最も基底的なものである。

時間軸における不可逆的な変化をさらに明らかにするためには、築城技術が大切な手がかりになってくる。次に技術体系のとらえ方を検討しよう。

2 技術体系

遮断系と導入系

私はかつて、戦国期の城郭の基本的な技術を、遮断系と導入系とに大別したことがある（前掲『戦国期城館群の景観』）。さらに踏み込んで検討するべき点は多々あるが、大きな区分としてはなお有効であると考えるので、ここでもそれに従って整理してみたい。

遮断系とは、進入者を城域にとりつかせない工夫を指す。たとえば堀切《ほりきり》や横堀がそうであり、畝状空堀群も同様である。より原初的には、人工で削り立てた切岸《きりぎし》（壁《へき》）もそうだし、そもそも山をよりどころにして立てこもる行為自体が、自然地形の遮断性を前提にしている。

一方、導入系とは、進入者が城域にとりついてから後の行動を制約し、あるいは防御者に有利な高低差や視野の差を生み出して、迎撃を容易にする工夫である。たとえば枡形虎口や馬出《うまだし》のような技巧的な虎口がそうであり、櫓台《やぐらだい》や横矢がかりの張り出し、第四章で具体的に見た「土塁囲みの小郭」もこのうちに含められる。縄張《なわばり》研究ではこちらが古くから注目されてきたが、発生論的には遮断系の方が先行したのは明らかで、導入系の発達は、いわばその新しい段階への端境《はざかい》期に顕著になるように思われる。畝状空堀群を全面的に配備した城では虎口の工夫があまり見られない、とされるのは、やはり遮断系の技術こそが城郭の防御システムの基本となってきた事情を示すものだろう。

火点論の射程

もう一つ、導入系の技術に関わって重要なのは、西股総生《にしまたふさお》氏が提起した「火点」というとらえ方である（「『横矢』の効用」『城館史料学』二、二〇〇四年）。氏は、これまで「横矢がかり」といわれてきたものが、進入者に対する十字砲火を可能にする構えとだけ理解されてきたのを再検討し、限られた弓や鉄砲を効率よく配置して、火力（本来の語義からいえば鉄砲であるが、弓矢を含めた射撃力全体を指すものとする）を集約的に使用するための工夫にほかならない、と論じられた。この考えによれば、塁線上に等距離に弓兵や鉄砲足軽を配置するなどというのはまったくナンセンスになる。それが戦国期の現実であっただろう、と私も考える。熟練した有能な兵力は限られており、戦闘が始まってしまえば補充も容易ではない。それを最大限有効に機能させることこそ、城郭のプランの要点であったはずである。必要ならいくらでも同レヴェルの兵力を動員できる兵隊将棋的な空想は、もはや捨て去らねばならない。

本書では、ここまで繰り返し、下からの主体性を指摘してきた。精兵が無尽蔵に存在し、大名の一元的な兵力配置に基づいて、すべての城郭が機能したというような想定は、成り立つはずもない。熟練した有能な兵力が相対的に少数であるからこそ、下からの主体性に基づいた築城や城郭守備がそれを補完することが必須になるのである。

「火点」というとらえ方は、横矢がかりにとどまらず、導入系の技術全体の理解にもつながる。進入者への迎撃に最も効率よく火力を集中できるプランこそ、導入系の工夫のめざすところだからである。たとえば枡形虎口や馬出は、櫓台同様、それ自体が火点となる。そう考えると、虎口の工夫を語るとき、これまで動線の連続的な曲折や、進入者を制約する狭い区画、といった平面的な要素ばかりが注目されてきたことも見直されてくる。まったく直線的な動線でも、あるいは虎口部分が区画されていなくても、防御者が高い位置から見下ろせるところに動線を限定していれば、高低差を活かした火点によって進入者を制圧するのが可能になる。「土塁囲みの小郭」の性格は、こう考えてはじめて正しく理解できる。

相馬氏の牛越《うしごえ》城、伊達氏の前川本城、岡山県の黒山城・友野城などで見てきた竪堀《たてぼり》と堀切をずらして設ける工夫も、あらためて注目される。堀切から竪堀へ、一直線につないで死角ができてしまうのを防ぐとは、言いかえれば、堀切のクランクしたコーナー上を火点として、堀切から竪堀の頭までを視野に収め、一点から集約的に防御するということだからである。このように、「火点」というとらえ方に立つと、近世城郭につながらない中世的な技巧にも、進化論的な図式にとらわれずに、正当な照明を当てることが可能になってくる。だから、コラム2でふれた、統一的な火点の設定を優先しない複雑な連続虎口は、戦国期のきわめてローカルな工夫にとどまった、ともいえる（もちろん、虎口自体を火点として、防御兵力を集中させるという意味では、それなりに集約的であったのだが）。

城郭プランにおける合理性とは何か？　これまでは、防御者側のかけひきが明瞭に解読できるプラン、と理解されてきたように思う。このような「合理性」とは、現代の解釈者にとってのものでしかないのは、もはや明らかだろう。合理性の基準は、中世の現実の社会の中に据えられねばならない。西股氏の提起は、そうした問い直しまで鋭く迫ってくるのである。

3　火点の構成技法

「土塁囲みの小郭」の成立年代

第四章で見た三次地域の土塁囲みの小郭は、大永七年の尼子・大内対陣の際には成立していたと考えるべきであろう。尼子氏は、天文九年には毛利氏の本拠・郡山《こおりやま》城（広島県安芸高田市）を囲んでいるが、その際の陣城とされる風越山《かざこしやま》城（同市）にも土塁囲みの小郭が見られ、中心部の端と、その周囲を取りまく広い駐屯部から突き出た尾根の先をことごとくこのアイテムで固めている。まるで「標準装備」とでもいいたげな使い方である。ここから逆算しても、大永期、ないしそれ以前に成立していたと見るのが順当であるが、その観点から関心を引くのが、長藪《ながやぶ》城（和歌山県橋本市）である。

つながった尾根上に三つの城が分散的に築かれているが、ここで取り上げるのは東の城である（図６－１）。細長く削平された主郭は、北寄りが一段低くなって虎口ａを開いている。そこから北西の尾根に向かってゆるく下りていった地点ｂで、周囲を見まわすと、三方に低いながら土塁が設けられているのがわかる。土塁囲みの小郭と見て、間違いない。残念ながら新しい山道が土塁を壊して上がり込んでくるため、本来の虎口がどこなのか、

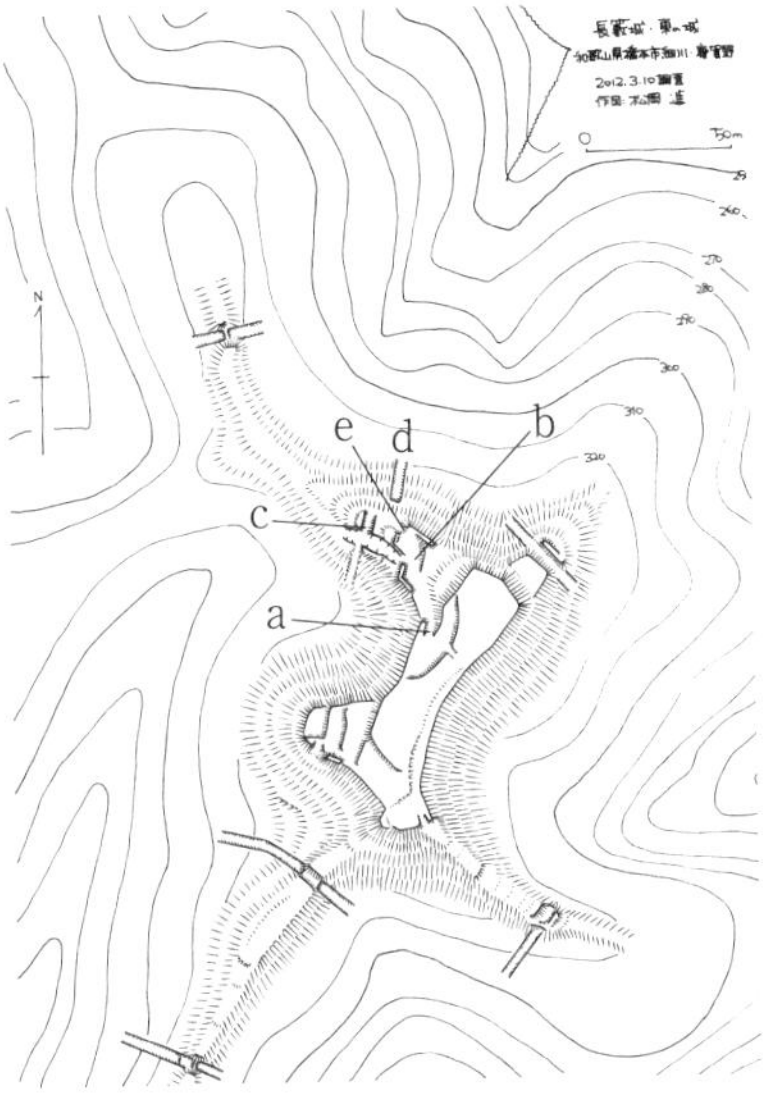

図６－１

図６－１　長藪城・東の城（和歌山県橋本市細川・慶賀野、2012年３月調査）

判断がむずかしいが、私は新谷和之《しんやかずゆき》氏の想定が最も無理がないと感じた（「長薮城跡」『和歌山城郭研究』九、二〇一〇年）。氏によれば、動線は堀切cと竪堀dの間を縫って上がってきて、土塁囲みの小郭の前面の塁線が食い違った箇所eに到達する。このとおりに上がってみると、確かに傾斜がゆるくなっていて、不自然なところがない。ところで、この城は、大永四年の記録に畠山稙長《たねなが》方として「長藪城衆」が見えるのが初見とされる。守護・畠山氏との密接な関係が明らかで、仮に戦国後期に改修されたとしても、ほかの勢力による可能性は見出せない。

ほかに、守護と関連の深い城で土塁囲みの小郭が用いられている例には、神楽尾《かぐらお》城（岡山県津山市）がある。また、播磨の守護・赤松氏の本拠である置塩《おじお》城（兵庫県姫路市）について、山上雅弘《やまがみまさひろ》氏は、土塁を伴わないが前面に突出した「射撃点」の設定を、大きな特徴として指摘されている（夢前町教育委員会『播磨置塩城跡発掘調査報告書』二〇〇六年）。こうした火点形成技術、そして土塁囲みの小郭が、西国一帯で大永期ごろに共有されていた可能性は想定できる。その技術的担い手は、事例による限りでは、守護レヴェルの大勢力であった。それでは、同じ時期の東国ではどうか。

横矢がかりの張り出しの成立

ここでただちに思い当たるのは、前章の陣の検討でふれた五十子《いかっこ》陣・小篠塚《こしのづか》城・山下《やました》長者屋敷《ちょうじゃやしき》である。いずれも一五世紀末から一六世紀初頭ころの古河公方《こがくぼう》や山内上杉氏などの陣の遺構と考えられるが、塁線の一角を大きく方形に張り出させている。櫓台に加工してはいないが、集約的な火点の機能を担ったものと見て間違いない。年代は、五十子陣が文明九年（一四七七）まで、小篠塚城は文亀二年（一五〇二）から永正元年（一五〇四）、山下長者屋敷は永正七年。土塁囲みの小郭で想定した年代より先行し、いずれにしろこれまで縄張の発達の中心と見られてきた時期よりはかなり古い。なお、文明九年に落城した石神井城《しゃくじい》（東京都練馬区）にも同様の遺構がある。

さらに、永正年間（一五〇四〜二一）に築かれたと考えられる足利政氏館《あしかがまさうじ》（埼玉県久喜市）、同じ時期に落城した新井城（神奈川県三浦市）では、主郭の塁線中央に、進入者を威圧するように方形の櫓台を突出させる構えが見られる。前者を見ると、突出部の現状は平坦で、櫓台らしい形状ではない（図6－2）が、『日本城郭大系』五や『久喜市史』資料編Ⅰ所載の実測図で、全体が高まっていたのがわかる。足利政氏在世中、すでに城内に甘棠院《かんとういん》が成立し、以後古河公方一族がその院主を務めているので、城郭としての機能は永正一七年にその子高基との抗争が終結した時点までと判断される。主郭の虎口ははっきりしないが、東側であろうか。これらの事例の築城主体は、古河公方・関東管領と、それに密接に連なる守護・国衆である。

こうした横矢がかりを意識した塁線の曲折は、西国では事例が少なく、年代も戦国末期まで下がる場合が多い、といわれてきた。「横矢がかりから考える」をテーマとした二〇一〇年（平成二二）の全国城郭研究者セミナーでも、結局この理解があらためて確認される結果になった。ただ私は、西国にはまだまだ周知されていない事例が埋もれているのではないか、と思う。一例を紹介すれば、富田松山城《とだまつやま》（岡山県備前市）である（図6－

3)。天正五年（一五七七）落城とされる浦上《うらがみ》氏の支城だが、きれいに土塁を回した主郭の西側に虎口が開き、その南で塁線が張り出して横矢がかりを形造っている。虎口まわりか

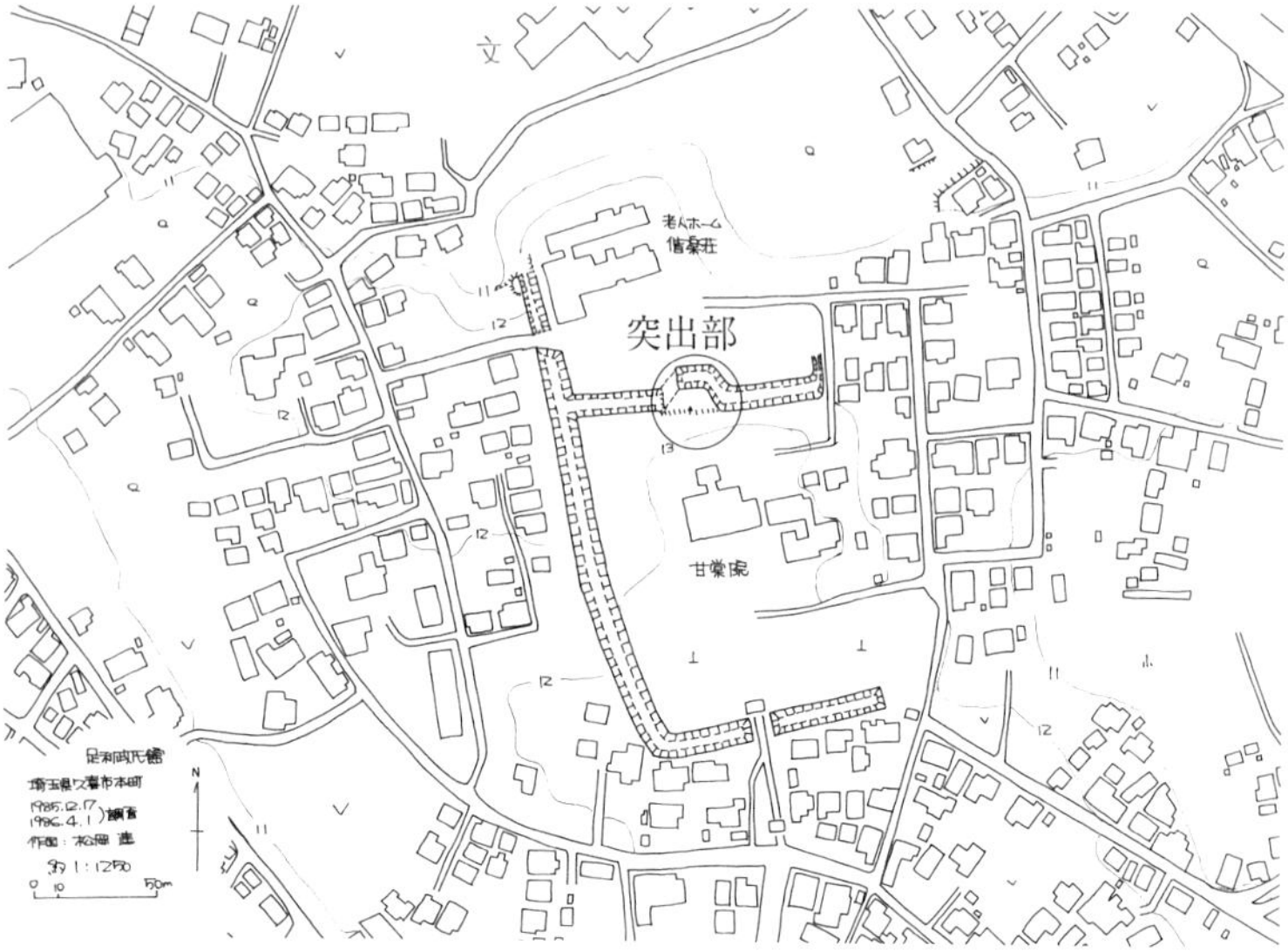

図6－2

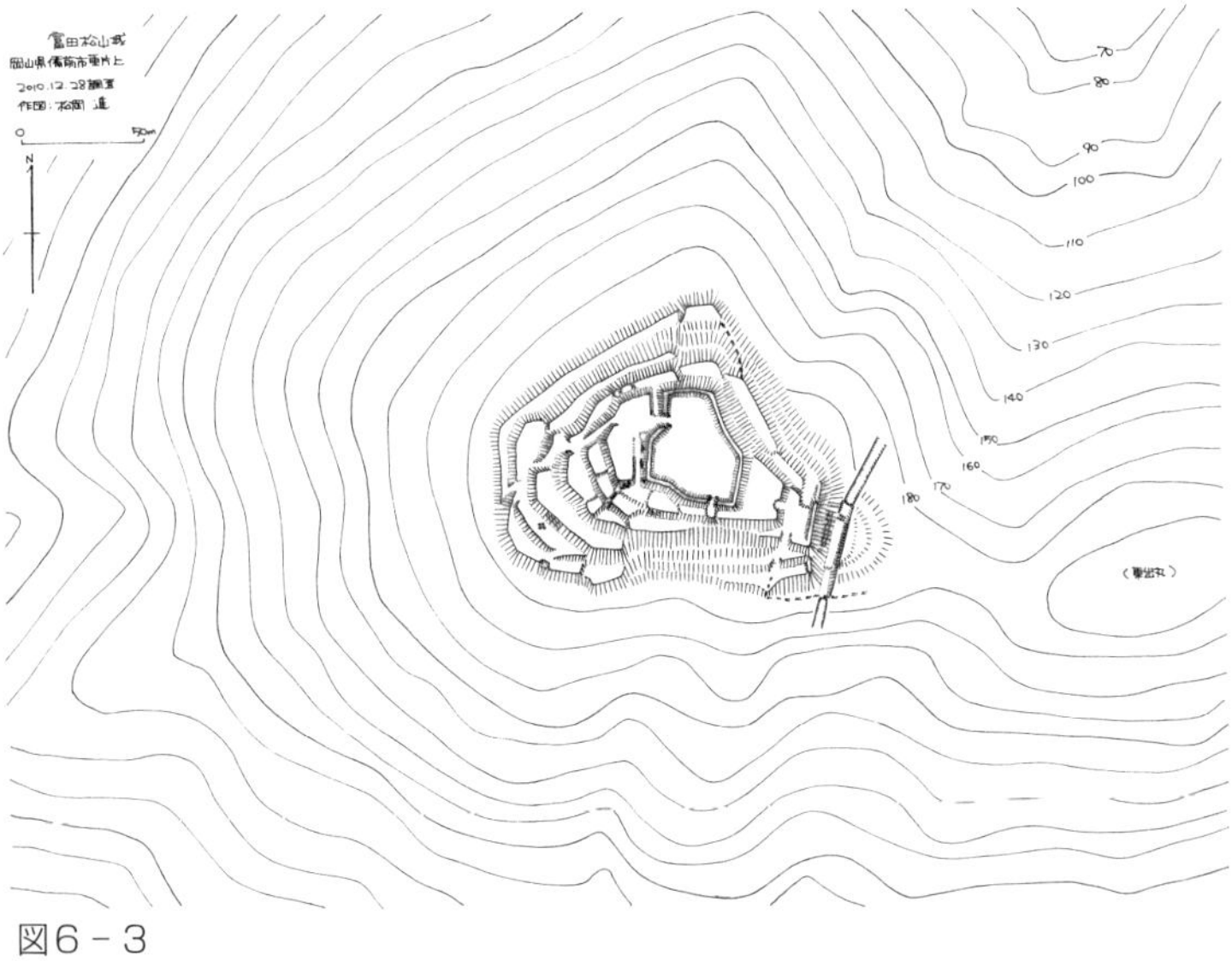

図6－3

図6－2　足利政氏館（埼玉県久喜市本町、1985年12月・1986年4月調査）

図6－3　富田松山城（岡山県備前市東片上、2010年12月調査）

ら南の土塁の中には石が散見され、かつては塁壁に石を貼っていたと推測できる。このコーナー部分を火点に設定すると、下段の曲輪に進入者が上がりこんだ時点から射程に入り、迎撃を避ける余地がない。火点の裾は、この城では珍しい横堀で守られ、容易に肉薄を許さない。シンプルだが強固なプランである。なお、逆に東国での「土塁囲みの小郭」の例も、西股総生氏に個人的にいくつも教えられた。

ただ、横矢がかりの事例が西国では少なく、東国ではそれに比べて「土塁囲みの小郭」が多くないのは、大勢として認めてよいだろう。そこから導き出せるのは、火点を絞って有効に機能させるプランが、戦国前期のうちに東国と西国でそれぞれに工夫され、独自のパターンの成立を見た、ということではないだろうか。その主体は、大きくは守護や古河公方・関東管領クラス、それに連なる有力国衆に求められる。

4 「比企型虎口」のゆくえ

基本的技巧の変奏

土塁囲みの小郭が、西国では戦国期の終盤まで基本的なアイテムとしてさまざまに変奏されたことは、前章で玄蕃尾城《げんばお》について見た。毛利氏の手になる確実な事例としては、永禄七年（一五六四）から同九年にかけての富田月山《とだがっさん》城攻めの際の陣営として知られる勝山《かつやま》城（島根県広瀬町。三島正之「勝山城」『図説中世城郭事典』三、一九八七年）があげられる。この城の北端に設けられた虎口曲輪は、眼下の連続堀切への進入と、虎口に迫る相手の双方に対して、有効な迎撃を行おうとした土塁囲みの小郭である。

東国でも、横矢がかりの張り出しが、戦国後期まで一般的なテクニックとして使用され続けた。その事例は、前章であげた青鳥《おおとり》城・小倉《おぐら》城で、さしあたり充分であろう。この二つの城の場合、横矢がかりの張り出しを曲輪ごとに造るのではなく、ポイントを絞って使用している点に、いっそうの技術的熟練を見て取ることができる。第一章で見た、畝状空堀群の使用箇所を絞りこむ最上地域の事例と同じである。少数の火点で最大の効果、という目的がさらに徹底して追求されている。では、後者の主郭などに見られる「比企型虎口」は、この視点からどう評価できるのか。

すでに述べたように、この用語を作ったのは西股総生氏である。氏は北条氏の城郭における虎口の変化を跡づけようとすると、枡形虎口が原初的形態から洗練されていく漸進的な過程を検証できない事実に直面し、違う形態の虎口から一挙に飛躍的な転換が行われて枡形が創出されるのではないかと考えた。「比企型虎口」は、こうして論理的に想定された枡形虎口の先駆形態にほかならない。曲輪の側面から入って、すぐにまた大きく曲がらないと内へ入り込めない、という動線の折れ方は典型的な枡形虎口と同じで、ただ虎口部分を限って区画する施設は持たない。開口していない正面は、進入者を威圧する火点となり、高い防御効果を発揮する。しかし、内側に区画を持たない以上、このタイプの虎口で門を設定できるのは外側だけになり、そこを突破されると、進入者がさらに大きく曲がるよう強いられるにしても、二次的な反撃の場を虎口部分の中に確保することはできない。つまり、正面の火点からの援護によって、側面の虎口を強固に守る、という組み合わせこそ、「比企型虎口」が実現したものである。したがってそれは、横矢がかりの張り出しと、無理なく共存する。

「比企型虎口」と枡形

一部には、「比企型虎口」を地域的な特徴を示すことばとして理解する向きもあるようだが、前述のとおり、正しくない。枡形虎口の前提となると考えられたように、論理的には各地に存在して当然であって、たまたま比企地域にその事例が多数見られるところから命名されたにすぎない。たとえば、猪俣城《いのまた》（図6－4）。比企地域の北方、児玉郡美里町《こだまみさと》にある。北側尾根からの動線を受ける虎口aは明らかな「比企型虎口」である。この事例のように、分布は武蔵国でも比企地域を越えている。

ところで、この城のプラン全体を見ると、主郭の虎口bは、連続した掘り込み式の小さな枡形虎口であり、南の尾根からの動線を受ける虎口cも枡形になっているのに気づく。「比企型虎口」は、正面の火点からの威圧を最大限に生かそうとした虎口形態だったが、掘り込み式の枡形は違う。これは、正面からの迎撃をかいくぐって側面の虎口に到達した進入者を、一段低い部分へ追い込み、方向転換を強いることによって決定的に制約し、三方から俯射しようとする構えである。つまり、正面に集中した火力を、さらに二次的に転用できるようにした工夫といえる。考えてみると、小倉城でも主郭の北側下に掘り込み式の枡形があった。腰越《こしごえ》城では、やはり中心部に入る地点に、土塁で固めた内枡形が設けられている。つまり、これらの枡形虎口は、西股氏の想定とは異なり、「比企型虎口」と実際にも論理的にも共存している。

もう一つ実例をあげよう。静岡県沼津市の大平《おおひら》城山城である（図6－5）。じつに小さな城だが、上下二段になった主郭部分Ⅰの虎口aは、土塁の突出した部分に守られた側面にある。「比企型虎口」である。曲輪Ⅱの虎口bも、側面に開いている。が、よく見ると、内側に櫓台cが張り出し、これに沿って動線部分は掘り込まれ、さらに開口部の直下には

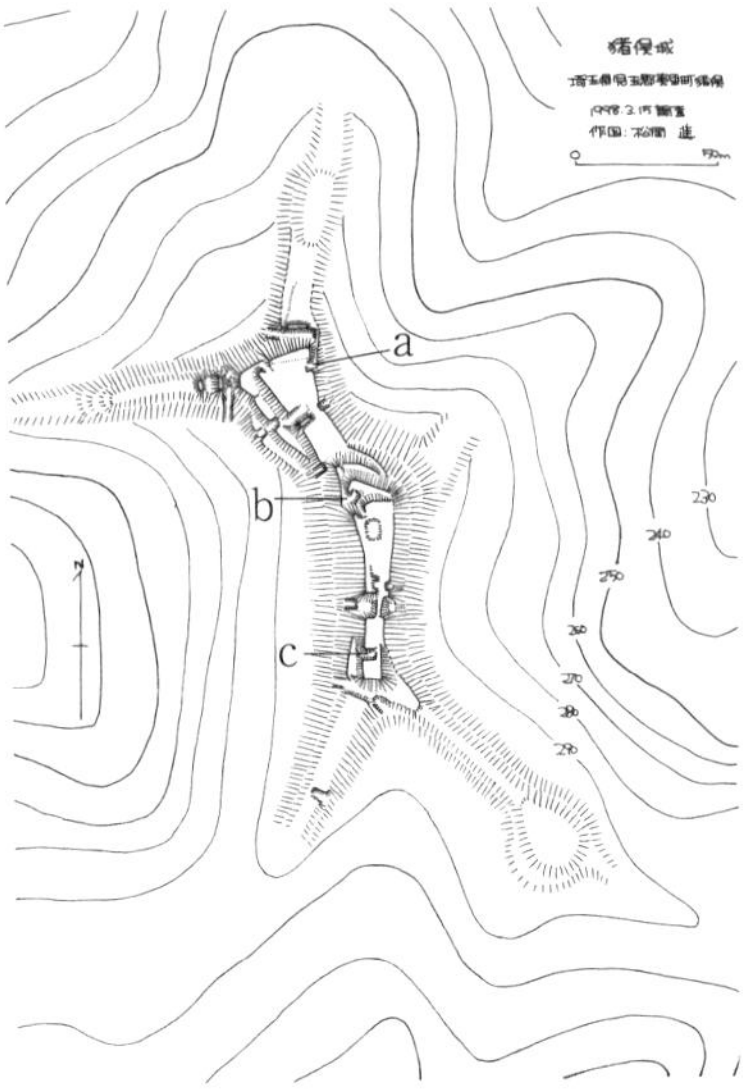

図6－4

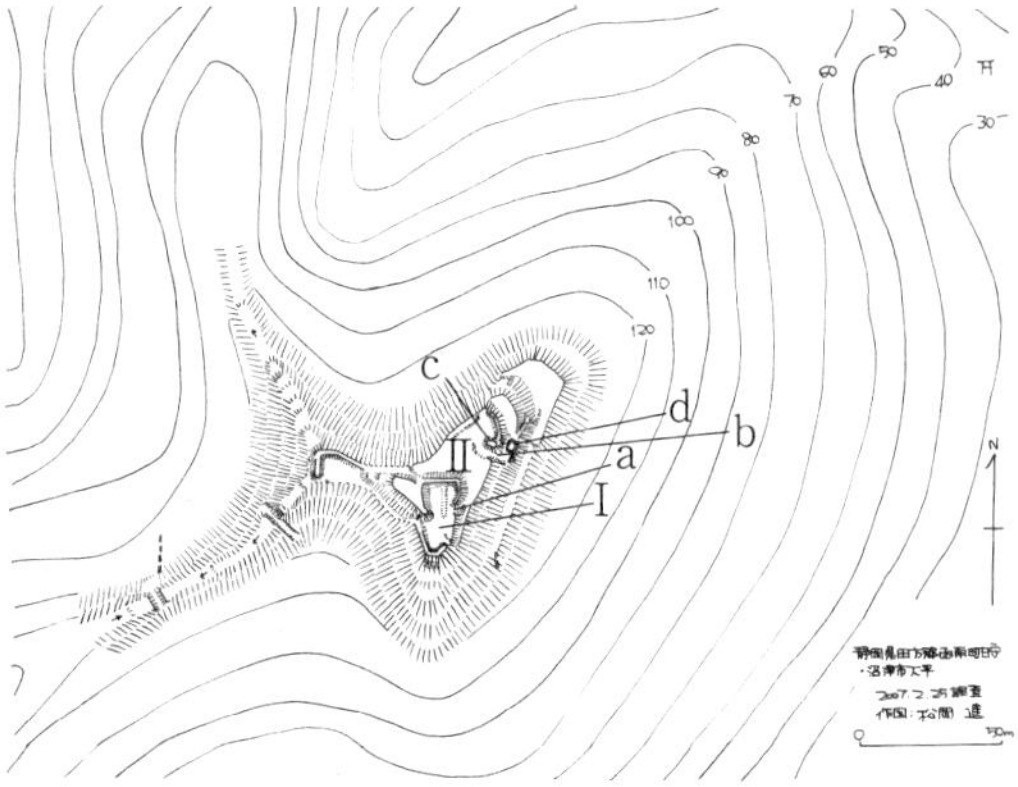

図6－5

図6－4　猪俣城（埼玉県児玉郡美里町猪俣、1998年3月調査）

図6－5　大平城山城（静岡県田方郡函南町日守、2007年2月調査）

石を積んだ壇dが、cと対応する位置にあるではないか。cに設けた火点を、dの手前、虎口bの手前、さらに入った掘り込み部分で三重に活用するしかけである。

これらを近世的な枡形虎口の形成過程として並べて、単なる平面図形的な完成をとらえようとすることに、私は積極的な意義を感じない。重要なのは、限られた火力を最大限に活用する意図である。この点は、体系全体の変動の基礎として、不可逆的と判断すべきであろう。近世城郭につながる、という点でも、この点は動かしようがない。それに対し、たとえば掘り込みの内枡形の有無とか、動線の折れの数、土塁による区画の形成などは、個別事例ではいくらでも年代的な逆転があるだろう。近世城郭を基準として、個々のアイテムだけを取り出した単線的発展論には無理がある。そして、不可逆的な過程を実現するための工夫は、既存のものの延長上に爆発的に進むこともありうるし、まったく違う表現形態もありうる。

遮断線の大規模化と火点

北条氏の城郭は、末期に向かって、細かいテクニックを多少とも度外視し、壮大な遮断線と堡塁を組み合わせる方向に向かった、と理解されている。たとえば小田原城の大外郭であり、八王子城（東京都八王子市）であり、山中城（静岡県三島市）、下田城（同県下田市）である。それは、遮断系の技術がこれまでの限界を突破して新たな地平を切り開くのと結び付いて、火点に設定した堡塁を最大限に生かすプランを形成した、ということではないか。そこには、限られた火力を最大限に活用する、というそれ以前からの底流が、まったく異なる規模の下で引き継がれている。近年、田嶌貴久美《たじまきくよし》氏が精力的に明らかにされた「低土塁化」「無土塁化」もまた、鉄砲による防御に好都合なプラン、という意味で、同じ流れの中にある（「足柄城周辺と最末期の後北条氏系城郭」『中世城郭研究』二四・二五、二〇一〇〜一一年）。そして、そうであればこそ、これらと「比企型虎口」のようなアイテムの共存も可能なのである。

唐沢山城《からさわやま》（栃木県佐野市）は、織豊期の石垣で主郭周辺を固めた、北関東を代表する山城の一つである。その中心部から東南に尾根をたどると、自然地形と見える痩せ尾根の先に、いきなり複雑に組み合わされた空堀があらわれる（図6-6）。最初の空堀の少し内側には、側面に開いた虎口ａ。「比企型虎口」である。反対側の端は突出し、ほとんど控えのない狭さではあるが、横矢がかりの火点を形成する。その外の虎口ｂは、杉山城の主郭南側と、北の曲輪にあったものとそっくりの、これまた「比企型虎口」。さらに、東に派生する、やはり自然地形の尾根の途中にも、堀切と竪堀をずらして「比企型虎口」ｃが造られている。側面から入る虎口に向かう動線は、突出した櫓台によって制圧されている。

この城の戦国期から近世初頭までの歴史は複雑だが、すでに渡邉昌樹《わたなべまさき》氏（「下野　唐沢山城の縄張りについて」『中世城郭研究』一一、一九九七年）や齋藤慎一氏（前掲『中世東国の領域と城館』）が指摘されているとおり、これら外縁部の遺構は、形態の類似から見て、天正一四年に北条氏忠《うじただ》が佐野氏の養子となって入城したのに伴って成立したものと見てよい。このような手のこんだ虎口を造ったのは大手だったたからだと推論する向きもあるが、「比企型虎口」が火力の効率的利用を追求した形態であったことを踏まえれば、この部分の常駐兵力は少なかったはずで、大手だった論拠にはならない。だから、北条時代の大手は別の方向にあったのを理由として、これらを北条氏以外の手になるものと見なす論も成り立たない。渡邉・齋藤両氏の推定は支持できる。

そこで注意したいのは、「比企型虎口」は、ある段階で枡形虎口と入れ替わって消えていくのではなく、戦国末期まで新たに北条氏の権力中枢によって築かれ続けていた事実である。この点は、金山城《かなやま》（群馬県新田市）の西城と呼ばれる外縁部の地区でも確かめることができる（渡邉「金山城」『図説中世城郭事典』一、一九八七年）。そして、ここでも、厳重に火点を駆使して守られた「比企型虎口」の内側は自然地形であった。つまり、第二章でふれた「遮断線構造」のプランに「比企型虎口」が導入されている、と表現できる。遮断線の内側は自然地形のままなのだから、兵力が充填されていることはまれであった

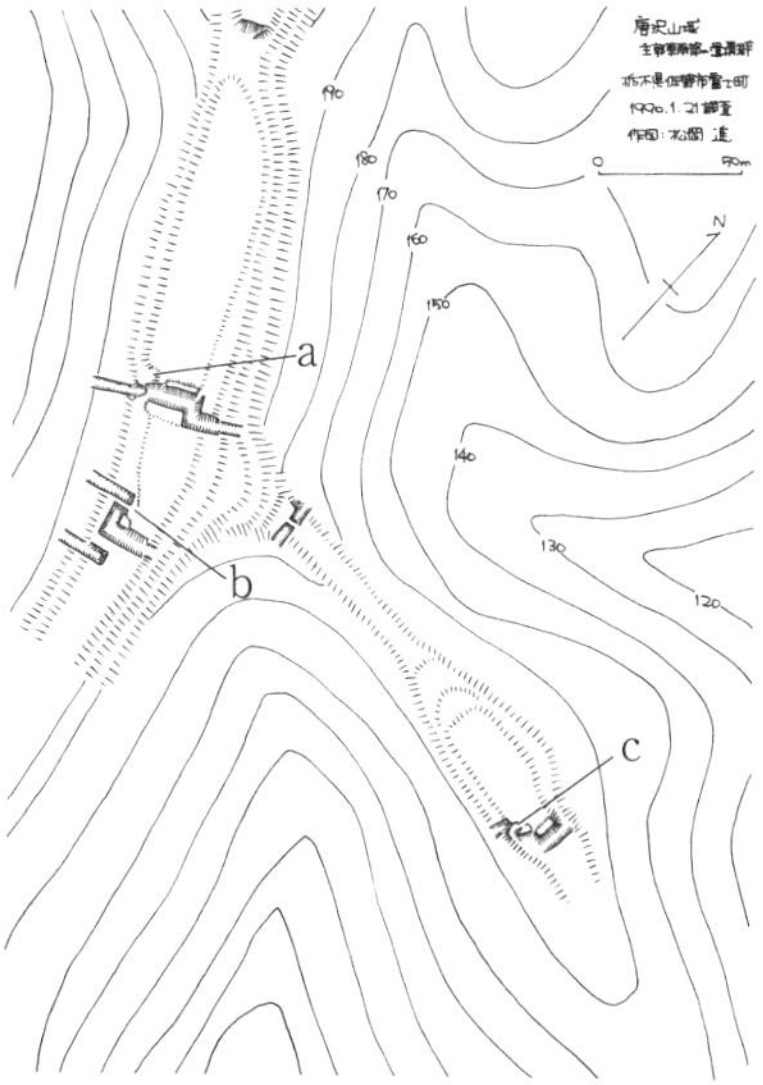

図6-6

図6-6　唐沢山城（栃木県佐野市富士町、1990年1月調査）

はずである。「比企型虎口」をその背景の上に置いてみると、前述のとおり、火点の絞り込みによって効率的な防御を可能にするこの虎口の特性が、全体的な兵力の過少を補うため、巧みに活かされていることに気づく。そうとすれば、同時期に小田原城の大外郭などに登場したプランの方は、全体的な兵力の豊富さを前提として、その条件のもとでの集中的な火力の活用をはかったものと理解できるだろう。いわば、「小兵力型」の火点設定と「大兵力型」のそれとが分化し、城郭群は高度に構造化されているのである。

城郭群と空間の構造化

そして、前者の事例が北関東の唐沢山城や金山城であり、後者のそれは豊臣軍の攻撃に直面する南関東と伊豆が主であることからすれば、空間もまた、この時期にいたって領国規模でいっそう緊密に構造化し、地域単位だけではとらえきれなくなっている、というべきではないか。唐沢山城や金山城が、それ以前からの地域の主城であったように、地域の中に視野を限定する限り、空間そのものは確かに前代を引き継いだ持続的な側面を示す。しかし、そこには、領国という上位の空間によって規定された、下位の空間としての特徴もまた、はっきりと刻印されているのである。城郭のプランは、こうした変化の産物にほかならない。八王子城や山中城・下田城のプランが極度に戦闘的で、日常的な主城としての機能は二義的、ないし皆無なのも、下位の空間としての特性であろう。だが、これほどの緊密な構造化は、あるいは豊臣軍との対決を控えた北条氏のみに起こりえたのではないか？

しかし、第一章で見た最上地域の例は、ちょうどこの裏返しで、大名からの兵力配備が限られているから、領主連合が充実した城郭群を造らないわけにいかない、という形で、領国全体が緊密に結合した、ともいえる。第二章・第五章では、地域の範囲を越えた「拠点—後背地—後背地（としての他地域）」という三層構造を見出し、それをさらに領国の境目という性格に伴うもの、と位置づけてきた。これもまた領国という上位の空間の作用による、下位の空間の構造化である。領国が大規模な戦争に常時備え、持久するための構えといえる。比企地域で前述したとおり、戦時対応の性格の突出した松山城が、なぜ戦国後期に主城の役割を果たしたのか、という問いには、主城そのものが領国レヴェルの戦略によって規定されていたから、と答えられる。ただ、これらは領主連合や国衆など、下からの主体性に補完されるものであった。

ほかの例と比べると、戦国末期の北条領国は、空間の重層的構造が上からの作用によっていっそう深く規制され、下位の空間における持久の方式までが、領国規模の戦略、直接には空間を越えた兵力の移動によって規定されるようになった、という点に特徴を求められる。北条領国では、豊臣軍との戦争に備えて、大名系城郭としてまったく違う技巧の使い分けが実現し、軍隊の集中的運用がはかられた。同じことは、織豊政権などにも広く認められるだろう。たとえば谷本進《たにもとすすむ》氏は、若桜鬼ヶ城《わかさおにがじょう》（鳥取県若桜町）や竹田城（兵庫県朝来《あさご》市）を例に、本格的な織豊系城郭が、城主の石高とは関係なく、広域に及ぶ戦略から必要とされて築かれた、と論じられている（「若桜鬼ヶ城の構造と形態」城郭談話会『因幡若桜鬼ヶ城』二〇〇〇年）。城割りの実施もすでに明らかにされているとおりである。

戦国期の社会が常に下から多元性を再生するものであったのに対し、上から既成の空間を緊密に構造化していくことこそが、近世への移行の前提をなしていたのではないか。そしてその背景には、西股総生氏が指摘する戦争自体の重層的構造、つまり戦略・作戦・戦術という階層が明確に意識されてくる軍事史的段階（『戦国の軍隊』学研パブリッシング、二〇一二年）が想定できる。そうとすれば、これまで考察してきた防御者側だけではなく、攻撃者側も変化しているはずであり、プランの展開を両者の相互的な関係でとらえることも、いずれ考えていかなくてはならないだろう。

5　平井金山城の意味するもの

平井金山城

平井《ひらい》城（群馬県藤岡市）は、天文二一年に上杉憲政が退去するまで、山内上杉氏の本拠だった城として知られている。そこから南西二キロほどの山頂に、金山《かなやま》城と呼ばれる大規模な山城の跡がある（以下、群馬県太田市の金山城と区別するため、「平井金山城」とする）。ゴルフ場の開発が計画されて一九八七年（昭和六二）に発掘が行われ、私は、初め峰岸純《みねぎしすみ》夫《お》氏にお誘いいただき、齋藤慎一氏といっしょに登った。門の石垣には、戦国時代にこの城が焼けたときの板材が付着していて、風にかすかにひらひらしていた。四百年以上前のものがこんなになまなましく残っているのか。私には大きな驚きだった。

縄張を全体として見てみよう（図6－7）。この城は虎口がしっかり造られ、動線がほぼ一貫してたどれる点が、大きな特徴である。虎口は、大きく二種類に区分できる。一つは、大手門とされる虎口aや、主郭北側一段下の虎口d。一段高い地点から見下ろされる場所に平入りの虎口を設け、進入者の動きを一貫した俯瞰の下に置き、有効な迎撃を加えようとしている。もう一つは、焼けた板材の付着していた櫓門《やぐらもん》bや、奥の虎口c、主郭東側の虎口e、その東の曲輪の虎口f。曲輪の側面に開口し、上段の曲輪の縁を長く歩かせるアプローチを取っている。すでにお気づきの読者もいよう。前者は「土塁囲みの小郭」に、後者は「比企型虎口」に似ているのである。

だが、どちらも一見似ているだけで、じつは似ていない。前者は高所を占める火点の側に土塁がなく、防御は地形の高低に依拠するにすぎない。いわば、より素朴な形態といえる。火点の下段に本来は平坦な尾根が続いていたのを、dは堀切で区切り、aは石垣で強引に区画して虎口を造っている。つまり、火点の裾に全体を見通せる虎口曲輪を造ることに力点があって、「土塁囲みの小郭」が火点そのものの普請によって成り立ったのとは対照的である。aは平井城とつながる大手、dは主郭部分に踏み込む虎口であり、ひとまとまりの曲輪の虎口というより、エリア全体の要となる「城虎口」の性格が強い。この城で最も高い防御性が期待されているのは、このタイプである。

後者は、bやc・eについて見れば、アプローチが長く、その間ずっと城内側からの迎撃が可能ではあるが、「比企型虎口」の基本的な特徴であった正面への火力の集中は、必ずしも求められなくなる。戦国期の城郭プランの展開の大きな要因として、火点の設定と、そこへの火力の集中が見られるという理解からすれば、これらの虎口のプランは異質なも

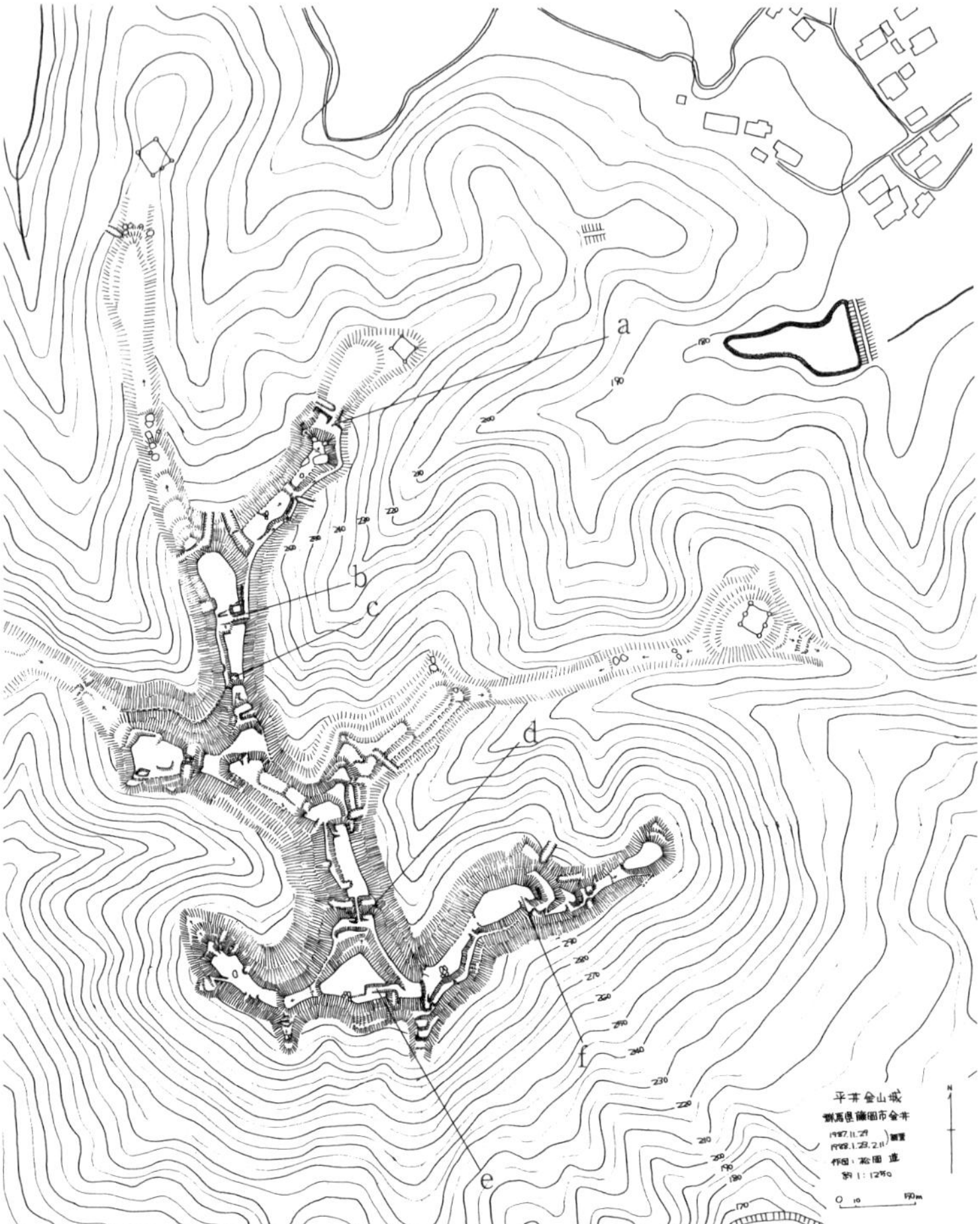

図6－7

図6－7　平井金山城（群馬県藤岡市金井、1987年11月・1988年1月・2月調査）

のである。長いアプローチを突進してくる進入者に対しては、速射に限界のある鉄砲や弓矢では、効率のよい防御はむずかしい。憶測すれば、数量的に豊富な兵力を密集させ、たとえば鑓《やり》のような武器を主として迎撃するなら、有効に活かせるように思える。このタイプの虎口は、尾根筋に続く曲輪間の連絡に用いられている。

両者の虎口を総合すると、この城全体で有効な火力はやはり限られていて、その効果を最大にするために、要所に絞って配置されていたことが読み取れる。しかし、城域の広さや虎口の多さに対して、火点の数は少なく、そのための防御も手薄に見える。要所以外の虎口は、火力を必要としないタイプである。山城という立地上の制約はあるにせよ、たとえば虎口ｄの堀切をクランクにすれば横矢がかりになるが、人工的に塁線を曲折させようとする志向は、ほかの箇所を含めて認められない。だから、築城時の計画は、ごく大まかなアウトラインで済んだだろう。

もっともそれらは、大規模な城にふさわしい「大兵力型」の防御システムという視角からもとらえる余地がある。二種類の虎口が違う役割を担っているのと同じように、その防御の主役も、少数の鉄砲または弓矢と、密集した多数の鑓などの武器、という二種類がそれぞれに補い合う関係になっていたとも見える。これが山内上杉氏の最終段階で依拠した山城だった。

杉山城との比較

前述のように、齋藤慎一氏や竹井英文氏は、杉山城を永正年間から大永年間（一五二一

～二八）に山内上杉氏が築いたものと推定されている。杉山城は前章で見たとおり、規模は立派に主城クラスに属し、とうてい「小兵力型」のプランではない。それにしては、平井金山城と比較して、火点の密度の濃さと、その効率を高めるプランの計画性という点で、明らかな差がある。繰り返すが、火点をいっそう高度に活用する方向への技術体系の変化は不可逆的であり、個々の虎口の形態や動線の工夫の消長とは、次元が違う。

ただ、平井金山城を見た目で杉山城を見つめなおすと、あらためて気になる部分が出てくるのも確かである。とりわけ、前章で不規則な印象を与えるとした虎口ｉ。土塁のすぐ外に、虎口までの動線が長く続く。平井金山城のアプローチを長く取った虎口と、同じような活用方法を考えるのが自然である。主郭東側の虎口ｎは、先に素朴な形態と指摘したが、主郭の突出部分を火点として、その足元を動線が通過する形態だから、その先の曲輪Ⅷの平虎口ｏまでのプラン全体が、平井金山城での火点から全体を見下ろせる虎口曲輪と共通性がある。

つまり、杉山城のプランのうち、技巧的に見えない部分は平井金山城と似ており、これに対して、技術体系の中軸をなす横矢がかりを伴う直進型の虎口や、「比企型虎口」が、後者に見られないことによって、大きな相違が生まれているのである。あらためて考えてみると、杉山城のプランをこれまで「発達した縄張」と評価してきた際、こうした技巧性のさほどでない部分は視野に入っていただろうか。いわば「つまみ食い」的な評価に陥ってはいなかったか。

平井金山城で想定した、二種類の兵種は、おそらく杉山城にも共通する。その相互の比率と、特に火力を活かすプランが巧妙な点が、両者の差を作り出している。そうとすれば、杉山城の、特に主郭の南側で、効果に疑問のある火点や食い違い虎口が造られているのは、この城が、手慣れたプランの応用ではなく、新しい段階をめざす実験であったことを示しているのではないか？

杉山城の実験性

それでは、杉山城は、関東地方で横矢がかりのプランが工夫された最初の時期の城なのだろうか。私はそうは思わない。前章で見た、一六世紀初頭までの陣営のプランを思い起こしてほしい。それらには横矢がかりの張り出しが確かにあった。しかし、どれも単層で、杉山城のようにしつこく重層的に組み合わされたものはなかった。この重層性こそ、杉山城の最大の特徴である。とりわけ、主郭南側のⅡからⅤにいたる複雑すぎるプランこそ、曲輪のスケールを度外視して強引に遮断線を設定し、複数の火点を設け、そのために矛盾とも見えるものを生み出していたではないか。この城を実験の産物とするなら、それは重層的なプランの実験であろう。

第四章で見た尼子氏の陣営の城であるハチガ檀城を思い起こしてもよい。おびただしい食い違いの虎口は、やはりすべて単層で用いられていた。複数の曲輪がそれぞれ技巧的に造られている。これに対し、たとえば杉山城の北側の尾根では、意図を持って技巧を使い分け、しかも共通の防御技術と兵種で一貫した防御を可能にしているのである。そして、その成果は以後の関東地方に引き継がれた。杉山城で最重要の防御ポイントだけに用いられた「比企型虎口」が、天正一〇年代の唐沢山城や金山城で、自然地形を区切った部分に採用されていることが、その一端を物語っている。先に見た、青鳥城や小倉城で、横矢がかりの張り出しの数を絞っていく動向も同様であろう。

以上から、私はさしあたり次のように考える。杉山城は、鉄砲や弓矢による火点の編成が、城郭の防衛の要となっていく過程の初期に位置づけられる。平井金山城は、戦略的な拠点であるがゆえに可能な大兵力の配置を背景として、火力とともに、鑓のような武器を持った兵種の密集が重要な部分をなしていた。これに対して杉山城では、そうした戦略的中心性と兵種の編成を、大きくは同様に踏まえながらも、防御上の重要なポイントは火点を活用して守る方向に格段に傾斜し、火点自体の防御性も飛躍的に高い。そして何より、それらを重層的に組み合わせて、緻密な全体計画を持ったプランを構成している。現時点で築城主体を確言するにはいたらないが、山内上杉氏のものとして同じ段階に到達した城郭をあげることはできない。その成立は、菅谷城の性格が変化したと考えられる遺物の空白期のうち、初期に位置づけられる可能性が高い。

それは関東地方でのプランの技巧的発展を引き継いで、新たな段階に進めたものであった。ここまで見てきたように、各地の中世城郭の群像もまた、多様な実験が積み重ねられたことを語っている。それらの背後に貫通する軍事史的段階を見通しながら、その課題を達成する方策が一つでないことを看て取るべきであろう。それこそが中世城郭の固有の特質なのだから。

エピローグ

土の城研究のこれから

二〇〇八年（平成二〇）秋、帝京大学山梨文化財研究所で、「杉山城問題」を意識したシンポジウムが開かれた。題して「戦国の城と年代観」。その概要は、のちに峰岸純夫《みねぎしすみお》・萩原三雄《はぎわらみつお》両氏編『戦国時代の城』（高志書院、二〇〇九年）としてまとめられている。私は、西股総生《にしまたふさお》氏とともに、このとき報告者に立てられ、考古学サイドを中心とした疑問や批判に応答する立場にあった。議論が進み、予定の時間の半ばを過ぎたころ、文献史学の笹本《ささもと》正治《まさはる》氏が挙手された。言葉どおりではないが、「杉山城問題として大きな議論になっているが、一つの城の年代が変わることが、どういう意味を持っているのか、はっきりしない。城の年代観を研究する意義とは何か？」という趣旨の質問であったと記憶している（討論が活字になった際には、おそらく私の回答が拙かったために、このあたりの質疑は省略された）。

報告者として壇上にいて、私はこの質問の意味を、ひりひりするように感じ取っていた。これは、アカデミックな研究の枠の中で、これまでの縄張《なわばり》研究の通説を見直す意味がある、という程度の回答を求めているのではない。関東管領・山内上杉氏の再評価とか、北条氏の相対化などといってみても、おそらく笹本氏にはわかりきった答えだろう。しかも、それなら文献だけでもできる。そんな次元ではなく、論争に値するだけの城という史料の意味、つまり城郭研究そのものの根本的意義を問うているのだ、と。当時の私の回答は、思いが余って、かえって的確な答えにはなっていなかった、と反省する。そして、ほかの壇上の研究者は、ラディカルな疑問に当惑したように、沈黙していた。

あらためて問おう。「杉山城問題」とは何か。それはどういう見直しを迫っているのか？

私はこう考える。「杉山城問題」は、縄張研究がいつまでも近世からさかのぼる視角を捨てられず、中世のものを中世の視点からとらえる、という当然の手法を自らのものとできないでいたことに対する厳しい問いかけである。結果を知ったうえで過程を評価する結果論的・第三者的な見方を自覚的に捨てて、戦国社会の直接経験を内側から知る努力を求めるものである。縄張研究が何に立脚してきたか、認識のあり方自体を根本的に見直すよう迫るものである。

だから、問いかけに答えていくためには、戦国前期、さらにはそれ以前から時代を下ってとらえる視角は不可欠である。戦国後期の大名領国までしかさかのぼろうとしない視野の限定は、捨て去らねばならない。地域の中で、下からの主体性をも見つめるのでなくてはならない。城郭単体の、それも局部的な技巧の発展ばかりに目を向けて「先進性」を称揚するのではなく、城郭全体、そして城郭群が織り成す空間がどう変容するのか、技巧の総体の背後に何が存在するのかをとらえようとするのでなくてはならない。縄張研究は、縄張という視角から見た全体史をめざすのでなくてはならない。

確かに、杉山城の年代自体は、決して大きな問題ではない。しかも、本書での結論は、築城主体や背景を具体的に特定できるところまでは達していない。永正・大永期の関東における単層的な技巧の水準を抜け出して、それまでの主城だった菅谷《すがや》城に代わるべく、緊密な重層的プランを実験した城郭、というところまではいえる。だが、それは戦国後期には下がらない、というにすぎず、山内上杉氏なのか北条氏なのか、という論争点については、可能性の高い方を示せるまでで、断案を下すにはいたっていない。しかし、そもそもそれは縄張研究に決定することが可能な問題なのだろうか？

私たちにできるのは、火点《かてん》をフルに活用したプランへの不可逆的な長い過程の中にそれを位置づけ、その背後にどのような軍事史的段階が存在するかを見通すことではないか。比企《ひき》地域という空間の中で杉山城をとらえ、地域全体に広がる技術的共通性と、複線化した鎌倉街道上道に沿う、上位の権力意志が独占的に働く場に形成された特殊性とを明確にすることではないか。そして、そのような上位の権力意志が、戦争に際して戦略・作戦・戦術という緊密に重層化された構造を枠組みとして行使されていく、というこれまた不可逆的な過程の中で、どういう特有の段階のものとしてとらえられるかを考察することではないか。縄張研究には、その方法によって読み取れる、固有のスケールの空間と時間がある。それが文献史学の裏付けをすぐに得られなくても、考古学の遺物による編年とさしあたり合致しなくても、固有の一つの視点としての意義は失われない。

個々の城郭のプラン、そしてそれらの形成する城郭群の構造には、不可逆的な軍事的・社会的段階の変化が刻み込まれている。それを正面から問題にするのが縄張研究の役目である。確実な論証という角度から見れば、弱点はいくらでもある。その点を謙虚に受けとめ、文献史学や考古学に学びながら、なお縄張そのものの語る内容を第一として、それに誠実に立脚し、その聞き取りにくい声を明確にしていくこと、言いかえれば、遺構が私たちに与える直接経験の意味するものを、既成の理解の枠組みにとらわれずに、もっともっと深く掘り下げていくこと——そういう課題に取り組んでいくのが、何よりもまず縄張研究の存在意義であるに違いない。

一つの学を助成するつもりなら、およそ一切の難点をあばき出さねばならない、それどころか隠微にもせよその学の発達をはばむおそれのある難点を探し出さねばならないのである。いかなる困難も、それを除去するための対策の現われることを切望しているのである。またかかる対策が発見されれば、必ずや学の範囲についてにせよあるいは明確さについてにせよ、件《くだん》の学を増益せずにおかないのである。このような次第であるから、障碍物《しょうがいぶつ》すら学の究明を促進するたよりとなる。これに反して多くの難点をことさらに隠蔽し、あるいは緩和薬を用いて疾病を一時的に抑えるだけだと、これらの困難は遅かれ早かれ不治の疾患となって、この学を救いようのない懐疑のなかで破滅せしめることになるのである。

（カント『実践理性批判』）

あとがき

本書に、はじめは『中世城郭群像』というタイトルをつけようと思っていた。中世城郭を群として見る視点をはっきり示したい、というのが表向きの理由だが、もう一つ、名もない土の城を求めて藪に分け入り、道さえない山を歩く奇特な人々の群像を、いささかなりとも書きとめておきたい、と考えたからでもある。

本文でも少しふれたように、縄張研究者には歴史とまったく関係のない生業の方が多数おられる。森浩一氏『考古学　西から東から』（中公文庫、一九八四年）によれば、かつての日本考古学はそうした多数の地元研究者に支えられていたが、戦後にアカデミックな考古学が確立する過程で、その多くを片隅に追いやってしまったのではないか、という。その意味では、縄張研究は戦前のアマチュア考古学の生き残りであり、もしかするとシーラカンス的な希少種であるのかもしれない。本書で取り上げることのできた方はほんのわずかで申し訳ない限りだが、学問的にアマチュアの立場であるだけに、おそらくすべての方がどうやって研究を続けるか、物理的な時間や金銭の面でも、精神的な面でも、苦闘されてきたに違いない。程度の差はあれ、私も同じである。研究することに理解のある環境などない。それでも、自分らしく生きていくうえで欠かせないから城跡を歩き続けてきたのだ。

図面を描きながら城跡を歩くのは楽しい。論文を読んだり、書いたりするよりはるかに楽しい。山の中に一人きりでいると孤独が身にせまるときもあるが、主郭を描き終わるころには、たいてい夢中になっている。城の遺構だけでなく、花や樹相の変化、向こうの丘陵の眺めや集落のたたずまい、時刻に見合った光の移ろいや雲の流れが、一つ一つ眠っていた感覚を呼びさましていく。それはおそらく、文書を読むのが好きな人が生の史料にふれたときに感じる喜びや、遺物の好きな人が採集や拓本に熱中したひとときの幸福感と同じ種類のものに違いない。本書で「直接経験」ということば（出どころはフッサール）を使って表現したのは、それである。ただ、これらはどれも学問の基礎として欠かせないが、学問となるためには高次の知的操作によって蒸留され、客観的なデータに置き換えられていく必要がある。ところが、縄張研究では、ほかの学問と比べて、この過程がはるかに短い。縄張図がほとんど直接経験の表現だからである。これは弱点に見えるが、逆に、直接経験の次元に踏みとどまって、今までになかった学問を作っていける可能性がある、と考えることもできるのではないか。

かつて、こうした縄張研究の特性を指して、石井進氏は「現代日本の民間学の有力な潮流の一つ」と指摘された（「序にかえて」石井進・萩原三雄編『中世の城と考古学』新人物往来社、一九九一年）。氏はそこで、縄張研究が演繹法ではなく帰納法によって考察する特徴を持つこと、さらに、考古学での編年との食い違いが表面化するのはむしろ当然であり、その際にこそ、最も生産的な学問の場が開けてくるはずである、と論じられている。あらためて石井氏の炯眼に驚くほかはない。「杉山城問題」はやはり、縄張研究にとってかけがえのない試金石であった。私の限られた力では、その可能性をすべて掘りつくしてなどいないはずである。縄張研究の展望は、まだずっと彼方まで開いていけるに違いない。

本書を仕上げる過程で、悲しい知らせにも接した。第一章でふれた山形県新庄市の旅館・新盛館のご主人、角川英五郎氏が今年亡くなられた。第四章の主役といってよい新祖隆太郎氏も、九月に急逝された。第三章で登場していただいた光畑克己氏は、すでに不帰の客となられ、第五章の案内役ともいうべき伊禮正雄氏も、故人となられて久しい。希少種はこのまま絶滅危惧種と化すのだろうか？　そうならないためにも、この本が少しでも役立てばいいと願う。
このようなわがままな本を最初に読んで評価され、刊行まできめ細かく面倒を見てくださった吉川弘文館の伊藤俊之氏に、心から感謝申し上げる。

二〇一四年一二月

松　岡　進

著者紹介
一九五九年、東京都に生まれる
一九八二年、早稲田大学第一文学部卒業
二〇〇三年、早稲田大学より博士（文学）の学位
を授与される
現在、東京都立桜町高等学校教諭
〔主要著書〕
『戦国期城館群の景観』（校倉書房、二〇〇二年）

城を極める
中世城郭の縄張と空間
土の城が語るもの

二〇一五年（平成二十七）三月二十日 第一刷発行

著者 松《まつ》岡《おか》進《すすむ》
発行者 吉川道郎
発行所 株式会社 吉川弘文館
郵便番号一一三―〇〇三三
東京都文京区本郷七丁目二番八号
電話〇三―三八一三―九一五一〈代表〉
振替口座〇〇一〇〇―五―二四四
http://www.yoshikawa-k.co.jp/

印刷＝株式会社 ディグ
製本＝ナショナル製本協同組合
装幀＝清水良洋・渡邉雄哉

ISBN978-4-642-06482-8

刊行のことば

戦国時代は、新しい日本のかたちをつくろうと、人びとが活動した時代でした。そこでは制度ではなく、人びとが何をするかが厳しく問われたため、現代のわたしたちをもひきつける魅力的な武将が各地に現われた時代でもありました。この変革の時代は、従来、主に文字史料から研究されてきました。しかし、日本列島には至る所に中世から近世にかけての城跡があり、そうした城跡にたたずめば、深い堀や苔むした石垣が、武将の実像と変革の時代について語りかけてきます。

今、世代や性別に関わりなく城跡を歩く楽しみが広がっています。本シリーズは、数百年前と同じ坂を登り、いくえにもめぐらされた堀と城壁を越えて体感しながら考える歴史研究の方法によって、城が築かれた時代を明らかにしようと企画しました。全国に残る城跡を踏査し、綿密な観察とともに、さまざまな史・資料を駆使した新しい研究成果を示し、日本とアジアの視点から日本列島の城郭の特質を究明します。さらに、成果だけでなく、読者の皆さまの城歩きをいっそう深めるためのフィールドワークの実践方法についても、わかりやすく具体的に伝えることを目標にしています。

城跡は完全に埋まりきっていないものが多く、縄文時代や弥生時代の遺跡と異なり発掘調査をしなくても市民が実際に遺構に接して研究できる開かれた文化財です。本シリーズをもとに、城歩きの楽しさを実感していただき、地域に残された城跡の保護と活用が進むことを願っています。

二〇一五年一月

千田嘉博
吉川弘文館

城を極める

中世城郭の縄張と空間【土の城が語るもの】　松岡　進著　二二〇〇円

東アジアの中世城郭【女真の山城と平城】　臼杵　勲著　15年4月刊

戦国大名の城下町【都市と城郭の空間構造】　山村亜希著　（続　刊）

城の時代【中世城館から天下人の城へ】　千田嘉博著　（続　刊）

近世城郭の成立【天下人の城郭革命】　宮武正登著　（続　刊）

吉川弘文館　（価格は税別）　※書名は、仮題のものもあります。